民族传统体育发展研究

郑世宇 著

九 州 出 版 社
JIUZHOUPRESS

图书在版编目（CIP）数据

民族传统体育发展研究 / 郑世宇著 . -- 北京： 九
州出版社， 2024.4

ISBN 978-7-5225-2821-2

Ⅰ.①民… Ⅱ.①郑… Ⅲ.①民族形式体育 – 发展 –
研究 – 中国 Ⅳ.①G852.9

中国国家版本馆 CIP 数据核字（2024）第 077013 号

民族传统体育发展研究

作　　者	郑世宇　著	
责任编辑	李文君	
出版发行	九州出版社	
地　　址	北京市西城区阜外大街甲 35 号（100037）	
发行电话	（010）68992190/3/5/6	
网　　址	www.jiuzhoupress.com	
印　　刷	河北文盛印刷有限公司	
开　　本	787mm×1092mm	16 开
字　　数	260 千字	
印　　张	11.75	
版　　次	2024 年 4 月第 1 版	
印　　次	2025 年 1 月第 1 次印刷	
书　　号	ISBN　978-7-5225-2821-2	
定　　价	50.00 元	

前　言

　　民族传统体育是一个国家或地区特有的、代代相传的体育文化遗产，它承载着丰富的历史、文化、社会和生态信息。这些传统体育项目通常源于特定的民族、部落或社区，是这些群体文化和身份的重要组成部分。随着现代化的推进和全球化的影响，民族传统体育面临着一系列的挑战和机遇。本研究旨在深入探讨民族传统体育的发展，以及它在当今世界体育格局中的地位和作用。我们将从历史、文化、社会和体育科学的角度出发，对民族传统体育进行全面的分析和研究。

　　本书将追溯民族传统体育的起源和发展历程，探讨它们在不同历史时期的演变和变革。通过这一过程，读者可以了解到民族传统体育与当地文化、宗教、节庆等因素的紧密关联，以及它们对社会生活和社区凝聚力的影响。本书分析了民族传统体育在现代社会中的地位和挑战。全球化和现代化的浪潮对民族传统体育产生了深远的影响，一方面带来了机遇，如国际赛事的参与和传统文化的推广，另一方面也带来了威胁，如文化侵蚀和传承困境。我们将研究这些挑战，并提出保护和发展民族传统体育的策略和建议。本书还探讨民族传统体育与现代体育之间的互动和融合。现代体育运动在全球范围内享有广泛的关注和支持，而民族传统体育也有着独特的魅力和价值。

　　作者在写作本书的过程中，借鉴了许多前辈的研究成果，在此表示衷心的感谢。由于本书需要探究的层面比较深，作者对一些相关问题的研究不透彻，加之写作时间仓促，书中难免存在一定的不妥和疏漏之处，恳请前辈、同行以及广大读者斧正。

　　本书由郑世宇撰写，李兆臣、王劲松、孙楠楠、徐姣、申冬玉对整理本书书稿亦有贡献。

目　录

第一章　民族传统体育的历史与演变

第一节　民族传统体育的定义与范围

民族传统体育是一种体育活动，它根植于特定文化和民族传统之中。这种体育的范围涵盖了广泛的体育项目，这些项目通常在特定社区或文化中代代相传。这些体育活动不仅仅是一种体育竞技，更是一种文化的表现和社会联系的纽带。民族传统体育可以被视为一种文化的象征，它反映了特定民族的价值观、信仰和历史。这些体育活动常常具有深刻的历史背景，它们的起源可以追溯到数百年甚至数千年前。这些活动不仅仅是体育竞技，还承载了特定文化的认同感和自豪感。

这些传统体育项目的范围非常广泛，涵盖了各种各样的活动。例如，中国的太极拳是一种充满哲学思考和内功修炼的传统体育，它强调身体和精神的平衡。相比之下，蒙古的摔跤运动是一种充满力量和技巧的传统体育，它在蒙古文化中占据着重要地位。印度的瑜伽也是一种民族传统体育，它强调身体和心灵的和谐。瑜伽不仅仅是一种体育活动，还是一种哲学和生活方式的体现。同样，日本的剑道和茶道也可以被视为民族传统体育，它们反映了日本文化中的礼仪和精神价值观。

民族传统体育不仅仅是一种娱乐活动，它们还在社会中扮演着重要角色。这些体育活动常常成为社区内的社交活动，人们通过参与这些活动建立起紧密的社会联系。民族传统体育也可以作为一种教育工具，传承文化和价值观给年轻一代。民族传统体育是一种根植于特定文化和民族传统之中的体育活动，它们反映了特定文化的历史、价值观和信仰①。这些体育项目的范围非常广泛，涵盖了各种各样的活动，从太极拳到摔跤、瑜伽到剑道。它们不仅仅是一种体育竞技，更是一种文化的象征，具有社会联系和教育价值。通过民族传统体育，人们能够传承和弘扬自己的文化遗产，同时也能够在全球范围内分享和交流自己的文化独特性。

一、民族传统体育的定义

民族传统体育是一个源自文化传承的体育形式，它承载着一个民族的历史、价值观和身体表达方式。这些体育活动在特定的社群中代代相传，它们不仅仅是运动，更是一种文化的延续。民族传统体育融合了身体力量、技巧和智慧，是一种在社会活动中具有深刻意义的体验。这些传统体育通常根植于特定的地理环境和气候条件之中。它们往往与自然界相互关联，反映了民族对环境的适应能力。例如，一些北方民族的传统体育可能涉及冰上运动，而南方民族则可能更倾向于水上运动。这种自然环境和文化之间的交互作用使民族传统体育具有独特的特点。

民族传统体育也反映了社会结构和价值观念。它们往往融入民族的宗教、仪式和节庆活动中，具有神圣的意义。这些体育活动可以建立社会联系，传递道德价值观，并强调合作和团队精神。它们在社群中有着强烈的凝聚力，有助于维护文化认同。民族传统体育是一个跨足文化、历史、地理和社会领域的复杂体验。它不仅仅是一种体育活动，更是一种文化传承和身体表达的方式，代表了一个民族的独特特征和价值观。它们在世界范围内具有丰富的多样性，丰富了全球体育和文化的多元性。

（一）历史传承

民族传统体育项目源远流长，可以追溯到古代。它们代代相传，承载着丰富的历史和文化传统。这些传统体育项目，凝聚着民族的智慧和智慧，是古老社会的一部分，根深蒂固地融入了民族的生活。这些传统体育项目在民族的历史中扮演着重要的角色，既是体育竞技，也是文化传承的载体。这些古老的传统体育项目，通常起源于特定的地理环境和社会背景。它们是民族智慧的结晶，反映出了古代社会的生活方式和价值观。例如，射箭是一项古老的传统体育项目，它不仅是一种狩猎工具，还是战争技能的训练，它代表了勇敢和技艺，是文化的象征。

这些传统体育项目代代相传，通过口头传统和实践活动传递给后代。在家庭、社区和学校中，老一辈的人会教导年轻一代这些传统体育的技能和知识。这种传

---

① 张乐. 新时代高校民族传统体育的传承与发展研究——以健身气功为例［J］. 当代体育科技，2023，13（33）：124—127.

承不仅仅是技术的传递，更是文化价值观、社交互动和身份认同的传承。它们在传统仪式、节庆和社交聚会中扮演着重要角色，加深了人们对自己文化的认同感。这些传统体育项目的魅力在于它们的多样性和独特性。不同民族拥有各自独特的传统体育项目，反映了他们的历史、环境和价值观。例如，摔跤在蒙古是一项重要的传统体育，反映了草原文化和骑马传统。而中国的太极拳则强调内功和身心平衡，代表了中国哲学和道德观念。民族传统体育项目是文化的精华，它们承载了丰富的历史和文化传统。它们不仅仅是体育竞技，更是文化的传承和身份认同的象征。这些古老的体育项目在今天仍然具有重要的价值，为我们提供了了解和尊重不同民族文化的机会。通过保护和传承这些传统体育项目，我们能够继续欣赏和受益于它们的独特之处，同时促进文化多样性的传播和尊重。

（二）文化特征

民族传统体育是一种深刻反映了特定民族或地区文化特征、价值观念和传统习俗的体育活动。这些活动在许多方面都承载着文化的重要信息，因此被视为一种传统的载体。民族传统体育与特定宗教密切相关。在许多文化中，宗教在塑造人们生活方式和价值观念方面扮演着重要角色。因此，这些体育活动常常与宗教仪式和信仰有关。例如，在印度，板球被认为是一项具有宗教意义的运动，与印度教的节庆和庆典紧密相连。这种联系不仅在比赛中表现出来，还体现在球迷的热情和虔诚。民族传统体育与节庆有着紧密的联系。许多文化都有特定的节庆，这些体育活动常常是庆祝和纪念这些节庆的一部分。举例而言，在中国，龙舟赛是端午节的传统活动，而墨西哥的角斗士比赛与独立日庆祝活动紧密相连。这些体育活动不仅为节庆增添了欢乐氛围，还强化了文化传统。

民族传统体育也反映了社会仪式的一部分。在某些文化中，体育活动被用作社会仪式的一部分，如成年礼或婚礼。这些活动不仅是身体上的挑战，还包含着象征性的意义，标志着个体的过渡和发展。例如，美洲原住民的斗牛赛是一种传统的社会仪式，象征着勇气和成年。民族传统体育在反映文化特征、价值观念和传统习俗方面发挥着重要作用。它们与宗教、节庆和社会仪式紧密相连，是文化传承的重要组成部分，传递着民族和地区的独特精神。这些体育活动不仅是身体的锻炼，更是文化的传承和庆祝。

（三）非正规性

体育项目的多样性让人们能够以各种方式参与，而无需严格的规则和专业设备。这种非正式的参与方式有助于拓宽运动的范围，让更多人享受到体育的乐趣。这种灵活性促使体育项目在不同场合得以展开。无论是在家庭聚会、社区活动还是朋友之间的竞争中，非正式的体育活动都可以自由进行。没有复杂的规则和设备，人们可以更轻松地参与，不必担心专业性的要求。

这些非正式体育项目有助于增加运动的社交性质。人们可以在轻松的氛围中与他人互动，建立友谊和团队合作。这种社交互动对于身体健康和心理幸福都有积极的影响，因为它鼓励了社交联系和团队精神。非正式体育项目也有助于减少运动的门槛。专业设备通常昂贵，而复杂的规则可能令人望而却步。但非正式的体育活动更容易融入人们的生活，因为它们不需要大量的投资和学习。这样，更多人能够轻松地参与，享受到身体活动的益处。非正式的体育项目不仅拓宽了运动的范围，还促进了社交互动和降低了运动的门槛。这些项目通过简化规则和设备要求，使更多人能够参与，体验到运动带来的快乐和健康益处。

二、民族传统体育的范围

民族传统体育是各个文化群体积累了数百年乃至数千年的传统活动，旨在弘扬特定的文化价值观和身体技能。这些传统体育活动不仅反映了一个民族的历史和生活方式，还在一定程度上塑造了他们的身体和精神特征。民族传统体育的范围极为广泛，涵盖了各个国家和地区的多样性。亚洲是民族传统体育的重要发源地之一。中国的太极拳、剑术、和功夫是世界闻名的传统武术，强调内外平衡和精神凝聚力。印度的瑜伽是一种综合性的体育，注重身体柔韧性和心灵平静。日本的相扑和柔道也代表了亚洲传统体育的独特方面，强调力量、技巧和道德。非洲大陆也拥有丰富多彩的传统体育。马赛人的角斗士传统是一种象征性的比赛，展示了勇气和毅力。埃及的独木舟赛是一项在尼罗河上进行的传统活动，旨在检验水手的技能。撒哈拉以南的非洲地区还有各种各样的摔跤和搏击比赛，如摩洛哥的埃尔拉列比赛和尼日利亚的摔角。

在美洲，印第安部落保留了许多传统体育，如拉克罗斯和拳击。拉克罗斯是一种古老的球类比赛，有着深厚的文化背景，代表着团队合作和领导力。拳击在一些印第安社区中也有着重要的地位，是一种勇气和体力的象征。欧洲有着多样的传统体育，如爱尔兰的凯尔特摔跤、苏格兰的高地游戏和俄罗斯的木棍搏击。这些活动通常与庆祝和社交活动相结合，反映了欧洲文化的多样性和丰富性。

民族传统体育是各种文化背景下的体育活动，不仅体现了人们对身体技能的追求，还传承了文化价值观和社会团结的重要元素。这些传统体育活动在世界各地都有着不同的形式和特点，丰富了全球体育遗产，为我们提供了了解不同文化的窗口。

（一）弓箭

弓箭运动是一项悠久的传统，根植于多个国家和地区的文化背景中。日本的弓道（Kyudo）和土耳其的弓箭射击是两个代表性的例子，它们在不同的文化中展现出了弓箭运动的精髓。日本的弓道，也被称为"武士之道"，是一门深受武士文化影响的弓箭技艺。它强调了冥想、集中和精神力量的培养。在弓道中，射箭不仅仅是一项技术，更是一种修行的方式。弓手通过反复练习来追求完美的姿势和精神状态，这反映了日本文化中对于内在平衡和道德修养的重视。弓道的传承在日本历史上延续至今，成为一种文化的象征，同时也是一种体育活动。

土耳其的弓箭射击则代表了中东地区弓箭传统的丰富历史。这项运动在土耳其历史上一直与狩猎和战争技能紧密相连。土耳其的弓箭手以其精湛的技艺而闻名，他们的射击技术和弓箭设计传承自古代文化。土耳其的弓箭射击是一项受到尊重的传统，不仅仅在体育比赛中受到欢迎，还在文化庆典和婚礼等场合中扮演着重要的角色。这项传统的保持和发展成为土耳其文化的一部分，反映了该国对历史和传统的珍视。弓箭运动在日本和土耳其等国家和地区有着悠久的传统，代表了各自文化的特点和价值观。无论是日本的弓道还是土耳其的弓箭射击，它们都是文化的传承和体育的表现，承载着丰富的历史和传统，同时也为现代社会提供了一种独特的方式来体验和尊重这些文化遗产。弓箭运动的魅力在于它的跨文化性和多样性，为人们提供了机会去了解不同文化之间的共通之处和差异。

（二）柔道和剑道

日本的柔道和剑道是具有深厚传统的武道项目。这两种武道不仅是体育活动，更是一门精深的哲学和生活方式的表现。柔道是一种强调和谐、柔韧和技巧的武道。其核心理念是最大的效用，最小的努力。这体现了日本文化中的谦逊和自我约束的价值观。柔道强调尊重对手和道德规范，倡导精神上的成长。通过练习柔道，人们不仅仅学会了自卫技巧，还培养了品德和自律。

剑道则是日本武道中的一门古老的艺术，注重剑术的精湛技巧和精神修养。剑道的核心是剑客的内在平和和专注。通过练习剑道，人们追求心境的宁静，强调在紧张的局势下保持冷静和自制。这种内外和谐的追求反映了日本文化中的禅宗哲学，将武道视为一种精神实践。

柔道和剑道都有严格的道场规范和仪式，这些规范反映了传统的尊敬和纪律。道场是学习和成长的场所，同时也是传承日本武道传统的地方。这种传统的教育方式通过师徒关系，将知识和价值观代代相传。日本的柔道和剑道不仅仅是武术，更是一种精神和文化的表现。它们强调了自律、尊重、谦逊和内在的成长，反映了日本文化中的价值观和哲学。这些传统的武道项目在今天仍然深受尊敬，吸引着学习者追求身心的和谐与成长。

三、民族传统体育的意义和保护

民族传统体育承载着一个民族的文化和历史传承，具有深刻的意义和需要积极的保护。民族传统体育是民族文化的重要组成部分，它反映了特定民族的价值观念、生活方式和社会结构。这些体育活动通常融合了民族的音乐、舞蹈和仪式，形成了独特的文化表达方式，有助于弘扬和传承民族的精神传统。民族传统体育也有助于增强民族认同感和凝聚力。通过参与这些活动，人们能够建立共同体验和情感联系，形成更加紧密的社区关系。这种凝聚力有助于维护社会和谐，并增强社会稳定性。

民族传统体育也对身体健康产生积极影响。这些体育活动通常强调自然与人的和谐，鼓励人们保持活跃的生活方式。这不仅有助于预防慢性疾病，还有助于培养健康的生活习惯，提高生活质量。民族传统体育正面临着失传的威胁。全球化和现代化的冲击使许多年轻人更倾向于追求外来的体育活动，而忽视了本土传统。为了保护这些宝贵的文化遗产，需要采取措施，例如通过教育系统将传统体育纳入课程，举办文化节庆来宣传和弘扬传统体育，以及提供支持和资源来维护相关设施和组织。民族传统体育不仅是文化传承的载体，还有助于社会凝聚和身体健康。为了保护和传承这一宝贵的文化遗产，社会各界应当共同努力，确保这些传统体育活动得以继续传承下去，为我们的子孙后代提供丰富多彩的文化遗产和健康的生活方式。

（一）文化传承

民族传统体育是文化的一部分，代代相传着特定民族或地区的价值观念和历史。这些传统体育项目承载着更深层次的文化内涵，远不仅仅是一种体育活动。它们在不同的文化中扮演着重要的角色，反映着民族和地区的独特身份和精神。民族传统体育是一种价值观念的传承。通过代代相传的方式，这些体育项目传达了特定文化的价值观念，如勇气、坚韧、团队合作和公平竞争。例如，摔跤在许多文化中被视为一种勇敢和坚韧的象征，它培养了参与者的勇气和决心。这些价值观念贯穿于传统体育项目的规则和仪式中，成为文化的一部分。

民族传统体育反映了特定历史的传承。这些体育项目通常源于特定历史时期的社会和生活背景。例如，弓箭运动在古代是一项重要的狩猎和战争技能，它反映了当时社会的生存需求和文化特点。通过代代相传，这些体育项目保留了历史的痕迹，成为了历史的传承者，让后代能够了解和尊重自己的历史。民族传统体育是一种独特的文化传承方式，它通过代代相传的方式传承了特定民族或地区的价值观念和历史。这些体育项目不仅仅是一种体育活动，更是文化的表现和社会凝聚力的象征。它们反映了文化的多样性和丰富性，为人们提供了机会去了解和尊重不同文化之间的共通之处和差异。通过保护和传承这些传统体育项目，我们能够继续欣赏和受益于它们的独特之处，同时促进文化多样性的传播和尊重。

（二）社区凝聚力

柔道和剑道等传统武道项目不仅是体育活动，更是社区凝聚力和团队合作的强大催化剂，有助于加强社会联系。这些武道项目鼓励个体与社区之间的互动。在一起练习和学习柔道或剑道的过程中，人们建立了紧密的关系，共同经历训练的挑战和成就感。这种共同体验促使人们更加亲近，增进了社区内的友情和凝聚力。这些武道项目强调尊重和合作。在练习中，学员必须互相尊重和合作，因为柔道和剑道是以对手为基础的活动。这种尊重和合作的文化有助于建立积极的社交关系，减少了冲突和不和的可能性。

这些武道项目通常与社区活动和庆典紧密相连。在庆祝日或特殊场合，柔道和剑道表演成为社区活动的一部分，吸引了社区成员的参与和观众。这些表演不仅增加了社区的娱乐性，还巩固了社会联系。传统武道项目如柔道和剑道在促进社区内的凝聚力和团队合作方面发挥着重要作用。通过建立紧密关系、强调尊重和合作、培养责任感和参与社区活动，这些武道项目有助于加强社会联系，使社区更加团结和融洽。

第二节　民族传统体育的历史发展

民族传统体育是一个源远流长的历史传承，承载着文化、社会和身体发展的重要信息。这一传统可以追溯到古代文明的起源，它不仅是一种体育活动，更是一种文化的象征。在远古时代，人们生活在野外，需要通过各种体育活动来捕猎食物和保护自己。这些活动包括射箭、斗兽、奔跑等等。这些活动不仅锻炼了人们的身体，还培养了他们的团队合作和竞争精神。随着社会的发展，体育活动逐渐演变成了一种娱乐和文化表现形式。在不同民族和地区，出现了各种各样的传统体育项目。这些项目通常与当地的宗教、祭祀和庆典活动紧密相连，成为文化传承的一部分。例如，中国的太极拳与道教有深厚的渊源，印度的瑜伽与印度教有关，而阿拉伯的骑马比赛则是伊斯兰文化的一部分。

在历史的长河中，传统体育也扮演了社会团结的重要角色。它们成为不同社群之间交流和合作的桥梁，促进了文化的多元融合。传统体育也反映了当地自然环境和生活方式的特点，传递着人们对自然和社会的理解。随着现代化的进程，传统体育面临着许多挑战。城市化和工业化的发展导致了人们生活方式的变化，传统体育项目逐渐式微。全球化的影响也使得一些传统体育受到外来文化的冲击。传统体育仍然具有重要的文化和历史价值。许多人致力于保护和传承这一宝贵的遗产，以确保它们能够继续为人们提供身体和精神上的满足感。传统体育的历史发展是一个丰富多彩的故事，反映了人类文明的演进和丰富多样性。

一、起源与早期形态

民族传统体育的根源可以追溯到古代文明的起源。它们最早源于人类生活的基本需求，如狩猎、捕鱼、战斗和农业。在这些早期形态中，人们通过体育活动来提高自己的生存技能和体力，以适应恶劣的环境条件。早期的民族传统体育通常反映了当地的自然环境。例如，山区居民可能发展了攀岩和登山的技能，以便在崎岖的地形中行走[①]。沿海地区的社群可能会发展出捕鱼和划船的技巧，以应对海洋生活。这些早期形态的体育活动是对环境挑战的直接应对，同时也传承了民族的生活方式。

随着时间的推移，一些早期形态的民族传统体育逐渐演化成了竞技活动。例如，战斗技巧可能发展成为角力或武术比赛，狩猎技能可能变为射箭或投掷比赛。这些竞技活动逐渐成为社群间的竞争和娱乐的一部分，同时也强化了社会结构和领导力。民族传统体育的起源和早期形态是与特定地域、环境和社会需求紧密相关的。它们代表了一个民族的生存智慧和文化传承，同时也是社会联系和文化认同的重要组成部分。这些体育活动的演化和传承贯穿着人类历史的长河，延续了千百年来。

（一）战斗技艺

古代的战士为了战斗准备，不得不进行多种训练，这导致了不同文明中出现了各种形式的格斗技术和武术。这些技术和武术的出现源于对生存和领土保卫的需要，反映了当时社会的特点和文化传统。在古代，战士必须精通各种格斗技术，以在战场上保护自己和国家。这些技术包括剑术、刀术、枪术等，旨在使战士能够在近距离和远距离的战斗中取得优势。不同文明中的战士发展出了适应自身需求的特殊格斗技巧。古代文化也强调了武道和军事训练的重要性。在一些文明中，如古希腊的斗士和罗马的军队，武术被视为一种体育和娱乐活动，同时也是为了培养身体和精神的能力。这些文化传统催生了著名的斗技和军事战术。不同文明的武术也受到当地文化和哲学的影响。例如，中国的武术发展了丰富的哲学体系，

---

① 吴燕，冯胜刚，张元章.少数民族特色村寨传统体育文化与旅游融合发展研究——以贵州省为例［J］.体育文化导刊，2023，（11）：88—94+109.

如太极拳和功夫，强调身心的平衡和内在力量。这些武术不仅用于战斗，还用于提高健康和增强内在能力。古代战士为了应对战斗的需要，发展了各种格斗技术和武术。这些技术反映了当时社会的特点和文化传统，同时也为后来的文明和军事传统留下了宝贵的遗产。这些武术形式至今仍然存在，被人们继续传承和发展。

（二）狩猎技巧

民族传统体育项目中，一些源于狩猎的竞技如射箭、弓术和捕鱼技巧竞赛，承载着古老的文化和技艺。这些体育项目的起源与古代社会的生存方式密切相关，反映了民族的智慧和独特的历史传承。射箭，作为一项古老的传统体育项目，起源于远古的狩猎活动。古代猎人依赖弓箭来获取食物和保护自己，因此射箭技艺的培养对于生存至关重要。随着时间的推移，射箭从一种实用的生存技能演变成了一项精致的竞技，强调了准确性、控制和集中力。射箭不仅仅是一种体育活动，更是文化传承的象征，传递着对自然界的尊重和依赖。

弓术，与射箭相似，也是古代狩猎和战争的重要技艺。不同文化中的弓术技艺各具特色，反映了当地的历史和文化传统。中国的弓术，例如，强调了内功和身心平衡，反映了中国哲学和道德观念。日本的弓道则强调了冥想和集中，代表了武士文化的精神。捕鱼技巧竞赛，尽管不如射箭和弓术闻名，但也是一项重要的传统体育项目。它源于古代的捕鱼活动，强调了捕捞技术的熟练和智慧。不同地区的捕鱼技巧竞赛反映了各自地理环境和渔业传统的不同，同时也促进了渔民社区的凝聚和文化传承。射箭、弓术和捕鱼技巧竞赛等民族传统体育项目源于狩猎活动，承载了古老的文化和技艺。这些体育项目反映了古代社会的生存需求和智慧，成为文化传承的一部分。它们不仅是体育竞技，更是文化的表现和历史的传承者，为我们提供了了解和尊重不同文化之间的共通之处和差异的机会。通过保护和传承这些传统体育项目，我们能够继续欣赏和受益于它们的独特之处，同时促进文化多样性的传播和尊重。

（三）农耕活动

在古代农耕社会，体力劳动和农田竞赛是不可分割的一部分。这些活动承载着社会、文化和经济的重要意义，反映了农耕社会的价值观和生活方式。体力劳动在农耕社会中占据着重要地位。农民需要付出大量的体力劳动来犁田、播种、收割和耕种农作物。这些农田活动不仅确保了社会的食品供应，还是社会生存和繁荣的基础。农民的体力劳动是社会的生命力的象征，同时也是他们的生计来源。农田竞赛是一种古老的体育活动，与农业生产紧密相关。犁田竞赛和耕地比赛是常见的比赛形式，它们鼓励农民之间的竞争，促进了农业技术的发展。这些竞赛不仅为农业创新提供了动力，还增加了社区内的互动和娱乐。

体力劳动和农田竞赛也在文化传统中扮演着重要角色。这些活动通常伴随着庆祝和节庆，成为社区聚会和社交互动的一部分。农田竞赛往往伴随着音乐、舞蹈和庆祝仪式，强调了社区的团结和文化传承。

二、传承与演变

民族传统体育的传承与演变是一项历史悠久且不断发展的过程。这些体育活动扎根于特定的文化和社会背景，由一代传至一代，不断适应着现代化的变革。传承是这一过程的核心。传统体育通常是口口相传的，由长辈向后代传授，通过亲身经验和示范来传递技能和知识。这种口述传承方式保留了文化的纯粹性，确保了体育活动的原汁原味。传统体育也在演变中不断适应新的挑战和需求。随着社会的发展和现代技术的崭露头角，传统体育也经历了一系列变革。例如，一些传统体育如马术和弓箭射击逐渐从军事技能演变为休闲娱乐项目。体育规则和装备也可能经历改革，以适应现代竞技的需求。民族传统体育的传承与演变是一个复杂而动态的过程。它们代表了文化的传承和发展，是一个国家或社群的重要文化遗产。在保持其独特性的同时，也需要灵活地适应现代社会的需求，以确保它们继续繁荣发展并为未来的一代传承下去。

（一）文化融合

传统体育项目在不同文化之间的传播和融合是一种常见现象。这种跨文化的互动导致了传统体育项目的新变体和混合形式的出现。当不同文化接触时，他们通常会分享各自的传统体育项目，并尝试融合它们以创建新的体育形式。这种融合不仅包括规则和技术的结合，还包括文化元素的交流。例如，跆拳道是韩国传统的格斗技术，它融合了中国功夫和其他亚洲文化的影响。这个混合体育项目具有独特的特点，成为一种国际性的体育。

传统体育项目也在全球范围内传播，受到不同文化的影响。例如，曲棍球是一种源自北美土著文化的传统体育项目，但它在欧洲也得到了广泛的接受和发展。这导致了不同风格和规则的变体出现，如冰球和场地曲棍球。文化融合还可以促进传统体育项目的全球化。例如，足球起源于古代文明，但现在已经成为世界上最流行的体育之一。不同国家的足球具有各自的特点和风格，反映了当地文化的影响。传统体育项目在不同文化之间的传播和融合是一种富有创造性的现象，导致了新的变体和混合形式的出现。这种文化交流丰富了体育的多样性，并促进了全球化。这些传统体育项目的多元性和丰富性使人们能够更好地理解和尊重不同文化之间的差异。

（二）民族象征

这些传统体育项目已经成为民族象征和文化标志，因为它们在特定文化和民族中具有深远的历史和重要的地位。这些体育项目不仅仅是一种体育竞技，更是文化的象征，代表着特定文化和民族的精神、价值观和传统。这些体育项目在民族历史中扮演了重要的角色。它们起源于古代社会的生存需求和文化特点，是民族生活的一部分。例如，摔跤在许多文化中被视为一种勇敢和坚韧的象征，反映了民族历史中的英勇和抗争。这些体育项目通过代代相传的方式传递下来，保留了历史的痕迹，成为民族历史的一部分。

这些体育项目反映了特定文化的价值观念。不同的体育项目强调了不同的价值观念，如勇气、坚韧、团队合作和公平竞争。这些价值观念贯穿于体育项目的规则和仪式中，成为文化的一部分。例如，日本的弓道强调了冥想和集中，反映了日本文化中的内在平衡和精神修养。这些体育项目也在社会中具有象征意义。它们常常成为民族的标志，代表着文化和民族的独特身份。在文化庆典、节日和竞技比赛中，这些体育项目扮演着重要的角色，强化了人们对自己文化和民族的认同感。它们是文化传承的一部分，传递了对传统的珍视和尊重。这些传统体育项目已经成为民族象征和文化标志，因为它们代表着特定文化和民族的历史、价值观和传统。它们不仅仅是一种体育活动，更是文化的表现和社会的象征。它们反映了文化的多样性和丰富性，为人们提供了机会去了解和尊重不同文化之间的共通之处和差异。通过保护和传承这些传统体育项目，我们能够继续欣赏和受益于它们的独特之处，同时促进文化多样性的传播和尊重。这些体育项目是文化传承的宝贵遗产，也是文化多样性的重要组成部分。

第三节　民族传统体育的文化背景

民族传统体育是一个深植于不同文化背景下的复杂体验，其根源可以追溯到几个世纪前。这种体育形式反映了特定社会群体的历史、价值观和生活方式。它们通常承载着丰富的文化内涵，因此在理解和尊重这些传统体育时，需要考虑其背后的文化背景。民族传统体育在文化背景中扮演着重要的社交角色。这些体育活动常常是社区和家庭团结的媒介，帮助人们建立和维系彼此的联系。通过参与传统体育，人们能够传承文化传统，传授技能和知识给下一代。这些体育形式反映了特定文化对自然和环境的认知。许多传统体育活动与自然元素有关，如狩猎、捕鱼、牧羊和农耕。这些活动不仅满足了生计需求，还体现了对自然界的深刻理解和尊重。民族传统体育也在文化表演和仪式中扮演着重要角色。它们常常与宗教、节庆和庆典相结合，成为文化庆祝活动的一部分。这些体育活动在一定程度上象征着社会的凝聚力和共同体感。

这些传统体育反映了特定文化的价值观和信仰。例如，某些文化的体育活动强调坚韧不拔、合作和团队精神，而其他文化则强调个人技能和竞争。这些价值观在传统体育中得到体现，反映了文化的独特特征。民族传统体育不仅是一种体育活动，更是一种文化表达和社会交流的方式。它们承载着丰富的文化背景，反映了特定社会群体的历史、价值观和生活方式，值得被尊重、保护和传承。

一、宗教和仪式

民族传统体育与宗教和仪式紧密交织，呈现出深刻的文化融合。在许多民族社群中，体育活动被视为宗教仪式的一部分，具有神圣的意义。这种关联不仅令体育活动变得更加多样和丰富，同时也反映了宗教在社会生活中的重要性。传统体育在宗教仪式中扮演多重角色。它们常常被用来表达对神祇的崇敬和感恩之情。例如，某些民族在收获季节会举行农耕仪式，其中包括各种体育竞赛，以示感谢自然神明的赐福。这种方式将信仰与体育紧密相连，体现了对神灵的虔诚。

民族传统体育也被用来模拟神话故事和传说。这些体育活动常常模仿神祇或英雄的传奇战斗，从而传承了宗教故事和神话传说。这种模拟不仅有助于故事的传承，还使人们更深入地理解宗教教义[①]。体育竞赛也在宗教庆典和仪式中担任特殊角色。举行庆祝仪式的时候，体育竞赛常常成为社群凝聚的媒介，为人们提供了共襄盛举的机会，增强了社会团结感。民族传统体育在宗教和仪式中具有丰富多样的功能，既是对神灵的崇敬表达，又是神话传承的方式，同时也是社会凝聚的工具。这种紧密的联系不仅丰富了文化遗产，还体现了民族信仰在塑造社会身份和价值观念方面的重要作用。这一独特的关联必须得到尊重和保护，以确保它继续为不同民族的社群带来深厚的文化和精神滋养。

（一）印度的瑜伽

瑜伽作为印度的传统体育，深受印度教的影响，是一门综合的身体和精神实践。它不仅仅是一种体育活动，更是印度教的核心教义的重要体现。瑜伽的根源可以追溯到古代印度，最早出现在印度教的经典文献中。这些文献中描述了瑜伽作为一种修行和内在觉醒的方式。它强调了个体与宇宙之间的联系，试图达到身体、心灵和精神的和谐统一。这与印度教的核心概念相符，即千丝万缕的宇宙联系和灵魂的重生。

瑜伽的体育练习包括各种体位法（Asanas），呼吸控制（Pranayama）和冥想。

---

① 游拢.文化认同视阈下民族传统体育发展研究［J］.武当，2023，（11）：76—78.

这些实践旨在提高身体的灵活性、力量和耐力，同时也有助于减轻压力、焦虑和提高专注力。这与印度教的精神目标相一致，即通过内在的探索实现自我解脱和解脱。

瑜伽也扮演着印度教文化的角色。瑜伽学院和瑜伽大师被视为文化的守护者，传播着印度教的价值观和传统。瑜伽节和庆典通常与宗教仪式和印度教节庆相结合，强化了印度教文化的传承。瑜伽作为印度的传统体育，不仅是一种身体活动，还与印度教的精神、哲学和文化紧密相连。它体现了印度教的核心教义，强调了身体和精神的和谐，以及个体与宇宙之间的联系。这种独特的综合性使瑜伽成为印度文化和宗教传统的一部分。

（二）日本的剑道

剑道是一门源自日本的传统武道，融合了武士道德和禅宗哲学的精髓。这个练习涵盖了更深层次的意义，超越了单纯的武术技巧。武士道德在剑道中扮演着至关重要的角色。它强调了忠诚、勇气、荣誉和谦逊等品质的培养。剑道的练习者被教导要尊重对手，尊重武器，同时培养内心的坚韧和冷静。这种道德教育不仅在练习中有所体现，也贯穿于日常生活中。剑道的练习通常包括冥想和宗教仪式。冥想有助于练习者集中注意力，提高感知和反应速度。宗教仪式则加深了与禅宗哲学的联系。禅宗教义强调当下的存在和内在的觉知，这与剑道的精神相契合。练习者在剑道过程中追求心灵的平静和自我认识。

剑道的武器，即日本刀，被视为一种神圣的工具。刀的形状和设计经过精心雕琢，反映了美学和功能的完美融合。练习者要维护刀的清洁和完整，以示对武器的尊重。这种尊重武器的态度与武士道德相辅相成，塑造了练习者的品格。剑道不仅仅是一种武术技巧的训练，更是一门传承日本文化和哲学的艺术。它融合了武士道德、禅宗哲学、冥想和宗教仪式，提供了身体和精神上的全面培养。剑道的价值不仅在于其实际应用，更在于其对练习者品格和生活方式的塑造。

（三）希腊的奥林匹克运动会

古希腊奥林匹克运动会与希腊神话和宗教崇拜密切相关，被视为宗教仪式的一部分。这一关系体现在多个方面，包括运动会的起源、参与者的信仰和仪式性质。古希腊奥林匹克运动会的起源与希腊神话有着紧密联系。据传说，第一届奥林匹克运动会于公元前776年在奥林匹亚举行，其起源被追溯到古希腊神话中的神祇宙斯（Zeus）。据信，宙斯是众神之王，奥林匹克山（Mount Olympus）被认为是他的居所。因此，奥林匹克运动会的名称就来源于宙斯的名字。这种神话故事将运动会与神明之间的联系深刻地刻画出来，将奥林匹克运动置于神话和宗教信仰的背景之中。

　　奥林匹克运动会的参与者常常怀着宗教信仰参赛。古希腊人认为运动是一种神圣的活动，他们会向宙斯和其他神祇祈祷，以寻求运动成功的祝福。参赛者在比赛前常常进行祭祀仪式，燃烧香炉，献上祭品，以示对神明的尊敬和恳求。这些宗教仪式在运动会中被普遍接受，体现了古希腊文化中宗教与体育的融合。奥林匹克运动会本身具有强烈的宗教性质。除了运动竞技外，运动会期间还举行了各种祭祀仪式、宴会和庆祝活动，以纪念宙斯和其他神祇。这些仪式包括神殿里的祭祀、宙斯雕像前的祷告和宴会上的诗歌朗诵。奥林匹克运动会的胜利者会获得橄榄树枝冠冕，并在宙斯神殿前举行祭祀，以感谢神明的庇佑。这些仪式性质的活动将运动会提升到一种宗教仪式的层次，体现了古希腊文化中宗教崇拜与体育之间紧密的关系。

　　古希腊奥林匹克运动会与希腊神话和宗教崇拜密切相关，被视为宗教仪式的一部分。其起源、参与者的信仰和仪式性质都将运动会与神明之间的联系深刻地凸显出来。这种宗教性质的体育活动在古希腊文化中具有独特的地位，成为文化传承和宗教仪式的一部分。

二、社会价值观念和文化传统

　　社会价值观念和文化传统在民族传统体育中密不可分。这些体育活动承载了丰富的价值观念和深刻的文化传统，是社会的反映和延续。民族传统体育反映了一个社会的价值观念。这些体育活动往往强调合作、团队精神和互助，代表了社会中的团结和社会凝聚力。竞技体育比赛中的竞争，也体现了社会中的竞争和追求卓越的价值观。一些体育活动强调纪律、道德和公平竞争，传递了社会中的道德观念和公正原则。文化传统在民族传统体育中得到了传承。这些体育活动往往与特定的民族仪式、节庆和宗教活动相关联。它们作为文化的一部分，传达了民族的历史、神话和传说。通过参与和观赏这些体育活动，人们可以了解和体验自己文化的深层次内涵。民族传统体育也是文化交流的一种形式。不同民族的体育活动之间存在相似之处，也有独特的特点。这种差异和相似性促进了民族间的文化交流和理解。通过参与其他民族的传统体育，人们能够促进跨文化的合作和交流。

（一）中国的太极拳

　　太极拳，作为中国传统武术的一种，承载着深刻的文化和哲学思想。它不仅仅是一种武术技艺，更是中国文化中的哲学思考和生活哲学的体现。太极拳强调平衡与和谐。它的核心概念之一是"太极"，代表了宇宙中阴阳互补、平衡相生的观念。太极拳的练习着重追求身体和内心的平衡，通过缓慢而流畅的动作，使身体的阴阳元素得以平衡，体验到和谐的感觉。这种平衡观念反映了中国文化中对生活、自然界和人际关系的看法，是一种综合性的哲学思考。

太极拳注重内在力量的发展。与外在的肌肉力量不同，太极拳强调的是内在的能量，也被称为"内功"。通过深层次的呼吸、意念和动作的协调，太极拳练习者可以培养内在力量，提高身体的敏捷性和稳定性。这种内在力量的发展反映了中国文化中对内心修养和自我提升的重视，是一种身心合一的哲学体现。太极拳的动作流畅而连贯，强调流动性。这与中国文化中关于"流动"的思想有关，认为变化是常态，适应变化是智慧的表现。太极拳的练习可以帮助人们在动作中体验到流动的感觉，学会应对生活中的变化，保持平静与灵活。太极拳反映了中国文化中的道家和儒家思想。道家强调自然的无为而治，儒家注重道德修养与和谐社会。太极拳的练习融合了这些思想，强调内在平衡、自然流动和和谐共存。它不仅仅是一种身体技艺，更是一门哲学艺术，反映了中国文化中的价值观和智慧。

（二）苏格兰的高地游戏

高地游戏是苏格兰高地文化的生动体现。这些比赛项目包括铁饼、斧头投掷和跳高等体育竞技，突显了苏格兰高地的力量和传统。高地游戏起源于苏格兰的农耕和牧羊社会，反映了当地居民的体力和技艺。铁饼比赛，以其要求的力量和技术而闻名，代表了苏格兰高地居民的坚韧和毅力。这项比赛要求选手将铁饼投得尽可能远，这需要强大的肌肉力量和精湛的技巧。

斧头投掷是另一项考验力量和技巧的高地游戏。选手必须用一把巨大的斧头将其投向远处的目标。这项比赛体现了高地居民在伐木和采矿等职业中所需的技能，同时也是对他们勇敢和决心的考验。跳高是高地游戏的一项传统项目，要求选手以竞技的方式跳越横杆。这项比赛代表了苏格兰高地文化中的欢庆和庆祝，通常与音乐和舞蹈一起举行，强调了社区团结和欢乐。

高地游戏还涵盖了其他体育项目，如重锤投掷、铅球和石块抛掷，这些都突显了力量、耐力和技艺。这些比赛不仅是竞技，也是社交互动和社区庆典的一部分，强化了高地文化的传统和凝聚力。高地游戏是苏格兰高地文化的生动体现，反映了这个地区的力量、毅力和传统价值观。这些体育项目不仅是竞技，也是社区庆典的一部分，强调了社区的团结和欢庆。高地游戏保留了数百年来的传统，继续在今天传承和欣赏。

第四节　民族传统体育的演变与传承

民族传统体育的演变与传承源远流长，凝聚着文化传统的精髓，代代相传，传承不衰。民族传统体育扎根于土地和生活，如中国的武术、古希腊的奥林匹克运动。这些活动反映了当时的社会价值观念和生活方式。而随着时间的推移，这些传统体育逐渐演变成更为复杂和多样化的形式，融入了不同的文化元素和技术创新。这种演变是不可避免的，因为社会环境不断发生变化。尽管传统体育在演变过程中不断改变，但其核心价值始终保持不变。它们强调团队合作、坚韧不拔、自我超越等价值观，这些价值观一直贯穿于传统体育的传承中。无论是在家庭、学校还是社区，人们通过参与传统体育来传承这些价值观。

传统体育的传承也受到新技术和媒体的影响。现代科技的发展为传统体育的推广和传承提供了新的途径。通过互联网和社交媒体，人们能够更广泛地分享和传播传统体育的知识和经验。这有助于吸引更多年轻人参与传统体育，保持传统体育的活力。民族传统体育在演变过程中保持了其核心价值观，同时受到了新技术和媒体的影响。这种传承有助于保护和传播文化传统，让更多人了解和参与其中，从而使传统体育得以继续存在和繁荣发展。

一、民族传统体育演变的历史

民族传统体育的演变历史悠久而多彩。这些传统体育活动起源于古代，随着时间的推移，经历了多次演变和改进，反映了文化、社会和技术的不断变化。

这些传统体育最早起源于原始社会。古代人们的生活方式与自然环境紧密相连，所以许多传统体育活动与狩猎、捕鱼、采集等生存技能相关。例如，射箭作为一项重要的技能，起初是狩猎和自卫的必备技巧。

随着文明的兴起，传统体育逐渐融入了宗教和社会仪式。古埃及的独木舟比赛就是一例，它起初与尼罗河的灌溉和运输有关，后来演变为宗教仪式的一部分。古希腊的奥林匹克运动会则将体育与宗教崇拜相结合，强调体育的道德和精神价值。在不同地区，传统体育活动逐渐形成了各自独特的规则和风格。亚洲的武术强调内外平衡和哲学思考，而非洲的摔跤和搏击赛事则突出力量和技巧。美洲原住民的拉克罗斯和拳击也有着深刻的文化根源。

随着工业革命和现代化的到来，传统体育也经历了一系列的变革。技术的进步改变了竞技比赛的性质，引入了新的装备和规则。同时，传统体育活动逐渐成为全球体育竞技的一部分，参与国际赛事，促进了文化交流和理解。

（一）早期形态

民族传统体育的起源可以追溯到特定文化和地区的早期形态。这些早期形态通常是原始而简单的体育活动，起初可能只是为了满足生存需求。例如，原始的摔跤可能是人们在狩猎或生存斗争中发展出来的一种技能，目的是制服或摆脱对手。随着时间的推移，这些原始体育活动逐渐演变和丰富。原始的摔跤可能开始变得有规则，并在社区内传承。这些规则可能涉及如何胜利或如何避免受伤。通过规则的引入，摔跤从一种生存技能演变成了一项竞技项目，人们可以通过它展现自己的力量和技巧。

这种演变的过程不仅适用于摔跤，还适用于其他民族传统体育项目，如射箭、搏击和拔河等。这些活动最初可能是与生活紧密相关的技能，但随着社会的进步，它们逐渐脱离了实际的生存需求，变成了娱乐和竞技的一部分①。民族传统体育起源于特定文化和地区的早期形态，通常是原始的、简单的体育活动。随着时间的推移，这些活动演变和丰富，发展出有规则的竞技项目，成为文化传统的一部分，同时也为人们提供了娱乐和身体锻炼的机会。

（二）影响因素

民族传统体育的演变是一个受到多种因素影响的复杂过程。社会、政治、经济和文化因素都在其中扮演了重要角色。这些因素的相互作用导致了传统体育的发展和改变。社会变迁是一个重要的影响因素。随着社会结构的变化和人们生活方式的改变，传统体育可能需要适应新的社会需求。例如，农村社会中的田径比赛可能在城市化过程中演变成更适应城市生活的运动项目。

技术进步也对传统体育的演变产生了影响。新的技术和材料可以改善体育器材的设计和制造，从而提高运动表现和安全性。这种技术创新可以推动传统体育项目的演进，使其更具吸引力和竞争力。文化交流也是一个重要的因素。随着不同文化之间的交流和互动增加，传统体育项目可以受到其他文化的影响，产生新的变体和混合形式。例如，国际体育赛事和文化节庆可以促进体育项目的跨文化传播和融合。现代交通工具和传媒的出现使得传统体育项目能够更容易地传播和交流。人们可以通过电视、互联网等媒体渠道观看和学习不同地区的体育项目，这有助于推广和推动传统体育的演变。民族传统体育的演变是一个受到多种因素影响的复杂过程。社会变迁、技术进步、文化交流以及现代交通工具和传媒的作用都可以推动传统体育项目的发展和改变，使其适应不断变化的社会和文化环境。这些因素共同塑造了传统体育的多样性和丰富性。

二、民族传统体育传承的方式

传承民族传统体育的方式多种多样，具有深远的文化价值。口头传承是其中

---

① 严宇.基于全民健身视角的民族传统体育发展探究［J］.文体用品与科技，2023，（21）：55—57.

之一。这种方式通过口头教导和故事传承，将体育知识和技巧代代相传。长辈和有经验的人扮演着重要的角色，他们向年轻一代传授技能，同时传达文化背后的价值观念和历史。实践和体验是传承的关键。年轻人通过参与体育活动，亲身体验并逐渐掌握相关技能。这种实践不仅提高了他们的技能水平，还深化了对传统体育文化的理解。通过反复练习和参与，传统体育得以保持生命力。

文化节庆和比赛是传承的另一重要途径。民族传统体育常常成为庆典和比赛的一部分，吸引了众多参与者和观众。这种公开展示和竞技的方式有助于传统体育的传承和弘扬，同时也促进了文化的交流和互动。教育系统也可以发挥关键作用，将传统体育纳入课程，使学生在学校中学习和练习这些技能。这种正式的教育可以确保传统体育得到系统传授，从而保护和传承。数字技术和媒体也在传承中发挥了越来越重要的作用。社交媒体和在线平台使得传统体育可以更广泛地传播和分享，吸引更多人参与和了解。同时，数字化技术还可以记录和保存传统体育的表现和历史，以备后人研究和学习。传承民族传统体育的方式多种多样，包括口头传承、实践体验、文化节庆、教育系统和数字技术。这些方式共同推动着传统体育的传承和发展，确保了它们作为文化遗产的传承不断延续，为后代提供了宝贵的文化资源。

（一）口传和示范

传统体育项目的传承方式主要依赖于口头传承和示范。这一方式通过老一辈的人向年轻一代传授技能和知识，有效地保持了传统体育的连续性。口头传承在传统体育项目中具有重要地位。年长的体育传承者通常拥有丰富的经验和知识，他们会亲自指导年轻一代。这种指导不仅仅是传授技术，还包括了传统体育的历史、文化和价值观。通过言传身教，老一辈人能够将他们的经验直接传递给年轻一代，确保传统技能的传承。

示范也是传统体育传承的重要方式。老一辈的传承者会亲自演示技巧和动作，让年轻一代能够观察和模仿。这种亲身示范不仅帮助年轻人理解正确的姿势和技术，还带有实际体验的成分，让他们能够更快地掌握传统体育的要领。

这种传承方式不仅仅传递了技术，还传递了传统体育项目的文化背景和价值观。通过口头传承和示范，年轻一代能够更深刻地理解传统体育的历史和意义，以及它们在社会和文化中的作用。口头传承和示范是传统体育项目传承的核心方式。这种方式确保了技能和知识的连续性，同时也传递了传统体育项目的文化和价值观，使它们在年轻一代中得以传承和保持。

（二）学校和组织

传统体育项目在学校和体育组织中得以传授和推广，这些机构扮演了非常重要的角色。它们为传统体育的传承和发展提供了正规的培训和教育渠道，从而使这些体育项目能够在现代社会中继续传承下去。学校是传统体育项目的重要传播渠道。在学校中，学生有机会接触和学习各种传统体育项目，包括射箭、摔跤、弓术等。学校提供了专业的教练和设备，帮助学生掌握这些传统技艺。通过在学校的教育，年轻一代能够了解和体验传统体育项目的魅力，从而传承下去。

体育组织在传统体育项目的推广和发展中起到了关键作用。这些组织通常组织比赛、培训和活动，为爱好者提供了一个社交互动和竞技的平台。例如，摔跤俱乐部、射箭协会等体育组织能够提供专业的指导和训练，帮助人们不断提高他们的技能水平。同时，这些组织也可以促进体育项目的推广，吸引更多人参与和支持。学校和体育组织也能够通过举办比赛和赛事来提高传统体育项目的知名度。这些比赛吸引了来自不同地区的参赛者，促进了技能的交流和传播。同时，比赛也能够吸引观众，让更多人了解和欣赏传统体育项目的魅力。学校和体育组织在传统体育项目的传承和发展中发挥了关键作用。它们提供了正规的培训和教育，为年轻一代提供了学习和掌握传统技艺的机会。这些机构也通过比赛和活动促进了体育项目的推广，吸引了更多的参与者和支持者。学校和体育组织的努力有助于传统体育项目在现代社会中继续繁荣和发展，保护了文化遗产并为人们提供了一个健康、积极的方式来参与体育活动。

第二章　民族传统体育与文化传承

第一节　民族传统体育与文化关系

民族传统体育与文化紧密相连，二者相互交织，相辅相成。这些传统体育项目是文化的表现，反映着一个民族的历史、价值观和生活方式。通过这些体育活动，人们传承和弘扬着自己的文化遗产。这些传统体育项目常常承载着深厚的历史背景，它们反映了民族社群的发展历程。这些体育活动的起源可以追溯到数百年前，甚至更久。例如，中国的武术是一个千年传统，它不仅仅是一种武术技巧，更是中国文化的一部分，反映了中国的哲学思想和价值观。民族传统体育还在体现着特定文化的价值观和信仰。印度的瑜伽强调身体和心灵的和谐，反映了印度文化中的内省和精神探求。相比之下，美国的美式足球强调团队合作和竞技精神，反映了美国文化中的竞争和冒险。这些体育项目也常常承载着社交和社会联系的功能。人们通过参与这些活动建立起紧密的社会关系，共同参与传统体育活动的过程中，形成了一种共同体验和认同感。民族传统体育也是文化传承的一种方式。年轻一代通过参与和学习这些体育项目，不仅学习了技能，还传承了文化的价值观和传统。这种文化传承是口头传统和实践的结合，通过体验和实践，年轻一代能够更深刻地理解自己的文化。民族传统体育与文化之间存在紧密的关系。这些体育项目不仅是文化的表现，还反映了历史、价值观和社会联系。它们在文化传承和社会交往中扮演着重要角色，是一个民族文化的生动体现。通过民族传统体育，人们能够传承和弘扬自己的文化，同时也能够与其他文化进行交流和互动。

一、传统体育作为文化表达的载体

民族传统体育作为文化表达的载体，承载着深刻的文化内涵和独特的身体表达方式。这些体育活动不仅仅是简单的运动，更是一个社会和文化的镜像。民族传统体育反映了一个民族的历史和传统。通过参与和传承这些体育活动，人们能够深入了解自己文化的根源。这些活动通常与民族的起源、迁徙和生活方式紧密相连。例如，一些体育活动可能反映了古代狩猎或战斗技能，是对民族历史的鲜活再现。这些体育活动承载着民族的价值观念和道德原则。在体育竞赛中，人们学会了公平竞争、团队协作和尊重对手。这些价值观念贯穿在体育活动中，不仅影响着参与者的行为，也传递给了观众。通过体育，社会中的道德和伦理观念得以传承和弘扬。

民族传统体育也是文化认同的一部分。它们成为了民族认同的象征，使人们感到自己是一种独特的文化群体的一部分。这种认同感促使人们保持对传统体育的兴趣和传承，从而维护了文化的连贯性和稳定性。民族传统体育也是一种情感表达方式。通过体育，人们能够表达自己的喜怒哀乐，体验身体和情感的交流。舞蹈、音乐和戏剧等艺术元素常常与体育活动相结合，增强了情感的表达和沟通。民族传统体育不仅仅是一种体育活动，更是文化的表达和传承方式。它们反映了民族的历史、价值观念、道德原则和文化认同，同时也是一种情感表达的途径。这些体育活动在维护文化的多样性和传统的延续方面发挥着重要的作用。

（一）体育的文化符号

传统体育项目通常融入了丰富的文化符号，这些元素不仅仅是体育活动的一部分，更是民族或地区文化特色的生动表现。这些文化符号包括独特的服饰、传统器械、舞蹈、音乐等元素，它们反映了一个民族或地区的文化传统和价值观。例如，印度的瑜伽就是一个充分体现了印度文化哲学和精神传统的传统体育项目。印度的瑜伽体现了深刻的哲学思想。瑜伽源于古印度的哲学体系，强调身体、心灵和精神的平衡与和谐。瑜伽的基本理念包括瑜伽修行、冥想和精神觉醒，反映了印度文化中对内在自我和宇宙的探索与理解。瑜伽中的姿势和动作不仅仅是体育锻炼，更是一种精神修行，通过身体的控制来实现内心的宁静与平衡。

瑜伽的服饰和器械也反映了印度文化的特色。瑜伽练习者通常穿着宽松的印度传统服装，如裙子和长袍，这些服饰体现了印度的传统着装风格。瑜伽常常借助瑜伽垫、坐垫和瑜伽带等器械来辅助练习，这些器械在传统文化中具有特殊的象征意义，与印度文化的生活方式密切相关[①]。音乐和舞蹈也是瑜伽中不可或缺的

---

① 李佳，张亚东，赵佳佳.中国式现代化视域下民族传统体育在高校的传承与发展研究［C］//中国班迪协会，澳门体能协会，广东省体能协会.第九届中国体能训练科学大会论文集.武汉体育学院武当山国际武术学院，2023：5.

元素，反映了印度文化的音乐和舞蹈传统。瑜伽练习常常伴随着冥想音乐和唱诵，这些音乐元素有助于提高练习者的专注和内心平静。舞蹈动作和呼吸也被纳入瑜伽练习中，这与印度文化中的舞蹈传统相呼应，体现了印度文化中的身体和精神的融合。综上所述，传统体育项目中的文化符号，如服饰、器械、舞蹈和音乐，是对一个民族或地区文化特色的鲜活展示。印度的瑜伽就是一个典型的例子，它通过深刻的哲学思想、传统服饰、特殊器械和音乐舞蹈元素，充分反映了印度文化的丰富内涵和精神传统。这些文化符号不仅仅是体育活动的装饰，更是文化传承和价值观的载体，为人们提供了一个了解和尊重不同文化之间的共通之处和差异的机会。

（二）礼仪和仪式

传统体育往往伴随着特定的礼仪和仪式，这些仪式不仅是体育比赛的一部分，更是文化价值观和社会规范的重要表现。以日本的相扑比赛为例，这一传统体育项目就展现了深厚的仪式和礼仪。相扑是日本最古老和最具代表性的体育之一，其仪式和礼仪是比赛的重要组成部分。比赛开始前，力士们要在圈内进行清净的仪式，称为激励。他们会在特定的地点撒盐以净化自己，并进行深呼吸，集中精神。这个仪式强调了相扑的精神准备和决心。

比赛中，双方相扑选手会在擂台上相对而立，进行一系列复杂的仪式性动作。他们会在地上踏出特定的步伐，扔撒盐来驱逐厄运，然后鞠躬以示尊重。这些动作代表了传统的礼仪和尊重，强调了相扑的文化价值观。比赛结束后，胜者通常会表现出谦虚和尊重，而败者也会展现出体面的态度。这一仪式性的表现强调了对手间的友谊和尊重，不仅仅关注胜负。

相扑比赛还伴随着寺庙仪式和神圣的象征物品，如铜镜和稻荷神像。这些仪式和物品强调了相扑与宗教和神秘传统的联系，加深了其文化背景的复杂性。传统体育如相扑比赛的仪式和礼仪不仅仅是体育竞技的一部分，更是文化价值观和社会规范的反映。它们强调了尊重、谦虚和精神准备的重要性，同时也突显了体育与宗教和神秘传统的深刻联系。这些仪式使传统体育项目成为文化传承和身体表达的重要方式。

（三）传统体育的历史与故事

传统体育承载着丰富的历史和故事，这些传承自古的故事是文化传承的重要组成部分。这些历史和故事并不仅仅是关于比赛和竞技，它们还传达着民族文化、价值观和社会传统。在传统体育中，每一个动作和规则都有着深刻的历史背景。这些历史故事往往反映着古代社会的特点和价值观。通过口头传统或书写形式，这些故事被传承给后代，使他们能够更好地理解自己的文化根源。传统体育的历史故事也包括了传奇人物和英雄事迹。这些故事鼓舞着后代，激发他们追求卓越和坚韧的精神。这些传奇故事不仅仅是娱乐，更是一种道德和行为准则的传达方式。

传统体育的历史和故事也有助于维护社会凝聚力。它们成为一个社群的象征，人们在共同参与和庆祝传统体育活动时，感到归属感和团结力量。这种团结有助于传统体育的传承和保护。传统体育的历史和故事是文化传承的一部分，通过口头传统或书写形式传承给后代。这些故事不仅记录了古代的体育活动，更反映了文化、价值观和社会传统。它们激发了人们的精神，维护了社会凝聚力，保护了宝贵的文化遗产。

二、文化对传统体育的影响

文化对传统体育有着深刻的影响，塑造了这些活动的本质和特点。传统体育是文化的产物，反映了一个社群的价值观、信仰、历史和社会结构。文化影响着传统体育的类型和形式。不同文化背景下，人们发展了各种各样的体育活动，以满足他们的需求和兴趣。例如，蒙古的马球与草原文化紧密相连，体现了骑马和射箭的技能。日本的相扑与该国的宗教信仰和仪式有关，反映出对体重、力量和纯洁性的崇拜。文化不仅影响了体育的形式，还塑造了比赛的规则、仪式和礼仪。文化还赋予了传统体育以象征和意义。传统体育往往被视为一种文化传承的象征，承载着社群的历史和传统。例如，美洲原住民的拉克罗斯比赛具有神圣的仪式性，被视为团队合作和领导力的象征。这些活动在文化中有着特殊的地位，反映出社会价值观和团结精神。

文化还在传统体育中影响了技能和训练方法。许多传统体育活动需要特定的技巧和知识，这些技能通常由长辈传授给后代，形成了一种世代相传的体育传统。这种传统方法强调了文化的重要性，将体育活动与社会价值观和道德联系在一起。文化在传统体育中激发了参与和热情。人们在传统体育中找到了一种表达自己文化身份和认同感的方式，因此他们积极参与并致力于传承。这种热情和参与度有助于保持传统体育的活力，并使其在不断变化的现代社会中得以传承。文化对传统体育产生了深刻的影响，塑造了它们的形式、象征和意义。传统体育活动不仅是一种体育竞技，更是文化传承的载体，代表着一个社群的身份和历史。文化与传统体育之间的紧密联系丰富了人类文化多样性，使这些体育活动在世界范围内具有独特的价值和吸引力。

（一）文化价值观塑造体育

文化价值观对传统体育的规则、道德和行为产生深刻影响，因此传统体育可以被视为文化价值观在运动领域的具体体现。传统体育的规则受到文化价值观的影响。不同文化有不同的价值观和信仰，这些价值观在传统体育的规则中得以反映。例如，某些文化强调团队合作和公平竞争，因此相关的传统体育项目规则会倾向于鼓励合作和公正。相反，其他文化可能更强调个体表现和竞争，相关的体育规则则可能更强调个人能力的发挥。这些规则的差异反映了文化价值观对体育竞技的不同理解和重视。文化价值观对传统体育的道德行为产生影响。体育项目通常要求参与者遵守一定的道德准则，如尊重对手、尊重裁判、诚实竞技等。这些道德准则受到文化价值观的塑造，反映了文化中的道德观念和行为规范。例如，一些文化强调尊重和礼貌，相关体育项目强调运动员之间的友谊和尊重。另一些文化可能更加强调胜利和竞争，相关体育项目则可能对胜利更为重视，但也要求竞争者遵守规则。这些道德准则是文化价值观在体育中的具体体现，影响着运动员的行为和态度。

文化价值观影响着体育活动的社会意义。传统体育项目常常被视为文化的象征，代表着一种民族或地区的价值观念和精神传统。这些体育项目在社会中扮演着重要的角色，如强调团队合作、培养勇气和坚韧的价值观，有助于社区凝聚和文化传承。因此，文化价值观对体育活动的社会意义和影响力产生深远的影响。传统体育是文化价值观在运动领域的具体体现。它的规则、道德和社会意义都受到文化价值观的塑造和影响。通过体育，文化价值观得以传承和表达，体现了文化对运动领域的深刻影响。这使得传统体育项目不仅仅是一种体育竞技，更是文化传承和价值观的载体，为人们提供了一个了解和尊重不同文化之间的共通之处和差异的机会。

（二）社交和社区影响

传统体育常常在社交和社区环境中进行，它促进了社会互动、团结和社区凝聚力。这些传统体育项目不仅仅是一种身体活动，更是社区文化的重要组成部分。在社交层面，传统体育为人们提供了一个共同的平台，让他们在愉快的氛围中互动和交流。人们不仅仅是参与者，还是观众和支持者。这种社交互动不仅在比赛中发生，还在赛前、赛后的聚会和庆祝活动中展开。这种社交互动有助于建立友谊、加深人际关系，增强社区的凝聚力。

传统体育项目通常与社区庆典和节庆相结合。这些体育活动不仅是娱乐，也是社区文化的一部分。它们加强了社区成员之间的联系，通过共同的庆祝活动增强了社区凝聚力。这种集体庆祝和参与体验有助于传统文化的传承，强化了社区的文化认同。传统体育还有助于保护和传承当地的历史和传统。这些体育项目通常代表着社区的价值观和传统方式，将这些价值观传递给年轻一代。通过参与和练习，年轻人学会了尊重和继承社区的文化遗产。传统体育在社交和社区环境中扮演着重要角色，促进了社会互动、团结和社区凝聚力。它们不仅仅是一种身体活动，更是社区文化的一部分，通过社交互动、庆典和传统文化的传承，加强了社区成员之间的联系，使社区更加紧密和有活力。

（三）文化认同和自豪感

参与和支持传统体育的个体通常会产生强烈的文化认同感和自豪感。这种情感有助于维护和传承文化，因为它们深刻地连接了个体与其文化遗产。参与传统体育的个体常常视其活动为文化的一部分。他们认为传统体育代表着自己所属文化的价值观、传统和历史。这种认同感使他们感到与自己的文化紧密相连，从而激发了对文化的保护和传承的责任感。参与传统体育的个体往往成为文化传承的活跃传播者。他们通过自己的行为和参与，将文化传统传递给下一代。这种传承不仅包括技巧和规则，还包括文化背后的价值观和意义。他们的参与为文化的延续提供了实际的支持。

强烈的文化认同感和自豪感也激励个体为传统体育的发展和保护做出更多的努力。他们可能会积极参与组织和推广传统体育活动，寻求更多的支持和资源，以确保这些活动在文化中得以继续存在。参与和支持传统体育的个体通常会因其文化认同感和自豪感而感到深受激励。这种情感不仅有助于维护和传承文化，还激发了他们积极参与传统体育的行动，以确保这些文化遗产得以永续传承。这种个体的参与是文化传承的重要推动力。

第二节 民族传统体育在社会文化传承中的作用

民族传统体育在社会文化传承中扮演着重要的角色。它们是文化的载体和传统的延续，通过世代相传，将民族精神和价值观传承给后代。这些传统体育不仅仅是身体锻炼的方式，更是社会和文化认同的象征。民族传统体育是文化传承的重要媒介。它们反映了一个民族的历史、价值观和生活方式。这些体育活动通常与特定的宗教、仪式和庆典活动相联系，深刻地反映了民族的信仰体系。通过参与传统体育，人们能够深入了解自己的文化根源，加强文化认同感。民族传统体育有助于社会团结和合作。参与这些活动的人们通常需要团队合作，互相协作，培养了社会关系和互助精神。这有助于建立社区和社会的凝聚力，促进人际关系的发展。

民族传统体育也承载了历史记忆。通过这些活动，人们能够感受到祖先的生活方式和挑战。这种历史记忆有助于保护文化遗产，防止它们被遗忘或丧失。传统体育也是身体健康的重要组成部分。它们提供了一种锻炼身体的方式，有助于维持健康的生活方式。通过参与传统体育，人们能够保持身体活力，增强免疫系统，提高生活质量。民族传统体育在社会文化传承中扮演着多重作用。它们是文化的传承者、社会的凝聚力、历史的见证者和身体的保护者。通过传承和发展这些传统体育，我们能够维护和丰富我们的文化遗产，促进社会的发展和健康。

一、社会凝聚力和团队合作

民族传统体育在社会中具有深远的影响，它不仅有助于增强社会凝聚力，还促进了团队合作的重要性。这些体育活动不仅仅是一种娱乐形式，更是社会联系和社交互动的媒介。民族传统体育强调集体参与和共同努力。参与者通常是社群的一部分，他们一起练习、比赛和庆祝胜利。这种共同体验增强了人际关系，促进了社会凝聚力。无论是在体育场上还是场外，这种紧密的联系都有助于加强社会的团结感。传统体育常常依赖于团队合作。在许多传统比赛中，参与者需要协作以实现共同目标。这不仅要求技术娴熟，还需要有效的沟通和协调。通过体验团队合作的重要性，人们学会了在各种社会和职业环境中更好地协作。

传统体育活动也有助于传播社会价值观念和道德规范。它们强调公平竞争、尊重对手和遵守规则的重要性。这些价值观念不仅适用于体育场上，还适用于社会生活的方方面面。通过传统体育，社会中的人们学会了尊重他人，遵循规则，从而有助于建立更加和谐的社会。民族传统体育在社会中发挥了重要的作用，不仅加强了社会凝聚力，还强调了团队合作和道德规范的价值。这些活动不仅仅是体育竞赛，更是社会文化的一部分，它们帮助塑造了社会的价值观念和行为准则，促进了社会的和谐和团结。

（一）社区凝聚力

参与传统体育活动的人们通常感到与自己的社区更加紧密相连，这有助于加强社会凝聚力。传统体育项目不仅仅是一种体育竞技，更是社区生活和文化传承的一部分。这种参与有助于人们建立亲密的社交关系，强化社区认同感，从而促进了社会的凝聚力。传统体育活动常常在社区内举行，吸引着来自同一社区的参与者。人们会在这些体育项目中结识邻居和社区成员，建立起友情和互信。这种社区内的互动有助于减少社交隔阂，让社区成员更加了解和关心彼此。因此，参与传统体育活动的人们往往感到他们属于一个紧密团结的社区。

传统体育项目通常具有文化传承的特点，这使得参与者之间分享共同的文化价值观和传统。参与者不仅仅在运动方面有共同的兴趣，还在文化、历史和价值观上有共鸣。这种共同的文化背景促进了社区内的交流和理解，增强了社区成员之间的联系。传统体育活动也常常与社区庆典和活动相结合。例如，在传统节日或特殊场合，社区可能会组织体育比赛或表演。这些活动成为社区的重要仪式，吸引了社区成员的广泛参与。通过共同参与这些活动，社区成员感到他们是一个紧密团结的集体，共享着文化传统和社会价值观。

参与传统体育活动有助于加强社会凝聚力，因为它们提供了一个平台，让社区成员建立亲密的社交关系，分享共同的文化价值观和传统，并参与社区庆典和仪式。这些体育活动不仅丰富了社区生活，也巩固了社区的凝聚力，促进了社会的和谐与稳定[①]。因此，传统体育项目不仅仅是一种娱乐和健康的活动，更是社会凝聚力的重要因素，有助于构建更加团结和融洽的社区。

（二）团队合作

许多传统体育项目是团队竞技，强调合作、协调和团队精神的发展。这些项目突出了集体努力的力量，强化了个体与团队之间的关系。团队竞技的传统体育项目鼓励成员之间的协作和协调。在这些比赛中，每个队员的角色都是关键的，他们必须相互配合以实现共同的目标。这种合作精神反映了社会中团队合作的价值观，强调了团队内部的协调和默契。

传统体育项目强调了领导和团队协作的平衡。团队通常有领袖或教练，他们负责组织和协调团队成员，同时也鼓励团队合作。这种领导角色教导了个体如何在团队中扮演积极的角色，并倡导互相尊重和倾听的重要性。团队竞技也强调了团队内的团结和精神。比赛的成功不仅仅取决于个体的表现，还取决于团队内的相互支持和团结。这种团队精神强化了团队成员之间的关系，使他们能够克服挑战和困难。传统体育项目的团队性质还有助于社区的凝聚力。这些团队通常代表着特定的社区或地区，吸引了社区成员的参与和支持。比赛成绩的喜悦和困难的共同克服都加强了社区内的联系，增强了社区凝聚力。传统体育项目中的团队竞技强调了合作、协调和团队精神的发展。这些项目不仅有助于个体与团队之间的关系，还加强了社区内的联系和凝聚力。通过团队合作，个体能够学会如何在集体中取得成功，并在社会中培养出协作和团队合作的重要技能。

（三）社会互动

这些体育活动在人们的生活中提供了重要的社交互动机会，让个体能够与他人建立深厚的友谊和社交关系。体育活动是一个自然的社交场所。人们聚集在一起，共同参与体育活动，这为他们提供了共同的兴趣和话题。通过这些共同的经

---

① 陈沫.我国民族传统体育保护与发展研究——以云南"阿细跳月"为例［J］.当代体育科技，2023，13（28）：1—4.

历，人们能够更容易地建立联系，交流并建立新的友谊。体育活动鼓励团队合作和协作。在许多体育项目中，个体必须与其他队员密切合作，共同追求共同的目标。这种合作关系有助于培养互信和团队精神，从而促进了社交互动。

体育活动通常伴随着社交活动。人们在比赛后常常聚集在一起，分享胜利或失败的喜悦和失落。这些社交聚会提供了一个放松和交流的机会，有助于建立更深厚的社交关系。体育活动也有助于拓宽社交圈子。人们可以通过参加各种比赛、锻炼班和运动团体来结识新的人。这种社交扩展不仅能够建立新的友谊，还能够为个体提供新的社交经验和视角。这些体育活动不仅有助于个体的身体健康和娱乐，还提供了宝贵的社交互动机会。它们为人们建立新的友谊和社交关系创造了有益的环境，促进了社会联系的增强和拓展。这种社交互动是体育活动的重要社会价值之一。

二、身份认同和自豪感

民族传统体育是身份认同和自豪感的体现。这些体育活动扎根于特定的文化和历史，因此成为民族认同的象征。参与民族传统体育的个体常常感到与自己所属民族的紧密联系。这种参与是对文化传承的参与，是对民族历史和传统的尊重。通过参与传统体育，个体深化了自己对民族文化的理解，建立了与民族身份的更紧密联系。传统体育激发了人们的自豪感。当个体能够在传统体育中表现出色时，他们感到自己是民族文化的有力代表。这种自豪感不仅仅来源于个体的表现，还体现在对民族传统的传承和发扬光大上。人们为自己能够传承和发展民族传统体育而感到骄傲。

观众也因为他们所属民族在传统体育领域的表现而感到自豪。胜利或出色的表现引发了集体的自豪感，因为这意味着民族的实力和荣耀。观众的自豪感与运动员或表演者的成功紧密相连，共同构筑了民族的自豪形象。民族传统体育是身份认同的具体体现。参与者和观众都将自己与所属民族的文化和历史联系在一起，通过这些体育活动，他们将自己视为民族认同的一部分。这种身份认同是个体和集体认同的融合，形成了一个强大的文化身份。民族传统体育在个体和集体层面上都是身份认同和自豪感的表现。它们不仅仅是体育活动，更是民族文化的象征和传承，是个体与民族身份之间的深刻联系。这些体育活动通过个体的参与和观众的关注，构建了一个坚实的文化认同和自豪感的基础。

（一）民族身份认同

参与传统体育项目的人们通常感到与自己的民族或地区更加紧密相连，这有助于维护和传承民族身份。传统体育项目不仅仅是一种体育活动，更是文化的象征，代表了特定民族或地区的传统和价值观。通过参与这些体育项目，人们能够深刻地体验到自己的文化根源，从而加强对民族身份的认同和传承。传统体育项目承载着特定民族或地区的历史和传统。这些体育项目往往源远流长，代代相传，传承了民族或地区的文化遗产。参与者通过练习和比赛，不仅仅学习了技巧和规则，还了解了体育项目背后的历史故事和文化意义。这种历史传承让人们感到与自己的民族或地区紧密相连，激发了对文化传统的自豪感。

传统体育项目反映了民族或地区的价值观和精神传统。这些项目常常强调团队合作、坚韧不拔、尊重对手等价值观，这些价值观与特定文化的价值体系相契合。通过参与体育项目，人们不仅仅锻炼了身体，还培养了与民族或地区价值观一致的品质。这种价值观的传承有助于维护和传承民族身份。传统体育项目也是民族或地区文化的重要表现形式。它们常常伴随着传统服饰、音乐、舞蹈等元素，形成了独特的文化体验。参与者和观众通过体育活动，能够深刻地感受到自己的文化传统的魅力，这种亲身体验有助于加强对民族或地区文化的认同感。

参与传统体育项目有助于人们感到与自己的民族或地区更加紧密相连。这些体育项目承载了历史、价值观和文化传统，通过参与体育活动，人们不仅锻炼了身体，还加强了对民族身份的认同和传承。传统体育项目不仅仅是一种娱乐和竞技，更是文化传承和身份认同的有力工具，有助于维护和传承民族或地区的独特身份。

（二）文化保护

传承和参与传统体育项目不仅仅是一种体育活动，更是保护和传承文化遗产的有力方式。这些传统体育项目承载着文化、历史和社会价值观，通过参与和传承，人们更有动力保护和传承自己的文化遗产。通过参与传统体育，人们亲身体验了文化遗产的重要性。他们不仅仅是观看者，更是活跃的参与者，深刻地感受到了传统体育在社会和文化中的地位。这种亲身体验激发了人们对文化遗产的认同感和珍惜之情。传承传统体育项目是将文化遗产传递给下一代的途径。老一辈的传承者通过口头传承和示范，将技能和知识传给年轻一代。这种传承不仅仅是技术的传递，还包括了文化价值观、历史和社会传统的传承。年轻一代通过学习传统体育，了解了自己文化的深刻内涵，进而保护和传承。

传统体育项目通常与社区庆典和节庆相结合，成为社区文化的一部分。这些活动强调了社区的文化认同，吸引了社区成员的参与和支持。通过参与社区庆典和传统体育，人们感受到了自己是文化传承的一部分，从而更有动力保护和传承。传统体育项目强调了文化遗产的活力和现代性。虽然这些项目承载着历史和传统，但它们也适应了现代社会的需要，保持了活力和吸引力。这种传统与现代的结合鼓励了人们将文化遗产融入日常生活，以保护和传承。通过传承和参与传统体育项目，人们更有动力保护和传承自己的文化遗产。这种亲身体验、传承给下一代、社区庆典和文化现代性的结合，使传统体育成为文化遗产传承的有力工具，强化了文化认同感，促进了文化传承和保护。

第三节　民族传统体育的文化符号与象征

民族传统体育在各种文化中扮演着文化符号与象征的重要角色。这些体育活动不仅仅是体育比赛，更是文化的生动体现。它们传递着深刻的信息，通过各种符号和象征，反映出一个民族的历史、价值观和精神。民族传统体育常常与特定地理环境相关联，成为自然界的象征。例如，摔跤在一些文化中代表着人与大自然的斗争，力量与坚韧的象征。通过这些体育活动，人们表达了对土地、山川和水域的深刻感情，将其视为文化认同的一部分。传统体育常常涵盖着宗教和神话的元素，成为宗教仪式和庆典的一部分。这些活动中的符号和象征传递着神秘和宗教性质的信息。例如，一些民族的传统射箭活动与神话中的英雄和神祇联系在一起，赋予了射箭更深层次的象征意义。传统体育也反映了社会结构和价值观。一些体育活动强调合作和团队精神，反映了社区的凝聚力。其他活动则强调个人技能和竞争，体现了社会中的竞争性质。这些体育活动通过符号和象征传递着社会层面的信息，塑造了文化认同和价值观。传统体育也可以成为历史和传承的象征。通过代代相传的方式，这些活动将文化的延续性传达给新一代。体育中的传统符号和象征也反映了社会的演变和文化的变革，是历史和文化的一个重要组成部分。民族传统体育是文化的重要符号与象征，通过自然、宗教、社会和历史等方面的元素，传递着深刻的文化信息[①]。这些体育活动不仅仅是体育竞技，更是文化的活力体现，值得被尊重、保护和传承。

一、文化符号

文化符号是民族传统体育中不可或缺的元素。这些符号具有深刻的文化意义，代表着社群的特征、价值观和历史。服饰是文化符号的一部分。传统体育的参与者常常穿着特定的服装，这些服饰传承着古老的传统和象征意义。例如，日本的相扑选手穿着传统的褌裈，这象征着他们的虔诚和纯洁。美洲原住民的拉克罗斯

---

① 杨芳艳.文化地理学视域下的民族传统体育发展分析 [J] .中学地理教学参考，2023，(27)：88.

球员戴着特制的头饰，表示对文化传承的尊重。道具和装备也是文化符号的重要组成部分。传统体育活动通常使用特定的工具和装备，这些工具代表着社群的技能和文化。例如，摩洛哥的埃尔拉列比赛使用精心制作的木制盾牌和刀剑，这些工具反映了摩洛哥的历史和武术传统。非洲的木棍博击赛事也使用特制的木制棍棒，这些道具体现了对决斗技能的崇敬。

传统体育中的音乐和舞蹈也是文化符号的一部分。在一些活动中，参与者会伴随着传统乐器的节奏跳舞或演奏音乐。这些音乐和舞蹈不仅增添了活动的娱乐性，还承载着文化记忆和仪式意义。例如，爱尔兰的高地游戏伴随着传统音乐，体现了爱尔兰的民俗文化和音乐传统。这些文化符号赋予传统体育活动深刻的意义和情感联系。它们让参与者和观众感到身临其境，沉浸在文化的世界中。文化符号不仅传达了民族传统体育的历史和价值观，还激发了对文化传承的热情和尊重。文化符号是民族传统体育的重要组成部分，代表着社群的特性和文化传承。这些符号通过服饰、道具、音乐和舞蹈，为传统体育活动赋予了深刻的意义和情感联系，丰富了人类文化多样性，使这些活动在世界范围内具有独特的价值和吸引力。

（一）器具和装备

器具和装备在传统体育中扮演着重要的角色，它们不仅仅是工具，更具有深刻的文化符号意义。这些器具和装备反映了传统技艺和工艺的特征，体现了文化传承和民族身份的重要方面。传统体育的器具和装备常常代表着特定文化的技术和工艺传统。这些器具可能由传统的材料和制作方法制成，反映了特定文化中的手工艺技能和工匠精神。例如，印第安人的传统弓箭是由木材和兽皮制成的，制作过程需要熟练的木工技巧和皮革加工技能。这种传统工艺的传承通过弓箭的制作和使用得以继续，保护了文化遗产和技艺传统。

器具和装备也可能具有象征性的意义，代表着特定文化的价值观念和信仰。例如，一些原住民文化中的传统头饰和面具在仪式和舞蹈中使用，不仅仅是装饰品，更是文化的象征。这些物品通常具有神秘和精神的内涵，体现了特定文化的宗教和精神传统。器具和装备也可以反映出特定文化对环境的适应和理解。例如，北极地区的传统捕鱼工具通常由寒冷环境下的可用材料制成，反映了对极地生活方式的适应。这种适应性和创造性的制作方式体现了文化中的智慧和生存技能。

器具和装备在传统体育中不仅仅是工具，更是文化符号。它们反映了特定文化的技术、工艺、象征意义和环境适应性，是文化传承和民族身份的重要组成部分。通过这些器具和装备，人们能够深入了解和尊重不同文化的独特特征，促进文化传统的传承和保护。因此，这些物品不仅仅具有实用性，更是文化的宝贵遗产，反映了人类多样性和创造力的体现。

（二）场馆和场地

传统体育活动通常在具有特殊历史或宗教意义的场馆和场地举行，这些地点不仅仅是体育比赛的场所，更是文化的象征。这些场馆和场地承载着丰富的历史和文化传统。它们可能是古老的庙宇、寺庙或宗教圣地，与宗教仪式和祭祀活动紧密相连。通过在这些地方举行传统体育活动，人们将体育与宗教仪式融合在一起，强化了文化的宗教维度。这些场馆和场地也可能是古老的竞技场或体育场，承载着悠久的体育历史。这些地点是体育传统的发源地，见证了数代运动员的辉煌和竞技精神的传承。它们成为文化的象征，代表着国家或地区的体育自豪感。

传统体育活动在这些场馆和场地中举行，不仅仅是为了体育竞技，更是为了强调文化和传统的重要性。比赛前的仪式、庆典和宗教仪式都与场地的历史和意义相联系，凸显了体育的文化维度。这些场馆和场地也吸引了游客和观众，成为文化旅游的热门景点。人们前来参观这些地方，不仅仅是为了欣赏体育比赛，还为了感受文化的深厚内涵。这种文化旅游有助于传承和弘扬传统体育的价值观和历史。

传统体育活动通常在具有特殊历史或宗教意义的场馆和场地举行，这些地点成为文化的象征。它们将体育、宗教和历史联系在一起，强化了文化的维度，吸引了观众和游客，有助于传承和传播文化的价值观和传统。这些场馆和场地不仅是体育比赛的场所，更是文化传承的载体。

（三）音乐和舞蹈

音乐和舞蹈在传统体育项目中的融合是文化的重要表现之一。这种融合反映了音乐和舞蹈在特定文化中的重要地位，同时也丰富了体育活动的体验和文化传承。音乐和舞蹈为传统体育项目增添了艺术性和娱乐性。通过在体育比赛或表演中加入音乐和舞蹈元素，人们可以提高活动的吸引力，吸引更多观众的关注。这种融合不仅使体育项目更具娱乐价值，也强调了文化的多样性。

音乐和舞蹈在传统体育项目中扮演了情感传达的角色。音乐的旋律和节奏以及舞蹈的动作可以表达出自豪、激情、庆祝等情感。这些情感可以激励参与者和观众，加强了体育活动的情感吸引力。音乐和舞蹈也反映了文化的身份认同和价值观。不同文化中的传统体育项目常常伴随着特定的音乐和舞蹈，这些元素成为文化的象征。它们传达了文化的历史、传统和社会价值观，强调了文化的独特性。音乐和舞蹈的融合提供了传统体育项目的创新和发展机会。这种创新不仅可以吸引更多的人参与，还可以丰富传统体育项目的形式和内容，使其更具吸引力和竞争力。音乐和舞蹈与传统体育项目的融合是文化的丰富表现，强调了音乐和舞蹈在特定文化中的重要地位。这种融合不仅增添了艺术性和娱乐性，还传达了情感、身份认同和价值观。同时，它也为传统体育项目的创新和发展提供了机会，推动了文化的传承和演进。

二、文化象征

民族传统体育是文化象征的重要代表之一，承载着丰富的文化内涵和象征意义。这些体育活动反映了一个民族的历史、价值观念和社会结构，成为文化传承的有力工具。民族传统体育在其规则、形式和装饰中融合了丰富的文化元素。这些元素包括传统服饰、乐器、舞蹈和仪式，它们共同构成了体育活动的独特风貌。例如，一些传统摔跤比赛可能伴随着特定的音乐和舞蹈，体现了民族音乐和舞蹈的传统。民族传统体育常常反映了社会和历史的象征意义。一些比赛可能模仿历史上的战斗或传说中的英雄事迹，从而传达了对历史事件和英雄人物的尊敬。这样的比赛不仅是娱乐，更是历史和文化的传承。

传统体育也可以象征着社会的价值观念和道德规范。比如，在某些传统体育中，胜利者可能会被视为英雄，但他们也需要表现出尊重、谦虚和公平竞争的品质。这种象征意义有助于传播和弘扬社会所重视的价值观。民族传统体育还在一定程度上反映了自然和环境的象征。一些比赛可能与自然现象或季节变化相关，从而突显了人类与自然的和谐关系。这种自然象征意义有助于强调环保和可持续发展的重要性。民族传统体育是文化象征的重要表现形式，它们融合了文化、历史、社会和自然的象征意义。通过这些体育活动，民族传统得以传承和弘扬，同时也丰富了文化遗产，反映了民族的独特文化认同和价值体系。

（一）日本的相扑

相扑是日本传统体育，被视为日本文化的象征。它不仅仅是一项竞技运动，更是一种具有深刻文化内涵的活动。相扑强调纪律、尊重和精神力量，这使它成为日本文化的重要代表。相扑强调纪律。在相扑比赛中，选手必须遵守严格的规则和仪式。比赛前，选手会进行一系列的仪式，包括投掷盐以净化场地和示意无隐瞒的手势。比赛中，选手必须遵守规则，如不准使用任何攻击对手的手段。这种严格的纪律要求使相扑成为一项充满庄重和仪式感的竞技运动。

相扑强调尊重。相扑选手对裁判和对手表现出极大的尊重和礼仪。比赛前，选手会向裁判鞠躬示意尊重。比赛中，选手要避免任何不尊重的举动，如侮辱对手或裁判。这种尊重的态度体现了日本文化中对他人尊严和礼仪的高度重视。相扑强调精神力量。这项体育不仅仅是体力的较量，更是心灵和精神的对决。选手必须具备坚韧不拔、毅力和决心，以在激烈的比赛中获胜。相扑比赛的胜负不仅仅取决于体格，更取决于心智的力量。这种强调精神力量的特点反映了日本文化中对坚韧和精神韧性的崇尚。相扑是日本文化的象征，强调纪律、尊重和精神力量。它不仅仅是一项体育竞技，更是一种传承日本文化价值观的方式。相扑的仪式、礼仪和竞技过程都反映了日本文化中的深厚传统和精神内涵。因此，相扑在日本被视为一项具有特殊文化意义的活动，代表着日本文化中的纪律、尊重和精神力量。

（二）印度的卡巴迪

卡巴迪是印度传统体育的杰出代表，深刻地反映了印度的农村文化和对体力劳动价值的尊重。这项体育活动是一种充满活力和竞争的团队竞技，已有数个世纪的历史，一直在印度农村社区中传承和继续发展。卡巴迪要求参与者具备出色的体力和耐力，以便在比赛中保持竞技状态。这强调了农村生活中体力劳动的重要性，印度社会对农业和农村经济的依赖使这项体育活动具有特殊的文化价值。在农村社区中，卡巴迪成为锻炼体力、增强耐力以及培养团队合作的重要方式，这些都与农村生活密切相关。

卡巴迪的竞技性也反映了印度社会的竞争精神。在比赛中，两队交替进攻和防守，需要迅速做出决策、智慧地运用体力，并密切协作。这种竞技性不仅仅是体育比赛，还是对生活中挑战和竞争的一种模拟，传达了坚韧不拔和团队协作的重要性。卡巴迪也具有社交和社区凝聚力的作用。比赛通常在村庄或社区内举行，吸引了社区成员的参与和观众。这种集体参与和欢庆活动强化了社区凝聚力，加深了社区成员之间的联系，成为农村文化的一部分。

卡巴迪是印度传统体育的杰出代表，体现了印度的农村文化和对体力劳动价值的尊重。它不仅强调了体力和耐力的重要性，还传达了竞争精神、团队合作和社区凝聚力的价值观。卡巴迪在印度社会中扮演着重要角色，是农村文化传承的重要组成部分。

（三）希腊的奥林匹克运动会

古希腊奥林匹克运动会代表着古代希腊文化的精髓，凝聚着体育、美学和公民道德的核心价值。这一古老传统的活动深刻地反映了古希腊文明的特点和影响。奥林匹克运动会强调了体育的重要性。在古代希腊，体育被认为是身体健康和精神成长的不可或缺的部分。奥林匹克运动会为运动员提供了展示体力和技巧的舞台，同时也激励了人们追求身体的完美。这种强调体育的态度在奥林匹克运动会中得到了充分体现。美学在奥林匹克运动会中占据重要地位。古希腊人将体育和美学融合在一起，运动员在比赛中不仅追求胜利，还追求体育动作的优美和完美。这种美学追求体现在体育场馆的建筑、雕塑和绘画中，强调了美与体育之间的紧密关联。

奥林匹克运动会强调了公民道德的重要性。运动员和观众必须遵守严格的规则和道德准则，尊重对手和裁判的公正裁决。这种公民道德的培养有助于构建社会的和谐和公平，强调了体育在公民教育中的作用。古希腊奥林匹克运动会不仅代表了古代希腊文化的象征，还突出了体育、美学和公民道德的重要性。这一传统活动深刻地反映了古希腊文明的核心价值观，对后世产生了深远的影响，成为世界体育和文化传承的典范。

第四节　民族传统体育的文化传承挑战

民族传统体育的文化传承面临多方面的挑战，这些挑战威胁着它们的传承和延续。现代化生活方式的兴起对民族传统体育构成了挑战。随着城市化和工业化的加速发展，人们的生活方式发生了根本性改变，他们更多地参与电子娱乐和虚拟世界，而不是传统体育。这导致了年轻一代对传统体育的兴趣减少，传承面临断层的风险。全球化的影响也对民族传统体育的文化传承产生了冲击。随着国际文化的传播，人们更容易接触到外来的体育活动和文化，这可能削弱了对本土传统的兴趣。传统体育往往需要与全球竞争，而这可能导致本土特色的流失。传统体育的资源和支持不足也是一个挑战。许多传统体育缺乏足够的场馆、资金和培训机会，这使得传承变得更加困难。政府和社会机构需要更多的投入和支持，以保护和传承这些宝贵的文化遗产。

文化变革和价值观念的改变也可能影响传统体育的传承。随着社会的变化，人们可能更注重物质利益和个人成就，而忽视了传统体育所强调的团队合作和精神价值。这种文化转变可能会削弱对传统体育的支持和参与。民族传统体育的文化传承面临多重挑战，包括现代生活方式的改变、全球化的冲击、资源不足和文化变革。然而，通过积极的政策支持、教育和社区参与，我们有望克服这些挑战，保护和传承这一宝贵的文化遗产。

一、现代化和城市化的挑战

现代化和城市化对民族传统体育产生了深远的影响。随着社会的现代化进程加速推进，许多传统体育活动面临着挑战，但也在城市环境中找到了新的生存空间。现代化引入了新的娱乐和体育形式，使人们更加多样化的选择。电视、互联网和电子游戏等现代媒体和娱乐方式吸引了大量人们的关注，使传统体育活动面临竞争。然而，传统体育活动仍然在一些社群中受到珍视，成为了一种文化传承和身体锻炼的方式①。城市化改变了人们的生活方式和生活环境。城市化导致了人们的生活更加快节奏，时间紧张，使得参与传统体育活动的机会减少。然而，一些传统体育活动也适应了城市生活的需求，如城市马拉松赛事和健身中心内的传统武术课程。

现代化技术的发展也对传统体育活动产生了影响。运动科学、医疗技术和材料创新改进了运动员的表现和安全性。同时，传统体育活动也开始融入现代技术，如使用高科技装备的弓箭射击和皮划艇比赛。现代化和城市化对民族传统体育既带来了挑战，又创造了新的机遇。这些体育活动在现代社会中虽然面临竞争和变革，但它们仍然具有独特的文化价值和身体表达方式。通过适应现代社会的需求和融入现代科技，传统体育活动得以在现代化和城市化的背景下继续传承和发展。

（一）社会变迁

社会的现代化和城市化带来了根本性的生活方式改变，对传统体育项目传承构成了一定挑战。很多传统体育项目深深扎根于农村或传统社区的生活方式中，因此在城市化进程中可能失去了传承的土壤。城市生活的快节奏和工作压力使得人们更加依赖便捷的娱乐和娱乐方式，例如电子游戏和电视节目。这导致了对传统体育项目的需求减少，使其难以在城市环境中找到足够的参与者和支持。城市化可能导致了传统体育项目所需的场地和资源的稀缺性。在城市地区，土地用于住宅和商业发展，很少有空地供体育活动使用。这使得传统体育项目的举办和维护变得更加困难。

城市化还带来了文化多样性的挑战。在城市中，人们来自不同的地区和文化背景，他们可能对传统体育项目不感兴趣或不熟悉。这使得传统体育项目在城市环境中传承和推广变得更加困难。城市化对传统体育项目的传承构成了一定挑战，但也为其提供了机会。传统体育项目需要寻找新的适应城市环境的方式，吸引更多城市居民的参与，以确保其传承和发展。这需要社区和组织的积极努力，以保护和传承这一宝贵的文化遗产。

（二）技术进步

随着现代技术的不断进步，人们现在更容易接触到全球范围内的各种娱乐和体育活动，这包括电子游戏、虚拟现实体验以及全球性体育比赛的在线直播。这种便利性可能会导致对传统体育项目的兴趣减弱，因为现代娱乐形式提供了更多多样性和便捷性。传统体育项目需要竞争以吸引新一代的参与者。在现代社会中，

---

① 简振辉.乡村振兴背景下少数民族传统体育发展的机理［J］.呼伦贝尔学院学报，2023，31（04）：116—120.

人们的娱乐选择变得更加多元化，年轻一代更容易受到电子游戏、社交媒体和虚拟现实等数字娱乐的吸引。为了保持吸引力，传统体育需要不断创新，包括改进比赛规则、增加互动性、提供数字化的体验和通过社交媒体传播比赛信息。这些举措可以帮助传统体育项目与现代娱乐形式竞争，吸引新一代的参与者。

传统体育项目也可以利用现代技术来扩展其影响力。通过在线直播和数字平台，传统体育比赛可以触及更广泛的观众，包括国际观众。这种数字化的传播方式有助于传统体育项目与全球范围内的娱乐和体育市场联系起来，增加其吸引力和影响力。现代技术的进步确实为人们提供了更多娱乐和体育选择，可能导致传统体育项目的兴趣减弱。然而，传统体育项目仍然有吸引力，可以通过竞争和利用现代技术来吸引新一代的参与者。传统体育需要不断创新，以适应现代社会的需求，并保持其重要性和吸引力。

二、人口老龄化的挑战

人口老龄化是当代社会面临的重要问题，也对民族传统体育产生了深远的影响。随着人口年龄结构的变化，传统体育活动在老年人群体中的地位和意义逐渐凸显。人口老龄化使传统体育活动成为一种有益的养生方式。老年人通常需要保持身体健康，传统体育提供了一种有趣而又有益的锻炼方式。例如，太极拳和瑜伽等传统体育活动注重柔韧性和身体平衡，有助于老年人保持身体健康，缓解关节疼痛和改善心理健康。

传统体育活动在老年社会中促进了社交互动和社区凝聚。老年人常常感到孤独和社交孤立，参与传统体育活动提供了一个社交平台。例如，一些地区的老年人组织传统舞蹈和体育比赛，这不仅有助于建立友谊，还增强了社区凝聚力。传统体育活动在老年人中传承文化和价值观。老年人有着丰富的生活经验和文化传统，他们参与传统体育活动时可以将这些经验和传统传授给年轻一代。这种文化传承有助于保护和传承民族传统体育的独特性。

人口老龄化也带来了一些挑战。老年人的身体状况和健康需求多种多样，传统体育活动需要适应这些差异。同时，传统体育活动的传承者也面临老龄化的问题，需要寻找新的方式来吸引年轻一代参与。人口老龄化对民族传统体育带来了机遇和挑战。这些活动在老年社会中有益于养生、社交和文化传承，为老年人提供了丰富多彩的生活方式。但同时，需要面对老年人群体的多样性和健康需求，以确保传统体育活动在老年社会中持续发挥其重要作用。

（一）参与者年龄

部分民族传统体育项目的参与者年龄较大，年轻一代对这些项目的兴趣不高，这可能导致传承中断，因为没有足够的年轻人来接受传统知识和技能。传统体育项目通常承载着丰富的文化和历史传统，它们是特定民族或地区的文化遗产。然而，由于现代社会的快节奏生活和新兴娱乐方式的兴起，年轻一代对传统体育项目的兴趣逐渐减弱。他们更倾向于电子游戏、社交媒体和其他现代娱乐方式，而忽视了传统体育的价值。为了解决这个问题，需要采取措施来吸引年轻一代参与传统体育项目。这可以通过在学校和社区组织传统体育活动、推广传统体育的文化价值以及提供现代化的教育和培训方法来实现。同时，传统体育项目的参与者也可以与年轻一代建立联系，分享他们的知识和经验，激发兴趣。这样的努力有助于传统体育项目的传承，保护文化遗产，同时也让年轻一代受益并更好地理解和尊重传统文化。

（二）生活方式变化

现代生活方式的变化，如快节奏的工作和学习，以及电子设备的普及，可能使年轻人更难抽出时间来参与传统体育项目。这也可能导致传承的困难。现代社会的工作和学习压力巨大，年轻人通常需要全身心投入到工作和学业中，以追求成功和竞争优势。这导致他们的时间有限，很难找到足够的空闲时间来参与传统体育项目。电子设备的普及使得年轻人更容易沉迷于手机、电视和社交媒体等虚拟世界，从而忽视了传统体育项目的重要性。

这种情况可能导致传统体育项目的传承困难。因为传统体育项目通常需要长时间的学习和练习，只有通过长期的投入才能够掌握其中的技巧和知识。然而，现代生活方式使得年轻人难以腾出足够的时间和精力来学习和练习传统体育项目。这可能导致传统知识和技能的流失，使传承变得更加困难。为了解决这个问题，需要采取措施来平衡现代生活方式和传统体育项目的传承。这可以通过提供灵活的培训时间、鼓励年轻人参与社区体育活动以及教育他们传统体育项目的文化和历史价值来实现。同时，家庭和社区也可以扮演重要角色，鼓励年轻一代参与传统体育项目，传承文化遗产。总之，传统体育项目的传承需要在现代生活方式的背景下找到平衡，以确保它们的价值得以保留和传递给未来的一代。

三、文化冲突和失传的挑战

民族传统体育在今日社会中面临着文化冲突和失传的复杂挑战。这一传统文化的宝库，受到了多种因素的影响，导致了其逐渐减少和失落。现代化和全球化的浪潮带来了文化冲突。随着现代体育形式的崛起，传统体育逐渐被边缘化。新的体育活动和娱乐方式对年轻一代产生了吸引力，导致他们对传统体育失去兴趣。这种文化冲突使传统体育的传承面临了巨大的挑战。社会价值观的变迁也影响了传统体育的传承。现代社会注重竞争和个人表现，而传统体育强调合作、团队精神和社群凝聚。这种价值观的差异导致了年轻一代更倾向于接受现代化的竞技体育，而忽视了传统体育的重要性。

文化失传也受到资源不足的压力。传统体育通常需要专门场地和装备，而这些资源可能不容易获得。缺乏支持和资金投入使得传统体育组织和活动难以维持，从而导致失传。媒体和科技的发展也对传统体育的传承产生了影响。大众媒体更多地关注现代竞技体育，忽视了传统体育的报道和宣传。同时，数字技术使人们更容易接触到虚拟世界，而不是传统体育。化冲突、价值观的变迁、资源不足和媒体科技的发展是导致民族传统体育失传的主要原因。然而，保护和传承这一重要的文化遗产仍然是必要的，需要社会各界的共同努力来推动传统体育的复兴和发展，以确保它们在文化多样性中继续发挥重要的角色。

（一）文化冲突

一些传统体育项目可能与现代价值观念和文化产生冲突，这可能导致人们对它们的兴趣减弱。其中一个主要原因是，一些传统体育项目涉及残酷或有争议的活动，与现代伦理观念不符。现代社会强调了对人道主义和道德价值观的尊重。在这个背景下，一些传统体育项目中的残酷行为或规则可能受到质疑和批评。例如，一些传统的斗牛或角斗活动可能涉及对动物的虐待，这与现代社会对动物权益的关注相冲突。这些争议性的活动可能使人们感到不适，减少了他们对传统体育项目的兴趣。

一些传统体育项目的规则和仪式可能包含了歧视性或排斥性的元素。在现代社会中，对多元文化和包容性的价值观日益强调。因此，一些体育项目中的性别歧视、种族歧视或宗教歧视可能引发社会争议，并减弱人们对这些项目的兴趣。这些体育项目的传统性可能被视为不符合现代文化的进步性和包容性。传统体育项目需要与现代价值观念和文化保持一定的平衡，以保持其吸引力。对于那些涉及残酷或有争议活动的项目，可能需要改革规则和实践，以符合现代伦理标准。同时，体育组织和社会应该努力推动包容性和平等的价值观，以确保传统体育项目与现代社会价值观的共存。一些传统体育项目可能与现代价值观念和文化发生冲突，导致人们对它们的兴趣减弱。为了保持这些项目的吸引力，需要在传统与现代之间寻求平衡，以适应现代伦理标准和文化价值观的变化。这样可以确保传统体育项目在现代社会中继续发挥重要作用。

（二）信息传播

传统体育项目的传承通常以口头方式进行，而非书面文化。这种传承方式具有深厚的文化根基，但也面临着知识和技能失传的风险。口头传承是传统体育项目最初的传播方式。在古代社会，人们通过口述教导和示范来传授体育技能和规则。这种传承方式使得知识和技能可以直接从老一辈传递到年轻一辈，加强了社区内的传统体育传承。口头传承具有不稳定性和易丢失的特点。信息在口头传递过程中容易失真或遗漏，尤其是在没有适当的传承机制和记录的情况下。这意味着如果没有采取措施来记录和保护传统体育项目的知识和技能，它们可能会随着时间的推移而逐渐失传。

社会的现代化和城市化也对口头传承构成了挑战。人们的生活方式发生了变化，传统社区和家庭结构变得不再稳定，这可能导致传统体育项目的传承渠道受到破坏。年轻一代可能更多地接触现代形式的娱乐和体育，而对传统体育项目失去兴趣。为了防止传统体育项目的知识和技能失传，必须采取措施来记录、保护和传承这些宝贵的文化遗产。这可能包括建立档案、制定教育课程、培训传承者，并鼓励社区和家庭参与传承。只有通过这些努力，传统体育项目的传承才能得以继续，保留下来，为后代传递。

第三章　民族传统体育与身体教育

第一节　民族传统体育与身体教育的联系

民族传统体育与身体教育密切相关，它们之间存在紧密的联系和互补关系。这些传统体育项目不仅仅是一种体育竞技，更是一种身体教育的载体和工具。民族传统体育在培养健康的身体方面发挥着重要作用。这些体育活动通常涉及多种身体动作和技巧，要求参与者具备良好的体能和协调性。通过参与这些活动，人们能够锻炼身体，增强体力和耐力。例如，摔跤运动需要参与者具备强大的肌肉力量和体能，因此参与者在训练和比赛中得到了全身的锻炼。民族传统体育强调技能和技巧的培养。参与这些活动的人需要掌握特定的技能，例如柔道中的投技、射箭中的瞄准技巧等。这些技能的培养不仅需要身体的力量和协调性，还需要智力和精神的集中。这种技能培养有助于提高个体的专注力和创造力。民族传统体育也与文化教育相结合。这些体育活动常常反映了特定文化的价值观和传统。通过参与这些活动，人们能够更深入地了解自己的文化，并传承文化的价值观。例如，中国的太极拳不仅仅是一种身体运动，还反映了中国哲学中的阴阳平衡和道家思想。

民族传统体育有助于培养社交技能和团队合作。许多传统体育项目是集体竞技，要求参与者与团队合作，协调行动。这种合作和协调有助于培养人际关系和社交技能，同时也强化了集体凝聚力。民族传统体育与身体教育之间存在紧密的联系。这些体育活动在培养健康的身体、发展技能和技巧、传承文化、培养社交技能等方面发挥着重要作用。通过参与这些活动，人们不仅仅获得了身体上的锻炼，还提高了智力和精神方面的素质，同时也传承了自己的文化和传统。因此，民族传统体育与身体教育紧密相互关联，共同促进个体的全面发展。

一、民族传统体育与身体教育的发展

民族传统体育与身体教育有着密不可分的关系，对身体健康和体能发展产生着积极的影响。传统体育活动是一个自然的身体锻炼方式，它们往往与民众的日常生活和环境相契合。这些活动包括瑜伽、武术、舞蹈和农村体育，通过多样的运动形式促进了身体的柔韧性、耐力和协调性的发展。这种身体锻炼不仅有助于维持健康的生活方式，也增强了抵抗疾病的能力。传统体育活动强调了心理与身体的和谐发展。通过冥想、呼吸控制和心理集中的训练，瑜伽和武术等体育形式有助于提高心理健康，减轻压力和焦虑。这对于维护全面的身体健康至关重要。

民族传统体育也在社会中促进了身体教育的发展。它们作为文化传承的一部分，在学校和社区中得到了推广。学生和年轻一代通过学习传统体育活动，不仅学到了身体技能，还了解了文化传统和价值观念。这种教育方式强调了身体教育的多元性，不仅注重身体的锻炼，也注重文化的传承。民族传统体育与身体教育密切相关，共同促进了身体健康和体能发展。传统体育活动通过自然的方式锻炼身体，强化心理健康，并且作为文化传承的一部分，为身体教育提供了多样性和深度。这种综合性的身体教育方式有助于培养全面健康的个体，并且推动了社会对健康和体育的重视。

（一）身体锻炼

民族传统体育涉及各种身体活动和锻炼，对个体的身体健康和体能发展至关重要。通过参与传统体育，人们可以增强肌肉、耐力和灵活性，改善心血管健康，减轻压力等，这对于维护身体健康至关重要。传统体育项目鼓励身体锻炼，有助于增强肌肉和骨骼。例如，摔跤、拳击、柔道等体育项目需要强化不同部位的肌肉，促进身体的力量和耐力发展。这些锻炼有助于维持健康的体重和身体构造，减少肌肉骨骼问题的风险。传统体育锻炼有益于心血管健康。有氧运动如长跑、游泳等可以改善心血管功能，降低心脏疾病和高血压的风险。传统体育项目中的有氧运动往往融入了文化元素，吸引了人们参与，从而提高了心血管健康。传统体育有助于提高身体的灵活性和协调性。舞蹈、武术和其他身体艺术项目可以增强身体的协调性，提高反应能力，减少摔倒和受伤的风险。这对于老年人和儿童的身体发展尤为重要[①]。参与传统体育有助于减轻压力和提高心理健康。体育活动释放身体内的内啡肽和多巴胺等荷尔蒙，提升情绪，减轻焦虑和抑郁。同时，参与体育项目也有助于社交互动，增强社交支持系统，有利于心理健康的维护。民

---

① 王莹.民族传统体育文化资源与产业发展研究［J］.武当，2023，（08）：55—57.

族传统体育对于个体的身体健康和体能发展具有显著的益处。它们不仅仅是一种体育竞技，更是一种促进身体和心理健康的有效途径。通过参与传统体育，人们可以增强肌肉、耐力和灵活性，改善心血管健康，减轻压力，提高生活质量。因此，传统体育项目应得到更多的关注和支持，以促进社会中的健康和幸福。

（二）运动技能

传统体育项目不仅是体育竞技，更是传授运动技能和技巧的重要途径。这些技能不仅有益于传统体育活动本身，还可以在其他运动和身体活动中得到广泛应用。传统体育项目强调了基本的身体技能和协调能力。例如，在摔跤、拳击和柔道等传统格斗体育中，参与者学会了平衡、力量控制、灵活性和协调性等重要技能。这些技能在其他竞技体育和体育锻炼中都是宝贵的资产，有助于提高个体的身体素质和运动能力。传统体育项目培养了团队合作和战略思维。团队体育如橄榄球、篮球和曲棍球要求参与者密切协作，学习如何与队友配合以实现共同目标。这种团队合作精神和战略性的思维不仅在传统体育比赛中有用，也可以应用到其他竞技体育、团队运动和职业领域中。传统体育项目还强调了竞技精神和毅力的重要性。这些体育活动要求参与者在面对挑战和压力时保持冷静和专注，这种能力在各种生活情境下都非常有用。传统体育项目教导个体如何应对失败，坚持追求目标，这些品质对于成功的实现至关重要。传统体育项目不仅仅是一种娱乐和竞技活动，更是教授运动技能和技巧的宝贵资源。这些技能不仅在传统体育中有用，还可以在其他运动和身体活动中得到广泛应用。传统体育还培养了团队合作、战略思维、竞技精神和毅力等重要品质，使个体在各个领域都能够表现出色。因此，传统体育项目在塑造健康的身体素质和培养重要的生活技能方面发挥着重要作用。

二、文化传承与身份认同的发展

民族传统体育和身体教育紧密联系，对文化传承和身份认同起着至关重要的作用。这些活动不仅塑造了人们的身体，还传承了文化的独特性，强化了个体和社群的身份认同。传统体育是文化传承的重要途径，它们承载着民族历史、价值观和传统技能。通过代代相传，这些传统体育活动保留了古老的技术和知识，使文化传统得以延续。例如，中国的太极拳是一种代代相传的武术，强调内外平衡和哲学思考，传承了中国的武道传统。

身体教育在塑造身份认同方面也发挥着重要作用。它不仅帮助个体塑造健康的身体，还加强了个体对自身身体能力的认知。这种认知有助于形成积极的身份认同，提高自尊和自信。身体教育活动，如体育比赛和健身锻炼，为个体提供了实现身体潜能的机会，强化了个体的身份认同。民族传统体育和身体教育还有助于建立社群的身份认同。人们通过共同参与体育活动，建立了紧密的社交关系，感受到社群的凝聚力。例如，美洲原住民的拉克罗斯比赛是一种团队运动，加强了社群成员之间的联系，强化了他们的族群身份认同。

文化传承和身份认同也面临挑战。现代化和全球化的影响可能导致传统文化价值观的淡化，以及对身体教育的需求变化。为了保持身份认同的坚固，需要积极维护和传承传统体育活动，并根据现代社会的需求进行适当的改进。民族传统体育和身体教育是文化传承和身份认同的重要元素。它们不仅帮助个体塑造健康的身体，还加强了社群的凝聚力，传承了文化的独特性。在现代社会，维护和传承这些传统活动对于保持文化传统和身份认同至关重要。

（一）文化教育

民族传统体育是文化传承的一部分，通过参与这些活动，人们可以学习和体验自己文化的传统和价值观念。这有助于传承文化，并加深对文化身份的认同感。民族传统体育项目通常融入了特定文化的历史和传统。参与者在学习和实践这些体育项目时，不仅仅是锻炼身体，还在无形中了解了自己文化的根源。例如，印度的瑜伽体现了印度文化的哲学和精神传统，而中国的太极拳反映了中国文化中的平衡和和谐观念。通过这些体育项目，人们可以深入体验文化的精髓和智慧。民族传统体育活动强调了特定文化中的价值观念和道德原则。这些价值观在体育项目中得以体现，如团队合作、尊重对手、坚韧不拔等。参与者通过实践这些价值观，不仅仅是在体育领域，也在日常生活中受益。这有助于传承文化中的道德观念和价值体系。

民族传统体育项目还承载了文化身份的象征。参与者在穿着传统服饰、使用传统器械、演奏传统音乐和舞蹈等元素时，深刻地感受到自己文化的魅力。这种亲身体验有助于加深对文化身份的认同感，让人们引以为傲并愿意传承。民族传统体育项目是文化传承的有力工具。通过参与这些活动，人们能够学习和体验自己文化的传统、价值观念和身份认同。这有助于传承文化，保护文化遗产，同时也让参与者更好地理解和尊重自己和他人的文化。因此，民族传统体育项目在维护文化传承和多元性方面具有重要作用。

（二）社区凝聚力

传统体育活动通常在社区内举行，由社区成员参与。这种参与不仅仅是体育竞技，更是社交互动的一种方式。通过参与传统体育活动，人们在社区内建立了深厚的社交联系，增强了社区的凝聚力，使自己感到与社区更加紧密相连。这一过程对于维护社会和文化的和谐具有重要作用。传统体育活动提供了社交互动的机会。参与者在比赛和训练中互相交往，分享体验和技巧。这种社交互动不仅仅在体育场上发生，还延伸到了社区生活中。人们在体育活动中结识新朋友，加深与旧友的联系，形成了一个紧密相连的社交网络。传统体育活动增强了社区的凝聚力。社区成员一起参与比赛和支持队伍，共同追求胜利。这种共同的目标和集体经历加强了社区的凝聚力，使社区成员感到自己属于一个大家庭。凝聚力的增强有助于解决社区内的问题，促进社区的和谐和发展。

通过传统体育活动，人们感到自己与社区更加紧密相连。这种联系不仅仅是社交关系，还包括对社区文化和传统的认同。参与者将传统体育活动视为文化的一部分，这种认同感促使他们积极参与社区事务，维护和传承社区的价值观和传统。传统体育活动在社区内建立了社交联系，增强了社区的凝聚力，使人们感到自己与社区更加紧密相连。这有助于维护社会和文化的和谐，促进社区的发展和繁荣。传统体育活动不仅仅是一种娱乐，更是社会互动和文化传承的重要工具。

三、教育与社会价值观念的发展

民族传统体育与身体教育密切相关，两者在塑造社会价值观念和促进个体发展方面都发挥着重要作用。民族传统体育是一种身体教育的载体，通过体育活动培养了个体的身体素质。这些体育活动强调体能、灵敏度和协调性，有助于个体保持健康和增强体力。通过参与传统体育，人们学会了照顾自己的身体，养成了积极的生活方式。传统体育也传递了重要的社会价值观念。许多传统体育强调公平竞争、尊重对手和合作精神。这些价值观念不仅在体育领域有用，也在社会生活中有着广泛的应用。传统体育教导了人们如何与他人和谐相处，尊重规则和集体利益。传统体育有助于培养个体的毅力和坚韧精神。许多体育比赛是具有挑战性的，需要克服困难和挫折。这些经历培养了个体的毅力，使他们更有信心面对生活中的各种困难和挑战。

传统体育强调文化认同和社会凝聚力。通过参与传统体育，个体更深刻地理解了自己的文化传统，建立了文化认同感。同时，体育活动也提供了社交互动的机会，促进了社区和社会的凝聚。民族传统体育与身体教育相辅相成，既培养了身体素质，又传递了重要的社会价值观念。它们不仅有益于个体的健康和发展，还有助于建设更加和谐和价值观积极的社会。因此，保护和传承这一重要的文化遗产以及体育教育的重要性不可低估。

（一）教育价值

民族传统体育项目常常具有教育价值，它们教导人们关于团队合作、公平竞争、纪律和坚韧等重要社会和道德价值观念。这有助于培养个体的品格和社会责任感。传统体育项目强调团队合作。参与者往往需要在团队中协作，共同追求胜利。这促使他们学会倾听他人意见、分工合作、共享成功和失败，这些团队合作的经验有助于培养合作精神和团队意识，这对于社会生活和工作都至关重要。传统体育项目倡导公平竞争。在比赛中，选手必须遵守规则，尊重对手，不使用不正当手段取胜。这教育了人们竞争应该建立在公平和诚实的基础上，有助于培养公平竞争和诚实的品德。传统体育项目强调纪律和坚韧。要取得在体育项目中的成功，需要坚定的意志力和毅力。参与者必须按规定的训练计划、饮食计划和生活方式去实践。这有助于培养纪律性和坚韧的性格特质，这对于克服生活中的挑战和困难非常关键。

传统体育项目鼓励个体承担责任。每个参与者都必须为自己的表现负责，并尊重裁判和对手的决定。这培养了个体的自律和社会责任感，使他们更好地融入社会和做出贡献。民族传统体育项目不仅仅是一种体育竞技，更是一种教育工具，教导人们重要的社会和道德价值观念。通过团队合作、公平竞争、纪律和坚韧等方面的培养，这些体育项目有助于塑造个体的品格，培养社会责任感，并为他们的未来生活和职业成功打下坚实的基础。因此，传统体育项目在教育领域中具有不可忽视的价。

（二）社会互动

参与民族传统体育项目有助于促进社会互动和文化交流。这些活动提供了一个独特的平台，让来自不同背景和文化的人们能够相聚、互动和分享经验，从而促进了跨文化理解和友谊的建立。民族传统体育项目为人们创造了一个共同的兴趣点。不论来自哪个文化或背景，参与者都对这些传统体育项目抱有浓厚的兴趣，这使得他们能够在共同的爱好和活动中汇聚在一起。这个共同的兴趣点打破了文化和语言障碍，为互动和交流创造了良好的条件。参与这些体育项目的人们经常会交流技巧、战术和经验。这种互相学习和分享的过程不仅有助于提高自己在体育活动中的表现，也促进了文化交流。人们可以了解其他文化的体育传统、技术和策略，从而加深对不同文化的理解。

民族传统体育项目通常伴随着庆典和比赛，吸引了观众和参与者的参与。观众们可以观看比赛、欣赏文化表演，与其他观众互动，分享共同的体验。这种社交互动有助于人们之间建立友谊，促进了跨文化的友好关系。参与民族传统体育项目提供了一个独特的机会，使人们能够与不同背景和文化的人们互动，促进了社会互动和文化交流。这些活动不仅让人们在共同的兴趣点上聚集，还鼓励了技能和经验的分享，加深了对其他文化的理解，同时也为友谊的建立创造了机会。通过这种方式，传统体育项目有助于促进跨文化的理解和友谊。

第二节　民族传统体育对身体素质的影响

民族传统体育对身体素质有着深远的影响。这些传统体育项目是通过多代人的实践和传承而形成的，它们不仅锻炼身体，还培养了一系列关键的身体素质。民族传统体育有助于提高身体的耐力。许多传统体育活动需要长时间的持续参与，如长跑、划船等，这些活动让人们的心肺功能得到锻炼，增强了耐力和持久力。传统体育强化了肌肉力量。例如，摔跤、举重等项目需要大量的肌肉力量，参与者必须经过长期的练习才能达到高水平。这些活动有助于塑造强壮的身体，增强肌肉群的协调性。

民族传统体育有助于提高灵活性和协调性。许多项目，如舞蹈、体操、武术等，要求参与者具备出色的身体控制和协调能力。这些活动有助于培养身体的敏捷性和灵活性，提高身体协调性。传统体育也有助于改善心理健康。参与体育活动可以释放身体内的压力，提高情绪稳定性，增强自信心。这对于维护身心健康至关重要，有助于减轻焦虑和抑郁等问题。传统体育对于培养团队合作精神和竞争意识也有积极影响。许多项目需要参与者之间的协作和竞争，这有助于培养团队合作和竞争精神，这些素质在日常生活和职业中同样重要。民族传统体育通过多样化的体育项目，有力地影响着身体素质的各个方面。它们提高了耐力、力量、灵活性、协调性，改善了心理健康，并培养了团队合作和竞争精神。这些影响有助于人们保持健康的生活方式，提高生活质量，并为他们在各个领域取得成功提供了坚实的基础。

一、身体健康的提升

民族传统体育和身体教育之间存在着深刻的联系，共同为身体健康的提升做出了重要贡献。传统体育活动是一个自然的身体锻炼方式，能够改善肌肉力量、耐力和灵活性。这些活动包括武术、瑜伽、射箭和摔跤等，通过多样的运动形式促进了身体的全面发展。这种锻炼不仅有助于维持健康的生活方式，也提高了心血管系统的健康，降低了患慢性疾病的风险。传统体育活动强调了心理与身体的和谐发展。通过冥想、呼吸控制和心理集中的训练，瑜伽和武术等体育形式有助于提高心理健康，减轻压力和焦虑。这对于维护全面的身体健康至关重要，因为身体和心理健康密切相互关联。

传统体育活动在社会中推广身体教育的发展。它们作为文化传承的一部分，在学校和社区中得到了推广[①]。学生和年轻一代通过学习传统体育活动，不仅学到了身体技能，还了解了文化传统和价值观念。这种综合性的教育方式强调了身体健康的多元性，不仅注重体能的提高，也注重文化传承和道德教育。民族传统体育与身体教育密不可分，共同促进了身体健康的提升。传统体育活动通过自然的方式锻炼身体，强化心理健康，为维持健康的生活方式提供了途径。同时，作为文化传承的一部分，传统体育教育培养了全面健康的个体，并推动了社会对健康和体育的重视。这种综合性的身体教育方式有助于个体和社会的身体健康和全面发展。

（一）肌肉力量与耐力

传统体育项目通常要求参与者进行体力劳动和持续的运动，这对增强肌肉力量和耐力起到了关键作用。例如，摔跤、举重和射箭等传统体育活动在锻炼肌肉力量和耐力方面发挥了重要作用，有助于提高身体的体能水平。这些体育项目强调了全身的协调和肌肉发展。摔跤需要参与者使用各种肌肉群来制胜对手，举重则需要极大的肌肉力量来举起重物，射箭要求精细的肌肉控制来保持稳定。这些运动促使不同部位的肌肉得到锻炼和发展，有助于全面的肌肉发展。传统体育项目要求持续的体能和耐力。在摔跤比赛中，选手需要在比赛中保持高强度的运动，同时保持足够的耐力来应对长时间的比赛。举重运动要求选手在极短的时间内完成高强度的举重动作，也需要出色的耐力。射箭虽然看似静态，但需要选手在持续的比赛中保持高度的专注和肌肉控制。

这些传统体育项目也有助于提高心血管健康。持续的体力劳动和运动可以增强心肺功能，提高氧气输送到肌肉的效率，从而增强耐力。这对于日常生活中的活动和身体健康都具有重要意义。传统体育项目涉及体力劳动和持续的运动，对增强肌肉力量和耐力至关重要。这些活动有助于全身肌肉的发展，提高体能水平，并有益于心血管健康。因此，传统体育项目对于个体的身体健康和体能发展具有重要意义。

（二）心血管健康

许多传统体育活动需要有氧运动，如慢跑、跳跃和游泳。这有助于改善心血管健康，降低心脏病和高血压的风险。有氧运动是一种有效的心血管锻炼方式。它可以提高心脏的工作效率，增强心肌的收缩力，促进血液循环。通过有氧运动，心脏可以更有效地将氧气和营养输送到身体各部位，从而增强身体的耐力和心肺

---

① 王兴怀，蒋星，潘有成.中国式现代化进程中西藏民族传统体育创新发展研究［J］.西藏民族大学学报（哲学社会科学版），2023，44（04）：135—141.

功能。有氧运动有助于降低体重和改善体脂。这对于减轻体重和维持健康的体重至关重要，因为过重和肥胖是心脏病和高血压的风险因素之一。有氧运动可以消耗多余的卡路里，有助于减肥和控制体脂百分比。

有氧运动可以降低血压。通过运动，血管变得更加灵活，血液流动更顺畅，从而减轻了心脏对抗压力的负担。这有助于降低高血压的风险，减少心血管疾病的发病率。有氧运动可以降低心脏病的风险。心脏病是一种致命的疾病，但通过有氧运动，人们可以改善心脏健康，降低罹患心脏病的风险。这是一种预防措施，能够保护个体的心脏健康。传统体育活动中的有氧运动对改善心血管健康、降低心脏病和高血压的风险具有重要作用。这种锻炼方式不仅仅有助于心脏的健康，还有利于整体身体健康。因此，通过参与传统体育活动中的有氧运动，人们可以提高生活质量，减少慢性疾病的风险，迈向更加健康的生活方式。

（三）灵活性和协调性

一些传统体育项目，如舞蹈和武术，强调身体的灵活性和协调性。这对改善身体的灵活性和平衡具有显著的益处，有助于降低受伤的风险。舞蹈和武术要求参与者进行各种身体动作和姿势，这有助于增强肌肉的柔韧性和关节的灵活性。通过反复练习不同的动作，身体逐渐适应了更广泛的运动范围，从而提高了身体的灵活性。这不仅对于在体育活动中取得优秀表现非常重要，也有助于日常生活中的身体舒适度和健康。这些体育项目注重协调性，要求身体各部分协调运动，保持平衡。在舞蹈中，舞者需要协调手臂、腿部和身体的动作，以确保优美的舞蹈表现。而在武术中，身体的协调性是关键，以便执行准确的技术和防御动作。这种协调性训练有助于提高身体的平衡和稳定性，减少跌倒和受伤的风险。

这些传统体育项目强调正确的姿势和技巧。通过教导正确的姿势，参与者能够学会如何在运动中保持身体的正确对齐，减少受伤的机会。这种技巧的培养不仅有助于在体育活动中表现出色，还可以在日常生活中预防身体不适和损伤。传统体育项目，如舞蹈和武术，强调身体的灵活性和协调性。这有助于改善身体的灵活性和平衡，降低了受伤的风险。通过反复练习正确的姿势和技巧，参与者能够增强身体的柔韧性和稳定性，不仅在体育竞技中受益，也有助于日常生活中的健康和舒适。

二、技能和运动能力的提高

民族传统体育和身体教育是提高技能和运动能力的重要途径。这些活动要求个体通过长期的实践和训练来发展自己的身体技能，从而提高身体素质和运动能力。传统体育活动通常承载着丰富的文化价值观和技术知识。个体通过参与这些活动，逐渐掌握了特定的技能。例如，中国的太极拳强调内外平衡和柔韧性，个体需要通过不断的练习来掌握这些技能。这些传统技能的传承需要时间和耐心，但它们帮助个体提高身体的灵活性、协调性和力量。

身体教育活动也对技能和运动能力的提高起着关键作用。体育比赛、健身锻炼和体育训练等活动提供了机会，个体可以锻炼身体，提高运动能力。例如，体育比赛如足球和篮球要求个体掌握球技、团队合作和战术，这些技能通过反复的练习得以提高。传统体育和身体教育活动在提高技能和运动能力的同时，也有助于增强身体的健康和耐力。运动锻炼可以改善心肺功能、增强肌肉力量和提高耐力水平，这对于个体的整体健康非常有益。

要提高技能和运动能力需要坚持不懈的努力。个体需要持之以恒地参与训练和实践，不断完善技能和技术。个体还需要充分了解自己的身体，了解自己的弱点和潜力，以便有针对性地进行训练。民族传统体育和身体教育是提高技能和运动能力的有效途径。它们通过传授技能、提供锻炼机会和增强身体健康，帮助个体不断提高自己的身体素质和运动水平。然而，要取得持续的进步，需要付出坚持不懈的努力和自我反思。

（一）运动技巧

传统体育活动教导人们各种运动技巧，如击剑、弓术、跳高、游泳等。这些技能不仅在传统体育中有用，还可以在其他体育和运动中得到应用。这些技能培养了身体的协调性和敏捷性。例如，击剑要求精准的动作和反应能力，这种协调性和敏捷性可以在其他激烈的体育比赛中派上用场，如网球、羽毛球和足球等。同样，跳高的技巧也需要优秀的协调和爆发力，这对于田径项目和篮球等运动都非常重要。传统体育项目培养了坚韧和耐力。参与者需要反复练习，不断改进自己的技能。这种坚韧和耐力可以应用在各种竞技体育中，例如长跑、游泳和自行车赛等，帮助运动员在激烈的比赛中保持顶尖状态。

传统体育项目也提高了集中力和决心。例如，弓术要求运动员集中注意力，精确瞄准目标。这种集中力在高尔夫、射击和飞镖等运动中同样至关重要。学习和掌握传统体育技能需要坚定的决心和毅力，这种品质在各种竞技体育和运动中都是宝贵的。传统体育活动教导人们各种运动技巧，这些技能不仅可以在传统体育中得到应用，还可以在其他体育和运动中派上用场。它们培养了身体的协调性、敏捷性、坚韧性、耐力、集中力和决心，这些是成为出色的运动员所必需的品质。因此，传统体育项目不仅丰富了文化传统，还为个体提供了在各种运动领域中获得成功的机会。

（二）协调性和反应速度

一些传统体育项目，例如柔道、相扑和快攻篮球，强调协调性和反应速度，这些技能对于提高个体的体能和运动能力至关重要。这些体育项目注重协调性，要求参与者在不同的运动动作中协调身体各部分的运动。例如，在柔道中，运动员需要将力量和技巧巧妙地结合，以实现优秀的摔跤技巧。相扑选手必须保持身体的平衡，同时用力推挤对手。在快攻篮球中，球员需要协调手眼动作，快速传球和投篮。这些协调性的要求有助于提高肌肉协调和运动技巧，从而增强了个体的体能和运动能力。反应速度是这些体育项目中不可或缺的技能。在柔道和相扑中，运动员需要快速做出反应，以应对对手的动作和攻击。在快攻篮球中，球员必须迅速决策和反应，以抓住得分机会或进行防守。反应速度的训练不仅提高了运动员的比赛表现，还在日常生活中有实际应用，如避免事故和应对突发情况。

这些技能对于整体体能和运动能力的提高至关重要。协调性和反应速度不仅在特定体育项目中有用，还可以在其他竞技体育和日常生活中得到应用。它们提高了个体的敏捷性、灵活性和运动能力，有助于防止运动损伤，提高身体素质，增强生活质量。传统体育项目，如柔道、相扑和快攻篮球，强调协调性和反应速度的培养。这些技能对于提高个体的体能和运动能力至关重要，不仅在特定体育项目中发挥作用，还在日常生活中有实际应用。通过训练和练习，个体可以提高协调性和反应速度，从而实现更出色的运动表现和更健康的生活方式。

三、自信心和身体意识

民族传统体育与身体教育之间存在紧密联系，它们共同促进了自信心和身体意识的培养。民族传统体育通过锻炼和挑战，有助于个体建立自信心。参与这些体育活动的人们在面对各种身体挑战时，逐渐克服困难，提高了自身的自信心。他们明白自己的身体能够克服难题，这种自信心在生活中的各个方面都具有积极的影响。民族传统体育有助于培养身体意识。通过体育活动，个体更加敏锐地感受到身体的变化和需求。他们学会了倾听身体的信号，了解如何维护健康，预防损伤。这种身体意识使个体更好地照顾自己，更好地理解身体与心理的相互关系。

传统体育也强调身体的力量和灵活性。这些活动不仅锻炼肌肉，还培养了身体的协调性和敏捷性。通过体验身体的潜力，个体培养了积极的身体意识，懂得如何充分利用自己的身体优势。传统体育在社交互动中有助于培养自信心。参与团队比赛或合作活动时，个体不仅提高了自身的技能水平，还增强了与他人协作的信心。这种合作与竞技有助于培养团队精神，提高个体的社交技能。民族传统体育与身体教育共同促进了自信心和身体意识的培养。通过挑战和锻炼，个体建立了自信心，通过体验身体的力量和灵活性，培养了积极的身体意识。这些方面的提高不仅有益于个体的身体健康，还有助于他们更好地面对生活中的各种挑战和机会。

（一）自信心

参与民族传统体育项目有助于个体建立自信心。通过掌握运动技能并在比赛中表现出色，个体可以提高自己的自尊心和自信心。参与传统体育项目要求个体掌握特定的技能和规则。这种技能的学习和掌握过程需要付出努力和坚持，而成功掌握这些技能会带来成就感和满足感。这种成就感有助于提高个体对自己的自尊心，使他们相信自己能够克服挑战并取得成功。在传统体育项目的比赛中表现出色也是建立自信心的重要途径。当个体在比赛中展现出优异的技巧和表现时，他们会受到赞扬和认可，这有助于增强他们的自信心。这种积极反馈可以激励个体更加努力地训练和竞技，进一步提高他们的自信心。参与民族传统体育项目还有助于个体建立团队合作和社交技能。在团队中协作和与他人互动的过程中，个体可以培养社交能力，增强对自己和他人的信任。这种社交经验也有助于提高自信心，使个体更加自信地面对社交挑战和机会。参与民族传统体育项目有助于个体建立自信心。通过学习技能、在比赛中表现出色以及培养社交技能，个体可以提高自己的自尊心和自信心。这种自信心不仅在体育领域有益，也对个体的整体发展和生活中的各个方面都产生积极影响。

（二）身体意识

参与传统体育项目有助于提高身体意识，使个体更加了解自己的身体，包括其能力和局限性。这有助于个体更好地照顾和保护自己的身体。传统体育活动要求个体不断与自己的身体互动。参与者必须感知自己的肌肉、关节和体重分布等身体要素，以确保正确执行运动技能。这种互动过程促使人们更加敏锐地感知自己的身体，从而提高了身体意识。传统体育项目鼓励个体了解自己的身体能力和局限性。在练习和比赛中，人们会逐渐认识到自己的强项和弱项，明白哪些动作或技能对自己来说更容易掌握，哪些需要更多的练习和改进。这种认知有助于制定适合自己身体状况的锻炼计划，减少受伤的风险。

传统体育活动注重正确的姿势和技巧。这迫使参与者关注自己的身体姿势，确保动作正确。通过这个过程，人们不仅提高了技能水平，还学会了如何保护身体免受受伤的威胁。传统体育项目培养了对身体的尊重和照顾。参与者学会了倾听自己的身体信号，如疲劳、紧张和不适，从而可以采取适当的措施，如休息和恢复，以保护身体健康。这种身体尊重和照顾的态度在日常生活中也同样重要，可以预防慢性疾病和提高生活质量。参与传统体育项目有助于提高身体意识，让个体更了解自己的身体能力和局限性。这有助于更好地照顾和保护身体，减少受伤和疾病的风险。因此，传统体育项目不仅有助于锻炼身体，还有助于培养健康的身体意识和生活习惯。

第三节　民族传统体育在学校体育教育中的应用

将民族传统体育纳入学校体育教育中，对于学生的全面发展和文化传承具有重要意义。这种做法有助于促进文化多样性的理解，增强学生的文化认同感，同时也提供了丰富多彩的体育教育体验。民族传统体育为学校体育教育带来了多元性和包容性。它提供了不同于传统体育的选择，吸引了不同兴趣和才能的学生。这有助于每个学生找到适合自己的体育活动，增加了他们参与体育的积极性。将民族传统体育引入学校体育教育可以加深学生对本国文化的了解。通过参与这些活动，学生可以更深入地了解自己的文化传统，从而增强了他们的文化认同感。这种体验也有助于学生尊重和尊崇本国文化，并传承这些传统。民族传统体育教育有助于培养学生的跨文化意识。学生将有机会接触不同文化的体育活动，了解其他民族的传统和价值观。这有助于他们更广泛地理解全球文化多样性，并培养开放、包容和尊重不同文化的态度。民族传统体育也可以促进学生的身心健康。这些传统体育活动通常注重全身运动，锻炼了学生的身体素质，增强了他们的体能和协调能力。参与这些活动也有助于学生的心理健康，减轻压力，提高情绪稳定性。将民族传统体育纳入学校体育教育中，丰富了教育内容，促进了文化传承，培养了学生的文化认同感和跨文化意识，同时也有益于他们的身心健康。这一举措有助于建设更加多元和包容的教育体系，培养具有全球视野的学生。

一、文化教育与多元文化教育

民族传统体育在学校体育教育中的应用是文化教育与多元文化教育的体现之一。这种教育方式不仅有助于学生掌握体育技能，还培养了文化意识和多元文化理解。传统体育活动作为文化教育的一部分，有助于传承和弘扬民族文化。通过学习和参与传统体育，学生能够了解自己所属民族的历史、传统和价值观念。这种文化传承是通过亲身体验和实践来实现的，而不仅仅是通过书本知识传授。这有助于加深学生对自己文化的认同感，并促进文化传统的传承。传统体育教育强调了多元文化的理解和尊重。在学校体育课程中引入不同民族的传统体育活动，有助于学生认识到多元文化社会的重要性。学生通过学习其他民族的体育传统，拓宽了视野，增进了对不同文化的尊重和理解。这有助于培养跨文化的交流和合作能力，为多元社会的和谐共处奠定基础。

传统体育教育也注重身体健康和全面发展。它强调了体育技能的培养，同时也重视心理健康的培养。这种全面性的教育方式有助于学生维持健康的生活方式，提高体育技能，同时也培养了自信和自律。民族传统体育在学校体育教育中的应用不仅是体育技能的传授，更是文化教育与多元文化教育的体现。通过学习和参与传统体育，学生既能够深入了解自己文化的传统，也能够培养对多元文化的尊重和理解。这种综合性的教育方式有助于学生的全面发展，同时也为多元社会的和谐共处提供了支持。

（一）文化教育

民族传统体育项目是文化的重要组成部分，它们承载着传统、价值观念和历史，通过在学校体育教育中引入这些传统体育项目，可以为学生提供深刻的跨文化教育，培养他们对不同文化的理解和尊重，以及跨文化的敏感性。引入民族传统体育项目可以帮助学生了解不同文化的传统。这些体育项目常常扎根于特定的文化背景，传承了几百年甚至上千年的历史。通过学习和参与这些传统体育，学生可以更深入地了解各个文化的传统价值观念、习俗和历史渊源。这种文化教育有助于拓宽学生的视野，培养他们的文化敏感性。

民族传统体育项目教育学生尊重不同文化。在学习和参与这些项目的过程中，学生会体验到不同文化的独特之处，并学会尊重和欣赏这些差异。这有助于培养学生的文化敏感性，使他们能够更包容和尊重多元文化社会中的不同群体。民族传统体育项目促进跨文化的教育[①]。通过参与这些项目，学生将有机会与来自不同文化背景的同学合作，共同学习和竞技。这种跨文化的互动有助于打破文化隔阂，促进友谊和合作，培养学生的跨文化敏感性和交际能力。引入民族传统体育项目作为学校体育教育的一部分，不仅有助于学生了解不同文化的传统、价值观念和历史，还培养了他们对不同文化的理解和尊重，以及跨文化的敏感性。这种教育有助于建立更包容和多元化的社会，培养未来领袖的全球视野和文化敏感性。

（二）多元文化教育

学校体育教育应该反映多元文化社会的特点。引入民族传统体育可以丰富体育课程，使学生有机会了解和体验不同民族和地区的体育活动，促进文化多样性的尊重和理解。引入民族传统体育可以拓宽学生的视野。在多元文化社会中，学生可能来自不同的文化背景，他们有权了解和尊重彼此的文化传统。通过学习和体验不同民族和地区的体育活动，学生可以更好地理解其他文化的特点和价值观，从而促进了文化的多样性和包容性。民族传统体育可以丰富体育课程内容。传统体育项目通常与当地的文化和环境紧密相关，具有独特的特点和规则。将这些体

---

① 马振嘉.文化传承背景下的高校民族传统体育发展［J］.体育风尚，2023，（07）：65—67.

育项目引入学校体育课程可以丰富课程内容，使学生获得不同领域的体育体验。这有助于激发学生对体育的兴趣，提高他们的参与度。

学生通过参与民族传统体育可以培养跨文化交流和合作的能力。在体育活动中，学生需要与来自不同文化背景的同学协作，共同追求目标。这种合作经验有助于培养学生的社交技能和跨文化沟通能力，这在现代社会中尤为重要。引入民族传统体育可以传承和保护文化遗产。很多传统体育项目在现代社会面临失传的风险，但通过学校体育教育的推广，可以帮助传统体育项目得到传承和保护，确保它们不会被遗忘。学校体育教育应该反映多元文化社会的特点，引入民族传统体育有助于促进文化多样性的尊重和理解。这不仅丰富了体育课程内容，还培养了学生的跨文化交流和合作能力，同时也有助于传承和保护宝贵的文化遗产。这种举措有益于学生的全面发展和社会的文化多样性。

二、身体素质的综合提高

民族传统体育在学校体育教育中具有重要作用，有助于学生身体素质的综合提高。这些传统体育活动结合了文化传承和体育锻炼，为学生提供了独特的机会来促进身体、心理和社会层面的全面发展。民族传统体育注重身体的全面发展。这些活动通常包含了多种运动元素，如力量、柔韧性、协调性和耐力。通过参与传统体育，学生可以全面锻炼不同方面的身体素质，提高身体的综合能力。例如，印度的瑜伽活动强调身体的柔韧性和平静，而日本的相扑运动则注重力量和体重控制。

传统体育活动有助于培养学生的自我管理和纪律性。这些活动通常需要学生严格遵守规则和仪式，培养了他们的责任感和自律性。学生必须按照传统体育的传统方式进行练习和表演，这培养了他们的耐心和毅力。传统体育在学校体育教育中强调团队合作和社交互动。许多传统体育活动是集体活动，要求学生协同工作，加强了社会技能和团队合作能力。例如，美洲原住民的拉克罗斯比赛强调团队协作和领导力，促进了社会交往和友谊的建立。民族传统体育活动在学校体育教育中有助于培养学生的文化认知和尊重。通过参与这些活动，学生可以更好地理解和尊重不同文化背景下的体育传统和价值观。这有助于建立开放的多元文化观念，促进文化多样性的尊重。民族传统体育在学校体育教育中是一种有益的教育工具，有助于学生身体素质的综合提高。它不仅锻炼了身体，还培养了自律性、社会技能和文化认知，为学生的全面发展提供了重要支持。通过将传统体育融入学校教育中，可以促进学生的身体健康和文化素养的提高。

（一）多样化的运动体验

传统体育项目通常涉及各种不同的体育运动，如拔河、箭术、摔跤等。引入这些项目可以为学生提供多样化的运动体验，有助于全面提高他们的身体素质。这些传统体育项目鼓励学生在不同的体育运动中尝试和掌握各种技能。拔河锻炼了身体力量和团队合作，箭术培养了精确和集中力，摔跤强调了速度和灵活性。通过参与多样化的运动，学生可以全面发展各种运动技能，不仅增强了身体的多方面素质，还提高了运动的多样性和趣味性。传统体育项目促进了学生的身体全面发展。每个体育项目都强调了不同的身体方面，如力量、速度、柔韧性和协调性等。因此，学生参与多种传统体育项目可以综合锻炼各个方面的身体素质，使他们的身体更加全面、均衡发展。

传统体育项目培养了学生的团队合作和竞技精神。在拔河比赛中，学生需要协同合作，共同达到目标。在箭术和摔跤中，他们需要展现竞技精神，与对手进行公平竞争。这些经验有助于培养学生的社交技能和团队意识，为他们未来的社会互动和职业发展打下坚实的基础。引入传统体育项目为学生提供了多样化的运动体验，有助于全面提高他们的身体素质。这些项目不仅培养了各种运动技能，还促进了身体的全面发展，同时培养了团队合作和竞技精神。因此，传统体育项目在学校体育教育中具有重要价值，可以为学生的综合发展和健康生活方式做出贡献。

（二）体能和技能的培养

民族传统体育项目注重运动技能和体能的培养，这对学生的整体健康和体育素质提高非常有益。练习民族传统体育项目有助于提高学生的运动技能。这些项目往往要求参与者掌握特定的技巧和技能，例如拳击、摔跤、舞蹈等。通过不断的练习和训练，学生可以逐渐掌握这些技能，提高运动表现。这对于他们在体育比赛和竞技中表现出色非常重要，同时也培养了他们的自信心和毅力。民族传统体育项目有助于提高学生的协调性。这些项目要求参与者协调身体各部分的动作，保持平衡和控制。例如，在舞蹈中，学生需要协调手臂、腿部和身体的动作，以保持优美的舞蹈动作。这种协调性的训练不仅有助于在特定体育项目中表现出色，还在日常生活中提高了身体的掌控能力。

民族传统体育项目有助于提高学生的体力和健康。这些体育活动常常需要高强度的运动，包括耐力、力量和速度的要求。通过参与这些项目，学生可以增强心肺功能，提高肌肉力量，增加耐力，有助于维持良好的身体健康。这对于减少生活方式相关疾病的风险和提高整体生活质量非常重要。民族传统体育项目提供了一个独特的机会，可以帮助学生提高运动技能、协调性和体能。这对于学生的整体健康和体育素质的提高非常有益。通过参与这些项目，学生不仅可以在体育竞技中表现出色，还可以培养自信心、毅力和身体的掌控能力，为未来的生活健康奠定坚实的基础。

三、社会互动与团队合作

民族传统体育在学校体育教育中具有重要意义。它鼓励了社会互动和团队合作的精神。传统体育通常是集体活动，要求学生与同学一起协作，共同达成目标。这种社会互动不仅有助于建立友谊和社交技能，还促进了团队合作和团结精神的培养。民族传统体育有助于培养文化认同和多元文化教育。通过学习和参与传统体育，学生更深刻地了解自己民族的文化传统，培养了文化认同感。同时，也有机会了解其他民族的传统体育，促进了多元文化的理解和尊重。传统体育强调公平竞争和尊重对手的重要性。这一价值观念有助于塑造学生的道德观念，教导他们如何在竞争中保持公平和诚实。这种道德教育在学校和社会中都具有重要价值。

民族传统体育也有助于培养学生的体能和协调性。这些活动涵盖了多种运动和技能，锻炼了学生的身体，提高了他们的协调性和运动技能。这对学生的身体健康和发展具有积极的影响。民族传统体育在学校体育教育中是一种有益的教育工具。它促进了社会互动和团队合作，培养了文化认同和多元文化教育，传递了公平竞争和尊重对手的价值观念，同时提高了学生的体能和协调性。因此，在学校教育中应加强对民族传统体育的重视和应用，以培养更全面发展的学生。

（一）社会互动

参与民族传统体育项目通常需要合作和社交互动，这对学生的社交发展具有积极影响。在这些项目中，学生在团队竞技和合作中培养沟通技能、团队协作和互助精神，为个体的社交发展提供了重要机会。合作是民族传统体育项目的核心要素之一。这些项目通常要求团队成员密切合作，共同追求胜利。学生必须学会与队友协调行动，制定战略，并相互支持。这种合作过程促进了沟通技能的培养，帮助学生更好地表达自己的意见和听取他人的建议。

民族传统体育项目鼓励团队协作和互助精神。在比赛中，团队成员需要相互依赖，互相支持，以应对挑战和难题。这种互助精神有助于培养学生的同理心和合作能力，使他们更愿意帮助他人并共同取得成功。民族传统体育项目为社交互动提供了积极的场所。学生参与比赛和训练时，有机会与其他队友和对手建立联系，分享共同的体育经验。这种社交互动有助于扩大学生的社交圈子，培养友谊和建立亲密关系。这些体育项目教导学生如何处理胜利和失败。在竞技中，学生可能会面对胜利和失败的经历，这有助于塑造他们的情感智慧和情感稳定性。他们学会了在胜利时保持谦虚，在失败时保持坚韧，并从每一次体验中汲取教训。参与民族传统体育项目有助于学生的社交发展。这些项目强调了合作、团队协作和互助精神，培养了沟通技能和社交能力。同时，它们也提供了积极的社交互动场所，帮助学生建立友谊和处理胜利与失败。这对于学生的全面发展和社交技能的提高都具有重要价值。

（二）文化传承

在学校体育教育中引入民族传统体育有助于传承和保护这些传统体育项目。学生可以成为传统体育的继承者，将这些宝贵的文化遗产传递给下一代。学校体育教育提供了一个理想的平台，让学生接触、学习和练习民族传统体育项目。通过学校体育课程，学生可以了解到这些传统体育的存在和重要性，同时得到专业指导和培训。这种教育环境有助于学生深入了解传统体育的技巧、历史和文化背景。

学校体育教育可以培养学生对传统文化的兴趣和热爱。通过亲身参与传统体育项目，学生不仅能够感受到其中的乐趣和挑战，还能够建立情感联系，培养对传统文化的情感认同。这种情感认同有助于学生成为文化传承的积极参与者。学校体育教育可以鼓励学生将所学之物传递给其他人，包括家人和同学。学生可以在学校组织的体育比赛和文化活动中展示他们的技能，向其他人传授知识，鼓励其他人加入传统体育的行列。这种传播和分享有助于将传统体育的知识和技艺传递给更广泛的群体。

学校体育教育可以培养学生的责任感和文化使命感。他们认识到自己是文化传承的一部分，有责任保护和传递这一宝贵的文化遗产。这种文化使命感将激励学生积极投入到传统体育的传承和保护工作中，确保这些项目在未来得以延续。通过在学校体育教育中引入民族传统体育，学生可以成为传统体育的继承者，将这些宝贵的文化遗产传递给下一代。学校教育提供了知识、技能和情感认同的平台，鼓励学生参与文化传承并将其传播给其他人。这对于维护和保护民族传统体育项目具有重要意义，有助于文化的传承和繁荣。

第四节 民族传统体育与健康促进

民族传统体育在学校体育教育中具有重要价值和应用。它不仅有助于丰富学生的体育体验，还有助于传承和弘扬文化遗产。民族传统体育在学校体育教育中提供了多样性和包容性。传统体育活动来自不同的文化背景，可以满足不同学生的兴趣和需求。这种多样性有助于培养学生的开放性思维和跨文化理解，促进了文化交流与融合。民族传统体育强调了团队合作和互助精神。在传统体育中，学生通常需要合作完成各种任务和挑战，这有助于培养他们的合作能力和社交技能。传统体育还强调互助与共同进步，培养了学生的团队精神和集体意识。民族传统体育可以帮助学生建立身体素质和健康意识。这些体育活动通常注重身体协调性、柔韧性和耐力，有助于提高学生的身体素质水平。通过参与传统体育，学生也能培养出坚持锻炼和关注健康的习惯。

民族传统体育有助于传承和弘扬文化遗产。学校是文化传承的理想场所，通过将传统体育纳入课程，可以确保这些宝贵的文化传统代代相传。学生们通过参与这些活动，了解和尊重本土文化，维护了文化的连续性。民族传统体育在学校体育教育中具有广泛的应用价值。它不仅能够满足学生的多样性需求，还有助于培养团队合作、身体素质和文化传承等方面的能力。学校应积极推广和引入民族传统体育，以丰富体育教育内容，培养更全面的学生。

一、民族传统体育与身体健康

民族传统体育与身体健康有着密切的联系，它们不仅是一种体育活动，更是一种维护健康的方式。这些传统体育活动注重全面的身体锻炼，有助于提高身体健康水平。民族传统体育强调身体的柔韧性和协调性。通过这些活动，个体可以提高肌肉的伸展能力，增强关节的灵活性。例如，中国的太极拳和印度的瑜伽强调身体的伸展和柔软，有助于预防肌肉和关节问题。传统体育活动注重心肺健康。许多传统体育活动需要持续的运动，如跑步、跳跃和舞蹈，这有助于提高心血管功能，增强心肺健康[1]。例如，非洲的摔跤比赛和美洲原住民的长跑活动都需要良好的心肺耐力。

传统体育活动有助于提高力量和耐力。这些活动强调体能的全面发展，包括力量、速度和耐力。通过锻炼这些方面，个体可以增加身体的抵抗力，更好地应对日常生活中的各种挑战。传统体育活动还有助于减轻压力和提高心理健康。身体的运动可以释放多巴胺和内啡肽等神经递质，有助于提高情绪和减轻焦虑。参与传统体育活动也提供了社交互动的机会，减轻孤独感，有益于心理健康。民族传统体育与身体健康之间存在着紧密的联系。这些活动通过锻炼身体的柔韧性、心肺功能、力量和耐力，为个体提供了全面的身体锻炼。它们还有助于减轻压力和提高心理健康，促进身体和心灵的平衡。因此，将传统体育融入生活，有助于

①覃路文.广西民族传统体育促进乡村振兴的理论逻辑、实践模式与路径研究［D］.广西师范大学，2023.

维护健康的生活方式。

（一）健康益处

民族传统体育对身体健康有多方面的好处，包括增强体质、改善身体机能等方面。民族传统体育强调了全身的锻炼，有助于增强体质。不同的传统体育项目涵盖了各种身体活动，如跑步、跳跃、举重、拔河等，这些活动促使不同的肌肉群参与，有助于提高肌肉力量和耐力。通过持之以恒的练习，个体的体质逐渐得到改善，增加了身体的抵抗力。民族传统体育有助于改善心血管健康。许多传统体育项目需要大量的有氧运动，如慢跑、游泳和划船等。这些活动提高了心脏的工作效率，促进了血液循环，降低了心脏病和高血压的风险。同时，有氧运动也有助于控制体重，减少慢性疾病的发病率。

民族传统体育项目可以改善身体的灵活性和协调性。例如，舞蹈和柔道等项目要求身体具备良好的协调性和柔软性。这有助于提高运动员的身体机能，降低了受伤的风险，同时也增强了生活中的日常功能。参与传统体育活动有助于减轻压力和改善心理健康。运动可以释放身体内的内啡肽，提升幸福感，减轻焦虑和抑郁情绪，这对于维持心理平衡和减轻生活压力至关重要。民族传统体育对身体健康有着显著的好处，它能增强体质、改善心血管健康、提高灵活性和协调性，同时也有助于减轻压力和改善心理健康。因此，积极参与传统体育活动是维护身体健康和提高生活质量的有效途径。

（二）心理健康

民族传统体育项目对心理健康有着积极的影响，包括减压和增强自信心等方面。参与这些体育项目可以有效减压。运动活动本身具有释放压力和焦虑的作用，而民族传统体育更是融合了文化传统和习俗，使参与者感到与自己文化和历史相连接。这种情感联系和文化认同感有助于缓解压力，改善心理健康。运动还释放出身体内的内啡肽，促进愉悦感，减轻抑郁和焦虑症状。成功完成体育任务和比赛会增强参与者的自尊心和自信心。这些体育项目往往要求耐力、毅力和技能，当参与者克服挑战并取得进步时，他们会感到自己能够克服各种困难。这种积极的自我认知有助于建立健康的自尊和自信。

这些体育项目也提供了社交机会，让参与者能够与其他人互动和建立社交关系。社交联系和支持对于心理健康至关重要，它们有助于减轻孤独感和抑郁症状。民族传统体育项目对心理健康有着积极的影响。它们能够减轻压力、增强自信心，同时也提供了社交机会，有助于改善心理健康和情感幸福感。通过参与这些体育项目，个体可以在身体健康和心理健康方面受益良多，享受更加充实的生活。

二、民族传统体育在现代健康促进中的作用

民族传统体育在现代健康促进中具有重要作用。它们传承了丰富的文化传统，融合了身体锻炼和文化价值观，对促进身体健康和心理健康都有积极影响。民族传统体育是一种有益的身体锻炼方式。这些体育活动强调身体的协调性、灵活性和耐力。通过参与传统体育，人们可以锻炼肌肉、提高心肺功能，从而维护身体的健康。这对于预防慢性疾病，如肥胖、心血管疾病和糖尿病，具有积极的效果。传统体育也有助于提高身体意识。通过体育活动，个体更敏感地感知身体的需要和变化。他们学会了倾听身体的信号，了解如何有效地照顾自己的身体，从而更好地保持健康。这种身体意识对于维持健康的生活方式至关重要。

传统体育活动强调了社交互动和社群凝聚。参与这些体育活动的人们通常在社区中建立了紧密的联系，形成了一个支持系统。这种社会支持对于心理健康具有重要作用，有助于减轻压力和焦虑。传统体育活动传承了文化价值观念，如合作、尊重和公平竞争。这些价值观念有助于培养积极的心态，促进心理健康。同时，传统体育也提供了一种情感表达的方式，通过体育活动可以释放情感，减轻精神压力。民族传统体育在现代健康促进中具有多重作用。它们提供了身体锻炼的机会，促进了身体意识，强化了社交互动和社群凝聚，传递了文化价值观念，有助于维护身体健康和心理健康。因此，在现代社会中，应重视并推广这一宝贵的文化遗产，以促进人们的全面健康发展。

（一）普及与发展

这些体育项目在现代社会中的普及情况因地区和文化而异。在一些地方，这些传统体育项目仍然保持着强烈的传统和流行度，作为文化遗产的一部分得到继续传承和支持。但在其他地方，由于现代生活方式和娱乐方式的改变，这些体育项目可能面临挑战，需要适应现代生活的需要。一些传统体育项目已经成功地适应了现代社会的需求。例如，摔跤和柔道这类体育项目已经成为国际比赛的一部分，吸引了广泛的参与者和观众。这些体育项目通过规范化和国际化，成功地融入了现代竞技体育的框架，保持了其流行度和影响力。

一些传统体育项目需要采取措施来适应现代生活的需求。例如，一些农村社区中的传统射箭活动可能因城市化和社会变革而逐渐失去传承的土壤。为了保护这些传统，可以将射箭活动引入城市体育俱乐部，以吸引更多的年轻人参与。这种方式可以保持传统体育项目的活力，同时满足现代社会的需求。这些传统体育项目在现代社会的普及情况因地区而异，但它们仍然具有重要的文化和体育价值。为了在现代生活中保持其传承，一些体育项目已经成功地适应了现代社会的需求，

而其他一些可能需要采取创新的方法来吸引新一代的参与者。这样可以确保这些宝贵的文化遗产得以继续传承和发展。

（二）健康促进策略

将民族传统体育融入现代健康促进计划，如公共健康项目和学校教育，可以实现文化传承与身体健康的有机结合。公共健康项目可以通过举办民族传统体育活动来提高社区居民的健康意识和积极参与度。这些活动可以包括传统体育比赛、庆典和体验活动，吸引不同年龄层的人参与。通过在社区中推广这些传统体育项目，可以促使人们更积极地参与身体锻炼，改善生活方式，从而降低慢性疾病的风险。学校教育可以将民族传统体育纳入体育课程和文化教育中。学生可以学习关于传统体育的历史、文化和技能，从小培养对本国传统体育的兴趣。学校可以组织传统体育比赛和文化展示，鼓励学生参与，并将其视为文化遗产的一部分。这有助于传承和保护这些传统体育项目，同时也培养了学生的身体健康意识和文化认同。

民族传统体育可以与现代体育项目相结合，创造多元化的锻炼选择。例如，可以在公共健身中心提供传统体育课程，供感兴趣的人参与。这样，人们可以根据自己的兴趣和需求选择适合自己的锻炼方式，丰富了健康促进计划的多样性。政府和相关机构可以制定政策，支持和鼓励传统体育的传承和发展。这包括提供经费支持、场地设施、培训和宣传推广。政府可以将民族传统体育视为文化遗产的一部分，制定相关政策，确保其持续传承和发展。将民族传统体育融入现代健康促进计划是一种有益的做法，可以实现文化传承与身体健康的有机结合。通过公共健康项目、学校教育以及政府支持，可以将传统体育项目融入社区和教育体系中，为人们提供多元化的锻炼选择，同时也促进了传统文化的传承和保护。

第四章 民族传统体育与社会发展

第一节 民族传统体育与社会发展的相互关系

民族传统体育与社会发展之间存在着深刻的相互关系。这些传统体育项目不仅仅是一种娱乐活动，更是社会发展的重要组成部分，对社会各个层面都产生着积极的影响。民族传统体育在社会中起到了团结和凝聚社区的作用。通过参与这些活动，人们建立了紧密的社交网络，形成了一个团结的社区。这种社会凝聚力有助于增强社区的稳定性和和谐性，促进社会的发展。民族传统体育有助于培养健康的生活方式。参与这些体育活动的人们通常会更加注重健康，锻炼身体，遵循良好的生活习惯。这有助于减少慢性疾病的发病率，降低医疗负担，促进社会的整体健康。

民族传统体育也可以成为社会的文化传承工具。这些体育项目通常承载着特定文化的价值观、传统和历史，通过参与这些活动，人们能够更深入地了解和传承自己的文化。这有助于维护文化多样性，促进文化的繁荣。民族传统体育也对经济发展产生积极影响。它们可以成为旅游业的重要资源，吸引国内外游客前来体验和观赏。这有助于创造就业机会，促进地方经济的发展。民族传统体育培养了竞技精神和团队合作能力[①]。这种精神有助于激发个体的创新和竞争力，同时也有助于促进团队合作，推动社会的科技进步和创新。民族传统体育与社会发展之间存在着紧密的相互关系。它们通过团结社区、培养健康生活方式、传承文化、

---

① 朱承敏，周春丽.乡村文化振兴视域下云南民族传统体育发展的价值意蕴、实践路径和策略［J］.文山学院学报，2023，36（03）：60—64.

促进经济发展和培养竞技精神等方面为社会做出了重要贡献。因此，民族传统体育不仅仅是一种娱乐活动，更是社会发展的积极力量，为社会的繁荣和进步提供了有力支持。

一、民族传统体育的历史与文化价值

民族传统体育的历史与文化价值丰富而深远，是特定民族或地区的珍贵文化遗产。民族传统体育的历史根植于古代，代代相传。这些体育项目承载了民族的历史和文化传统。例如，日本的弓道反映了武士道精神，中国的太极拳体现了哲学思想，希腊的奥林匹克运动会与神话传说紧密相连。这些传统体育项目是民族自身发展和历史演进的见证，反映了其价值观念、信仰和生活方式。民族传统体育在文化中具有象征意义。它们被广泛认可为特定文化和民族的象征，成为身份认同的一部分。例如，相扑是日本文化的象征，强调纪律和尊重；印度的瑜伽体现了哲学和精神传统。这些体育项目不仅是体育竞技，更是文化和民族身份的象征。

民族传统体育常伴随着各种文化元素，如服饰、器械、舞蹈、音乐等，反映了一个民族或地区的独特文化特色。这些元素丰富了传统体育的内涵，使其成为多层次、多元化的文化表达方式。例如，印度的瑜伽通过特殊的体位和呼吸法，传达了印度文化的哲学和精神传统。民族传统体育的历史与文化价值在世界范围内得到广泛认可。它们不仅是民族历史的见证，更是文化和民族身份的象征。通过丰富的文化元素，这些传统体育项目为世界提供了了解不同文化的窗口，促进了文化的多样性和交流。

（一）历史背景

民族传统体育项目源自各个文化和社会的历史和传统，具有丰富的起源和历史发展。这些体育项目在不同文化和社会中扮演着重要的地位和作用。这些传统体育项目的起源可以追溯到古代，它们反映了当时社会和生活方式的需求。例如，古希腊的奥林匹克运动会起源于公元前8世纪，是世界上最早的体育盛会之一，反映了古希腊社会的竞技精神和体育文化。相似地，印度的瑜伽起源于古代印度，是一种结合身体、精神和哲学的传统体育，反映了印度教的影响和精神理念。

随着时间的推移，这些体育项目逐渐演化和传承，成为各个文化的传统和文化遗产的一部分。它们在社会、宗教、节庆和庆典活动中发挥着重要作用，成为文化认同和社会凝聚的方式。这些体育项目不仅在竞技和娱乐领域中有影响，还在教育、文化表达和身体健康方面发挥作用。在不同文化和社会中，这些传统体育项目具有多样性和独特性，反映了各自文化的特点和价值观。例如，苏格兰的高地游戏涉及铁饼、斧头投掷和跳高等项目，反映了苏格兰高地文化的力量和传统。印度的卡巴迪是一种代表农村文化和体力劳动的传统体育。这些体育项目在不同文化和社会中都有着独特的地位和意义。总的来说，民族传统体育项目起源于不同文化和社会的历史和传统，反映了他们的文化特点和价值观。它们在社会和文化中扮演着重要的角色，不仅是体育竞技，还是文化认同和社会凝聚的象征。这些传统体育项目代表了多元文化的丰富性，为世界各地的人们提供了了解和尊重不同文化的机会。

（二）文化内涵

这些体育活动在反映和传承特定民族的文化价值观、传统和信仰方面发挥着关键作用。它们不仅仅是体育竞技，更是文化的载体和象征。这些体育活动反映了特定民族对身体和健康的重视。不同文化中的传统体育项目通常强调了身体的力量、耐力和协调性，这反映了民族对健康的关注。例如，印度的瑜伽是一种练习身体和心灵的活动，强调平衡和内在的和谐，与印度文化中的精神价值观相契合。这些体育活动通常扎根于特定民族的历史和传统。它们可能与宗教仪式、庆典或农业活动相关联。例如，美国印第安人的传统竞技项目与他们的宗教仪式和狩猎传统紧密相连，反映了他们对大自然的崇敬和与自然界的紧密联系。

这些活动也传承了民族的价值观，如团队合作、公平竞争和毅力。通过竞技和训练，参与者学会了在困难面前坚持不懈，尊重对手，并与队友合作。这些价值观在文化中得到传承和弘扬。这些体育活动有助于维护和传承文化的身体和精神遗产。它们是文化的象征，使新一代能够了解和尊重自己的传统，同时也有助于向外界传达特定民族的独特特征和价值观。这些体育活动在反映和传承特定民族的文化价值观、传统和信仰方面具有深远的影响。它们不仅仅是体育竞技，更是文化传承和表达的方式，通过身体活动将特定民族的文化传统传递给新一代，弘扬了民族的独特精神和价值观。

二、民族传统体育对社会发展的影响

民族传统体育与社会发展之间存在着密切相互关系，这两者相互影响，共同塑造了社会的特征和发展方向。民族传统体育反映了社会的文化和价值观。这些传统体育活动承载了民族的历史、信仰和传统技能，通过参与这些活动，人们感受到了自己文化的独特性。这有助于保护和传承民族文化，维护社会的文化多样性。民族传统体育在社会中促进了社交互动和社区凝聚。这些活动通常是集体活动，要求个体协同工作，建立了紧密的社交关系。例如，非洲的摔跤比赛和美洲原住民的拉克罗斯比赛强调了团队合作和友谊，促进了社区凝聚力。

民族传统体育也为社会提供了经济机会。这些活动可以成为旅游和娱乐产业的一部分，吸引游客和创造就业机会。例如，印度的象棋和中国的围棋已成为国际竞技比赛，吸引了大量的观众和商业赞助。传统体育活动在教育领域也起到了重要作用。它们不仅帮助学生锻炼身体，还教导了价值观、纪律和团队合作。这有助于培养社会的未来领袖和公民。传统体育活动在国际间促进了文化交流和理解。这些活动成为国际交流的一种途径，增进了不同民族之间的互相了解和友谊。例如，奥林匹克运动会是一个国际性的传统体育赛事，通过体育竞技，促进了全球各国之间的文化交流。民族传统体育与社会发展之间存在着紧密的相互关系。它们反映了社会的文化和价值观，促进了社交互动和社区凝聚，提供了经济机会，教育了未来一代，同时也有助于国际文化交流和理解。这些传统体育活动是社会发展的重要组成部分，为社会的多元性和进步做出了贡献。

（一）社会整合与身份认同

这些体育活动在促进社区凝聚力和民族身份建立方面发挥了关键作用。这些活动作为共同的文化传统，将社区居民聚集在一起。人们在传统体育项目中共同参与，分享共同的价值观念和信仰，从而建立了紧密的社区联系。例如，在日本的相扑比赛中，社区居民常常聚集在一起观看比赛，共同庆祝和支持本地的相扑选手。这种集体参与促进了社区内的互动和凝聚。这些体育活动强调了团队合作和互助精神。在传统体育项目中，个人的成功通常与团队或社区的支持密切相关。这鼓励了人们互相帮助，共同努力达到共同的目标。这种合作精神不仅加强了社区内部的联系，也巩固了民族身份的感觉。

传统体育活动常常与宗教、庆典和节日等文化活动相结合。这些活动成为社区庆典的一部分，增强了社区凝聚力。例如，希腊的奥林匹克运动会与宗教崇拜和祭祀密切相关，被视为宗教仪式的一部分。这种宗教和体育的结合强化了社区的宗教身份，促进了社区的凝聚。这些体育活动强调了文化认同和自豪感。参与者将自己视为传统体育项目的一部分，这种认同感有助于巩固民族身份。例如，印度的瑜伽被视为印度文化的象征，练习者常常以自豪感将其与印度文化联系在一起。这种文化认同强化了民族身份，加强了社区内的连结。这些传统体育活动通过共同的文化传统、团队合作、宗教庆典和文化认同等方式，促进了社区凝聚力和民族身份的建立。它们成为社区内部和民族社群之间联系的纽带，加强了社区的连结，塑造了共同的民族身份感。

（二）经济影响

民族传统体育活动对当地经济具有潜在的积极影响，尤其是在旅游业和相关产业方面。这些体育活动可以成为吸引游客的重要旅游资源。许多民族传统体育活动具有独特的文化魅力和历史背景，吸引了来自世界各地的游客前来体验和观赏。这种旅游吸引力不仅有助于提高当地旅游业的盈利能力，还促进了相关产业的发展，如餐饮、住宿、手工艺品销售等。举办体育赛事和庆典活动可以促进当地经济的繁荣。这些活动通常需要场馆、设备、安保、运输等服务，为当地企业和服务提供商带来商机。体育赛事吸引了广告赞助商和媒体关注，进一步提高了当地产业的知名度和影响力。这些传统体育活动也可以促进文化产业的发展。文化衍生品、纪念品和相关产品的销售通常在体育活动期间大幅增加，这为当地手工艺品、艺术家和创意产业创造了商机。传统体育活动的传承和推广也有助于文化遗产的保护和传承，进一步促进了文化产业的发展。民族传统体育活动对当地经济产生了积极的影响，尤其是在旅游业、相关产业和文化产业方面。它们成为吸引游客和投资的重要资源，为当地社区创造了就业机会，同时促进了文化传承和经济发展的良性循环。

第二节　民族传统体育对社会凝聚力的贡献

民族传统体育对社会凝聚力有着深远而积极的贡献。这些传统体育项目在社会中扮演了多重角色，促进了社群内部的团结和社会整体的和谐。传统体育活动是社会互动的桥梁。人们通过参与这些活动来建立和维护社会关系，加强社会互动。在传统体育活动中，人们不仅与家人、朋友和邻居互动，还与其他社群成员互相了解和交流，促进了社会各层面的联结。传统体育有助于建立共同的价值观和文化认同。这些活动通常根植于特定的文化传统和价值观，参与者通过传统体育传承了这些价值观。这种共同的文化认同加强了社会内部的凝聚力，让社群成员感到他们是一个共同体的一部分。

传统体育活动可以促进社群内部的团队合作和协作。许多项目需要团队协作，参与者必须密切合作以达到共同的目标。这培养了团队精神和合作意识，有助于解决社会内部的冲突和问题。传统体育也有助于社群的社会融合。不同年龄、性别、背景的人们可以一起参与传统体育，促进了社会的多样性和包容性。这种融合有助于消除社会内部的分歧，促进社会的和谐与稳定。传统体育活动在社会中创造了庆典和娱乐的机会，增强了社群的活力。这些庆典活动加强了社会成员之间的互动，促进了社会的快乐和生气勃勃。民族传统体育对社会凝聚力的贡献是多方面的。它们促进了社群内部的互动和联结，强化了文化认同，培养了团队合作和协作，促进了社会融合，增强了社会的活力。这些贡献有助于创造一个更加团结、和谐和稳定的社会。

一、民族传统体育与社会凝聚力的关系

民族传统体育与社会凝聚力之间存在深刻而密切的联系。这些传统体育活动不仅是一种娱乐形式，更是社会联系和凝聚的重要媒介，为社群提供了共同体验和身份认同的机会。民族传统体育强调了集体参与的重要性。这些活动常常是集体性质的，要求参与者在一个团队或社群中协作。通过这种协作，个体不仅培养了团队合作的技能，还建立了深厚的社会联系。这种集体参与增强了社会的凝聚力，使人们感到自己是一个社群的一部分，从而促进了社会的和谐。传统体育活动常常伴随着社会庆典和仪式，成为社群生活的一部分。在这些庆典中，人们齐聚一堂，共同庆祝和参与体育竞赛①。这种共同体验加强了社会的凝聚力，培养了社会凝聚感，促使人们更紧密地联结在一起。

传统体育也反映了社会的文化认同和价值观念。通过参与这些活动，个体更深刻地了解自己的文化传统，建立了文化认同感。这种文化认同有助于加强社会的凝聚力，形成共同的文化认同。传统体育活动也有助于传递社会价值观念，如公平竞争、尊重对手和合作精神。这些价值观念在体育活动中得到具体体现，传达给参与者和观众。这种道德教育有助于培养社会成员的良好行为准则，促进社会的和谐发展。民族传统体育在社会凝聚力方面发挥了重要作用。它们通过集体参与、庆典活动、文化认同和价值观念的传递，促进了社会的团结和凝聚，加强了社群之间的联系，为社会和谐提供了坚实的基础。因此，保护和传承这一重要的文化遗产至关重要，以继续为社会的凝聚力和发展做出贡献。

（一）体育的社会功能

体育在社会中具有多种不同功能，其中包括娱乐、健康和教育等方面。然而，其一个重要的作用是通过参与、互动和共享经验来促进社会凝聚力的增强。体育是一种重要的娱乐方式，能够为社会提供欢乐和娱乐。比赛和体育活动通常吸引了大量的观众，他们共同欣赏比赛的精彩和激动。这种共同的娱乐经验有助于拉近人与人之间的距离，促进社会的融合和交流。

体育对个体和社会的健康具有积极作用。通过参与体育活动，个体可以保持健康的生活方式，减少慢性疾病的风险。同时，体育也鼓励团队合作和互助精神，增强了社会的整体健康和幸福感。体育是一种重要的教育工具，有助于培养个体

---

① 孙煜杲.从全民健身到全民健康：健康中国战略背景下西藏民族传统体育的发展研究[C]//中国体育科学学会体育社会科学分会.2023年体育社会科学分会年会论文集.陕西师范大学，2023：4.

的品格和价值观。参与体育活动可以教导个体团队合作、公平竞争和毅力等重要品质。这些品质不仅在体育场上有用，也在社会中的各个领域都具有价值。体育通过共同的参与、互动和经验分享，加强了社会的凝聚力。人们在一起参与比赛、观看比赛或者简单地谈论体育时，建立了共鸣和联系。这种共同的体育经验可以超越种族、宗教、文化和社会背景，促进社会的团结和一体感。体育在社会中具有多种功能，其中之一是通过参与、互动和共享经验来促进社会凝聚力的增强。它不仅是一种娱乐方式，也有益于健康、教育和社会的整体发展。通过体育，人们能够建立共同的纽带，增强社会的团结和凝聚力，共同实现共同的目标。

（二）传统体育的社会影响

传统体育在社会层面上产生了积极影响，如促进社会团结、增进社会互信和减少社会分化，这些观点得到了实际案例和研究的支持。传统体育活动有助于促进社会团结。当社区居民共同参与传统体育项目时，他们形成了共同的兴趣和目标。例如，印度的卡巴迪比赛通常在社区内举行，吸引了人们聚集观看和参与。这种集体参与加强了社区之间的纽带，促进了社会团结。传统体育可以增进社会互信。通过参与传统体育项目，人们建立了相互信任和合作的机会。在中国的传统武术中，学生需要与教练和同伴合作练习技巧，这有助于培养团队精神和相互尊重。这种互信关系在社会中也有着积极的反响，有助于减少冲突和提高社会和谐度。

传统体育活动有助于减少社会分化。这些活动通常是包容性的，不受年龄、性别、社会地位或经济背景的限制。例如，希腊的奥林匹克运动会对所有公民开放，不论社会地位如何。这种包容性促使社会中不同群体之间的互动，减少了社会分化和排斥感。传统体育在社会层面上产生了积极影响，通过促进社会团结、增进社会互信和减少社会分化，有助于建立更加和谐和团结的社会。实际案例和研究支持了这些观点，证明传统体育活动在社会中发挥了重要的积极作用。

（三）传统体育与社区建设

传统体育在社区层面上扮演着重要的角色，加强了社区凝聚力，促进了社会互动和共享价值观的传播。体育俱乐部成为社区的重要组成部分。这些俱乐部提供了一个聚集社区成员的平台，不仅让人们一起参与体育活动，还建立了友谊和社交联系。这种社交互动有助于人们建立更紧密的社区联系，增进了社区的凝聚力。体育锦标赛和庆典活动在社区中举办，吸引了社区成员的广泛参与。这些活动不仅是一场体育竞技，还是社交盛会，人们齐聚一堂，分享着同一文化和价值观。这种共享体验有助于增强社区认同感，让人们感到自己是一个更大社会集体的一部分。

传统体育活动传承了社区的文化和价值观。它们通常植根于特定的文化背景和传统习俗，通过参与这些活动，人们不仅锻炼身体，还学习和传承了社区的历史和文化。这有助于加强社区的身份认同，促进了价值观和传统的传播。传统体育在社区层面上通过体育俱乐部、锦标赛和庆典等活动，为社区成员提供了互动和共享价值观的机会。它们不仅加强了社区凝聚力，还传承了文化和价值观，使社区成员感到更紧密相连，建立了更加和谐的社区关系。

二、政策和措施促进传统体育的发展与社会凝聚力

政策和措施对于促进民族传统体育的发展和社会凝聚力的增强至关重要。民族传统体育不仅是一种体育活动，更是文化传承和社会凝聚的象征，通过相关政策和措施，可以发挥其潜力，增进社会的团结和凝聚力。政府可以制定支持传统体育的政策。这些政策可以包括资金支持、场地建设和比赛组织等方面的措施，以鼓励人们积极参与传统体育活动。政府的支持可以提供必要的资源和平台，有助于传统体育的传承和发展。教育体制也可以发挥作用。将传统体育纳入学校体育课程，使学生有机会了解和参与这些活动。教育机构可以举办相关活动和比赛，鼓励学生参与，从而加强学校的社会凝聚力。

媒体和文化机构可以通过宣传和推广传统体育来增强社会意识和认同。电视、互联网和社交媒体等媒体平台可以播放传统体育比赛和文化活动，让更多人了解和欣赏这些活动。文化机构可以组织传统体育表演和文化展览，促进社会对传统体育的认同和尊重。社区和社会组织也可以发挥积极作用。他们可以组织传统体育活动，鼓励居民参与，促进社区凝聚力的建立。社会组织还可以提供培训和指导，帮助个体掌握传统体育技能，加强社交互动。政策和措施对于促进民族传统体育的发展和社会凝聚力的增强至关重要。通过政府支持、教育体制、媒体宣传、文化机构和社会组织的积极参与，传统体育活动可以得到推广和发展，为社会的团结和凝聚力做出积极贡献。这些活动不仅是文化传承的重要元素，更是社会的联结纽带，促进了多元文化社会的和谐发展。

（一）政府支持与保护

政府在传统体育保护和推广方面具有重要的作用。政府的支持可以通过经济资助、法规制定、文化保护等多种举措来实现。政府可以提供经济资助以支持传统体育项目的发展和传承。这包括为体育组织、俱乐部和团体提供资金，用于培训、比赛和设施的建设。政府的经济支持可以帮助传统体育项目维持和扩大规模，吸引更多的参与者和观众。政府可以通过法规制定来保护传统体育项目。这包括确保传统体育项目的知识产权得到合法保护，防止盗用和滥用。政府可以颁布法

律来鼓励体育教育，并要求学校提供传统体育项目的课程，以确保它们在教育系统中得到传承。

政府还可以采取文化保护措施，以确保传统体育项目的传承。这包括记录和保存传统体育项目的历史、规则和技术，以及鼓励传统文化的传承和传统。政府可以支持文化节庆、展览和演出，以提高人们对传统体育项目的认识和理解。政府在传统体育保护和推广方面发挥着重要的作用。通过经济资助、法规制定和文化保护等多种举措，政府可以促进传统体育项目的传承和发展，确保它们在现代社会中仍然具有重要的文化和体育价值。这种支持有助于维护和传承宝贵的文化遗产，同时也丰富了社会的文化多样性。

（二）教育与传承

传统体育的传承对于保持其在社会中的地位至关重要，教育体系在这一过程中发挥着关键作用。教育体系可以将传统体育纳入学校课程，使年轻一代有机会了解和参与。通过在学校教育中引入传统体育项目，学生可以学习关于这些活动的历史、文化和技巧。例如，日本的弓道和中国的太极拳可以成为体育课程的一部分，让学生接触并深入理解传统体育的精髓。学校可以组织传统体育比赛和文化活动，鼓励学生积极参与，并将传统体育视为文化遗产的一部分。这有助于激发学生的兴趣，培养他们对传统体育的热爱，从而确保其传承。例如，印度的学校可能举办瑜伽比赛，让学生展示他们的技能，增强对瑜伽的认同感。教育体系还可以提供正规的培训和教育，以培养传统体育项目的继承者和教练。通过为有志于传承的个人提供机会，教育体系可以确保传统体育的传承和发展。例如，希腊的奥林匹克运动会会培训年轻运动员，传授他们奥林匹克竞技的技能和价值观念，以维持这一传统的生命力。教育体系在传统体育的传承过程中扮演着重要角色。通过在学校课程中引入、组织相关活动和提供培训，教育体系能够帮助年轻一代了解、参与和传承传统体育，从而确保这一珍贵文化遗产在社会中保持其地位。

（三）社会参与与推广

社会各界参与传统体育的方式多种多样，包括企业赞助、社区活动等，同时媒体和社交平台也在传统体育的推广中发挥着关键作用。企业赞助是传统体育活动的重要支持来源。许多企业看到了传统体育项目的文化价值和吸引力，积极参与赞助，提供资金、装备和资源支持，以促进这些活动的发展。这种赞助不仅有助于体育项目的举办和提升，也为企业提供了品牌曝光和社会责任的机会。社区活动是将传统体育融入社会的关键途径。社区组织和机构可以组织体育比赛、表演和庆典活动，吸引社区成员的参与。这种亲近社区的体验有助于加强社区凝聚力，同时也让更多人了解和体验传统体育的文化价值。

媒体和社交平台在传统体育推广中扮演着重要角色。媒体报道和社交媒体的传播将传统体育项目带入全球视野，提高了其知名度和吸引力。人们通过互联网和社交媒体分享体育活动的照片、视频和故事，传播了传统文化和价值观，推动了跨文化交流和理解。社会各界通过企业赞助、社区活动、媒体报道和社交平台的参与，共同推动了传统体育的发展和推广。这种多方合作不仅促进了传统体育项目的传承和发展，还为社会各界提供了参与和互动的机会，丰富了文化生活，增进了社会和文化的和谐。

第三节　民族传统体育与旅游业的发展

民族传统体育与旅游业的发展密切相关。这种关系有助于吸引游客，推动文化传承和促进地方经济增长。民族传统体育为旅游业提供了独特的吸引力。游客通常希望体验和了解当地文化，而民族传统体育正是这方面的精彩体验之一。游客可以参与或观看传统比赛，感受不同文化的活力和传统，这种亲身体验对旅游业吸引力至关重要。民族传统体育有助于推动文化传承。通过将这些活动纳入旅游行程，传统体育得以传承和传统。这对于保护和传承文化遗产至关重要，促进了文化的延续性。民族传统体育促进了地方经济的增长。旅游业带来的游客流量通常带动了当地的餐饮、住宿、手工艺品销售等各个领域的发展。因此，将民族传统体育与旅游业相结合，可以创造就业机会，增加地方收入，提高居民的生活水平。

民族传统体育有助于促进地方社区的发展。为了满足游客的需求，当地社区通常会建立设施、培训人员和组织比赛。这些举措有助于改善社区基础设施，提高了社区的生活质量①。民族传统体育与旅游业的结合是一种双赢的模式。它不仅为旅游业提供了独特的吸引力，还有助于文化传承、地方经济增长和社区发展。这种关系强调了文化与旅游业之间的紧密联系，推动了旅游业的可持续发展，同时也促进了文化的传承和繁荣。

一、民族传统体育作为旅游吸引力

民族传统体育在旅游业中充当了重要的吸引力角色，成为吸引游客的一大亮

---

① 王明，江泽晖.粤港澳大湾区高校民族传统体育文化发展策略研究［C］//延安市教育学会.第四届创新教育与发展学术会议论文集（二）.广东珠海科技学院，2023：6.

点。这些传统体育活动融合了文化、历史和娱乐，为游客提供了独特的体验。民族传统体育丰富了旅游目的地的文化体验。游客通过参与或观赏传统体育活动，可以深入了解当地民族的文化和传统价值观。这种文化体验远离了传统旅游的表面，使游客更加贴近当地居民的生活方式和思维方式。传统体育活动为旅游业增加了娱乐性。许多游客寻求新鲜和独特的旅游体验，而参与传统体育活动提供了一种与众不同的娱乐方式。无论是参与民族舞蹈表演、武术比赛还是传统体育节庆，游客都能够体验到充满乐趣的独特活动。传统体育活动也促进了旅游目的地的可持续发展。通过吸引游客参与和观赏传统体育，当地社区和文化传承者得到了支持。这有助于保护和传承传统体育，同时也促进了当地经济的发展。游客的到来带来了旅游收入，同时也推动了相关产业的发展，如旅馆、餐饮和手工艺品市场。传统体育活动丰富了旅游业的多样性。它们为游客提供了不同于传统观光的选择，增加了旅游目的地的吸引力。无论游客是寻求体验冒险的旅行者，还是追寻文化和历史的爱好者，传统体育活动都为他们提供了各种各样的旅游选择。民族传统体育作为旅游吸引力，在旅游业的发展中发挥了重要作用。它们为游客提供了深刻的文化体验、娱乐性、可持续性和多样性，成为吸引游客的独特卖点，同时也促进了当地社区和文化的发展。这种互动有助于促进旅游业的繁荣，同时也促进了民族传统体育的传承和发展。

（一）体育文化旅游的定义与特点

体育文化旅游是一种结合体育活动与文化体验的旅游方式，旨在探索和体验不同地区和民族的传统体育项目，以及与之相关的文化元素。这一旅游形式的特点在于它将体育、文化和旅游有机地融合在一起，提供了丰富多彩的旅游体验。它强调了文化的传承与体育的发展。参与者可以亲身体验和学习传统体育项目，了解其历史、背后的文化背景以及技巧。这有助于传统体育的传承和保护，同时也丰富了旅游体验。

体育文化旅游强调了文化多样性。不同地区和民族拥有独特的传统体育项目和文化元素，体育文化旅游为人们提供了探索和欣赏这种多样性的机会。例如，参与者可以在日本学习弓道，感受其武士道文化，或者在印度练习瑜伽，领略其哲学传统。体育文化旅游有助于促进跨文化交流和理解。通过参与传统体育项目，人们可以与当地居民互动，了解他们的生活方式和价值观念。这种跨文化的交流有助于增进文化互信，减少文化误解和偏见。传统体育在体育文化旅游中扮演着重要的角色和地位。它们不仅成为吸引游客的亮点，也是文化传承和推广的工具。通过体育文化旅游，传统体育项目得到了更广泛的认可和传播，有助于保持其在社会中的地位。体育文化旅游是一种融合体育与文化的独特旅游方式，强调了文化传承、文化多样性和跨文化交流。传统体育在其中扮演着重要的角色，为旅游体验增色不少，同时也有助于传统体育的传承和发展。这一概念为不同文化之间的对话提供了有趣而有意义的平台。

（二）民族传统体育作为旅游目的地

不同国家或地区的民族传统体育项目常常成为旅游目的地的吸引力因素。这些活动不仅能够吸引游客，还能够提高游客的兴趣，丰富他们的旅行经历。以印度的卡巴迪为例，这是一项古老的传统体育，吸引了游客前来参与和观赏。卡巴迪是一种团队竞技，要求参与者在对方领地内抓住对方队员并安全返回自己领地，同时避免被对方抓住。这种有趣的体育项目在印度的乡村和城市都备受欢迎，游客可以亲身参与，感受到竞技和团队合作的乐趣，同时了解印度的传统文化。

在苏格兰，高地游戏是一项备受瞩目的传统体育活动。这个活动包括各种竞技项目，如重锤扔、原木翻滚和铅球掷远等。游客可以在苏格兰的高地游戏节庆中观赏这些比赛，同时还能够品味苏格兰的风土人情和文化特色。蒙古国的传统摔跤（布里亚）是吸引游客的亮点之一。这种摔跤是蒙古文化的一部分，每年都会举办大规模的比赛和节庆活动。游客可以欣赏到传统蒙古服装、音乐和摔跤比赛，同时还能够了解蒙古的历史和生活方式。

不同国家或地区的民族传统体育项目成为旅游目的地的吸引力因素，因为它们提供了与当地文化互动和体验的机会。通过参与或观赏这些体育活动，游客可以丰富自己的旅行经历，深入了解当地的传统和历史。这些活动不仅吸引了游客，还有助于传承和推广民族传统体育。

（三）传统体育与文化旅游体验

传统体育与当地的文化、历史和传统联系紧密，因此在文化旅游中发挥着重要作用。它们丰富了游客的文化旅游体验，使他们更深入地了解和体验当地的文化。传统体育项目提供了一种独特的文化体验。游客有机会亲身参与或观赏当地的传统体育活动，这些活动往往扎根于特定的历史和传统。例如，在美国的印第安保留地，游客可以观看印第安人的传统竞技项目，如箭术或橄榄球，这使他们更加了解印第安文化和生活方式。传统体育活动是文化交流的媒介。游客可以通过参与或观赏传统体育活动与当地居民互动，了解他们的价值观和生活方式。这种互动有助于促进跨文化交流和理解，增进游客对当地文化的尊重和欣赏。

传统体育项目常常与庆典和文化节庆相结合。游客可以在这些庆典和节庆中体验传统体育，同时还能欣赏传统的音乐、舞蹈、美食等。这种综合性的文化体验丰富了游客的旅行经历，使他们更全面地了解当地的文化。传统体育项目有助于保护和传承文化遗产。通过吸引游客的兴趣和支持，当地社区可以继续传承和发展传统体育项目，确保它们不会被遗忘。传统体育与当地文化联系紧密，为文化旅游提供了丰富的体验。它们不仅丰富了游客的旅行经历，还促进了文化交流和理解，有助于保护和传承宝贵的文化遗产。因此，传统体育在文化旅游中具有重要的作用，对于旅游业和文化传承都具有积极影响。

二、旅游业对民族传统体育的促进作用

旅游业与民族传统体育之间存在着紧密的相互促进作用，这种关系不仅推动了传统体育的传承和发展，同时也为旅游业带来了独特的文化吸引力和经济机会。旅游业为民族传统体育提供了宣传和推广的平台。游客来到不同地方旅游时，往往会被当地的传统体育活动所吸引。这些活动成为旅游景点的一部分，通过游客的参与和观赏，传统体育得以传承和传播。例如，中国的太极拳和印度的瑜伽成为吸引国际游客的文化体验，有助于这些传统体育在全球范围内的传播。

民族传统体育活动丰富了旅游业的多样性。各个地区的传统体育都具有独特性和特色，因此吸引了不同背景的游客。这种多样性为旅游业提供了更多的选择，吸引了更广泛的游客群体。例如，非洲的摔跤比赛和美洲原住民的拉克罗斯比赛各自展示了不同地区的传统体育文化，吸引了对这些文化感兴趣的游客。旅游业为传统体育活动提供了经济机会。游客在参与或观赏传统体育活动时，通常会消费在当地的交通、住宿、餐饮等服务。这为当地社区带来了经济收益，促进了地方经济的发展。同时，旅游业也为传统体育活动的推广提供了资金和支持旅游业与传统体育的结合增强了文化交流和理解。游客通过参与和体验传统体育活动，更好地了解了当地的文化和价值观。这有助于不同文化之间的互相了解和友谊，促进了全球文化的多样性和共享。旅游业与民族传统体育之间存在着相互促进的关系。旅游业为传统体育提供了宣传、多样性、经济机会和文化交流的机会，推动了传统体育的传承和发展。同时，传统体育活动也为旅游业增加了文化吸引力和多元性，丰富了旅游体验，为社区经济和文化交流做出了积极贡献。

（一）旅游业的经济贡献

旅游业对当地社区和民族传统体育的经济影响是显著的。旅游业带来的游客支出对当地社区产生积极影响。游客通常花费在住宿、餐饮、交通、购物等方面，为当地经济注入了资金。特别是在体育文化旅游中，游客可能支付费用以参与传统体育项目或购买相关的纪念品和文化体验，这为当地社区提供了增加收入的机会。旅游业创造了就业机会。为了满足游客的需求，当地社区通常需要雇佣人员从事导游、餐厅服务、酒店管理等工作。在传统体育旅游中，还需要专业教练和体育指导员，为当地居民提供了就业机会，特别是那些精通传统体育的人。

商业合作也是旅游业对传统体育的经济影响的一部分。当地企业和体育组织可以与旅游业合作，提供体育设施、培训课程和文化体验，从而分享旅游业带来的利益。这种合作有助于传统体育项目的发展和推广，同时也促进了当地经济的增长。旅游业对当地社区和民族传统体育的经济影响是多方面的。游客支出、就业机会和商业合作都为当地社区带来了经济利益。这种经济影响有助于传统体育项目的发展，提高了它们在社会中的地位和可持续性。因此，旅游业在促进传统体育的经济发展方面发挥着重要作用。

（二）体育旅游的推广与传播

旅游业在传统体育的推广中发挥着至关重要的作用，通过多种手段吸引更多参与者和观众，促进了传统体育的传播和推广。旅游业利用精心策划的营销活动，将传统体育活动打造成吸引人的旅游产品。这包括推广传统体育的文化魅力、历史背景和与当地社区的联系。旅游业可以通过各种宣传渠道，如官方网站、社交媒体、旅行社和旅游展览，向潜在游客展示传统体育的吸引力，吸引他们前来参观和体验。媒体宣传是推广传统体育的重要手段。旅游业与媒体合作，通过新闻报道、电视转播、网络直播等方式，将传统体育活动呈现给全球观众。媒体的广泛覆盖使更多人了解到这些活动，提高了它们的知名度，吸引了更多观众前来观赏。

举办体育赛事和庆典活动也是旅游业推广传统体育的有效手段。通过在各种景点、历史遗迹或旅游胜地举办传统体育赛事，吸引了游客前来观赏比赛，同时也提供了旅游和体育的双重体验。这种组合吸引了更多游客的兴趣，促进了旅游业的繁荣。旅游业通过营销、媒体宣传和举办赛事等手段，为传统体育的传播和推广提供了强大的支持。它们将传统体育打造成吸引人的旅游产品，吸引了更多参与者和观众，丰富了旅游体验，促进了文化传承和跨文化交流。这种合作有助于传统体育更广泛地传播，保护和传承文化遗产，同时为旅游业带来了经济利益。

（三）体育旅游的社会影响

体育旅游在社会层面产生了积极影响，不仅在经济方面有益，还促进了跨文化交流、增进社会互信，并促进了民族和谐。体育旅游促进了跨文化交流。各国各地的游客聚集在体育赛事和活动中，分享共同的兴趣和热情。这种跨文化交流促使人们了解不同文化的习俗、价值观和传统，有助于拓宽视野，打破文化隔阂，增进了国际社会的互相理解。体育旅游增进了社会互信。人们在体育场馆、比赛场地和体育节庆中共同体验和分享体育活动，这种共同的体验促进了社会的凝聚力和互信。游客之间建立了积极的互动和友谊，跨越了国界和文化差异。

体育旅游有助于促进民族和谐。在一些地区，体育赛事和节庆成为促进不同民族团结的平台。参与者和观众不分种族和背景，共同庆祝体育，这有助于减少民族冲突和加强民族之间的和谐关系。体育旅游在社会层面具有重要的积极影响。它促进了跨文化交流，增进了社会互信，同时有助于促进民族和谐。通过共同参与和体验体育活动，人们能够建立积极的社会联系，推动了全球社会的和谐与合作。这使体育旅游成为了不仅仅在经济层面，还在社会层面产生积极影响的重要领域。

三、政策和措施促进民族传统体育与旅游业的融合发展

促进民族传统体育与旅游业的融合发展需要多方政策和措施的支持与推动。政府可以通过投资和基础设施建设来提升传统体育场馆和文化村落的质量。这将吸引更多的游客来体验和参与传统体育活动。政府可以制定激励政策，鼓励旅游从业者与民族传统体育组织合作，开展体育旅游项目。这可以包括提供财政支持、税收优惠或其他经济激励措施，以吸引投资者和旅游企业参与。政府还可以促进民族传统体育的宣传和推广。通过文化节庆、赛事推广和媒体宣传，政府可以增加传统体育的知名度，吸引更多的游客参与体育旅游活动。

民族传统体育组织和团体也可以采取措施来推动与旅游业的融合发展。他们可以建立合作关系，与旅游企业合作举办体育旅游活动，共同推广传统体育。传统体育组织还可以开展培训和教育活动，提升体育从业者的专业水平，提供更好的服务质量，吸引更多游客参与。政策和措施的综合应用可以促进民族传统体育与旅游业的融合发展。这将有助于保护和传承传统体育文化，同时为旅游业注入新的元素，达到提升旅游体验，促进文化传播与经济发展的双赢局面。

（一）政府支持与合作

政府在促进民族传统体育与旅游业融合发展方面扮演着关键角色，其政策和举措可以对这一发展产生深远的影响。政府可以通过资金投入来支持民族传统体育与旅游的发展。这包括资助体育设施的建设、文化活动的组织、体育赛事的举办等。政府的资金支持可以帮助传统体育项目获得更多资源，提高其吸引力和可持续性，同时也为旅游业提供了更多的旅游目的地和文化体验。

政府可以制定相关法规和政策，以保护和推广民族传统体育。这包括保护传统体育的知识产权、规范体育旅游业的经营行为、设立文化遗产保护区域等。这些法规和政策有助于确保传统体育的传承和保护，同时也为旅游业提供了稳定和可持续的环境。政府可以积极推动文化交流和合作，促进传统体育与旅游的融合。这包括与其他国家或地区合作举办体育赛事、文化交流活动，促进跨文化的互动与理解。政府的支持可以为传统体育的国际化和全球推广提供有力支持，吸引更

多国际游客。

政府还可以提供培训和教育，以培养传统体育的从业者和管理者。这包括体育教练、文化传承者、旅游从业者等，他们需要具备相关的技能和知识来推动传统体育与旅游的融合发展。政府在促进民族传统体育与旅游业融合发展方面可以采取多种政策和举措，包括资金投入、法规制定、文化保护、国际合作以及培训和教育。这些支持和举措有助于推动传统体育与旅游的融合发展，同时也促进了文化传承和旅游业的可持续发展。政府的积极参与是实现这一目标的关键因素之一。

（二）文化旅游产品开发

开发体育文化旅游产品需要综合考虑游客需求和当地文化价值传达，包括传统体育赛事、体验活动和文化展览等方面。传统体育赛事是吸引游客的重要元素。这些赛事可以成为旅游产品的核心，吸引体育爱好者和观众前来参观。通过提供观赛门票、座位预订、专业导游等服务，满足游客的需求，并提供与传统体育相关的历史和文化信息。体验活动是吸引游客参与的关键。游客希望亲身体验传统体育，例如参加体育训练课程、与当地运动员互动、学习传统体育的技巧和仪式。这些体验活动可以定制化，根据游客的兴趣和能力水平提供不同的选择。

文化展览和教育活动有助于传达当地的文化价值和传统。博物馆、文化中心和展览馆可以举办与传统体育相关的展览，展示历史文物、艺术品和多媒体内容。这些展览不仅提供了知识，还可以通过互动展品、导览和工作坊等方式增强游客的文化体验。为了满足游客需求，旅游业可以提供便捷的预订渠道、多语种导游服务和定制化旅游套餐。游客可以根据自己的兴趣和时间安排来选择合适的体育文化旅游产品，从而获得最满意的体验。开发体育文化旅游产品需要综合考虑游客需求和文化传达，包括传统体育赛事、体验活动和文化展览等方面。这些产品不仅提供了体育和文化的双重体验，还有助于促进文化传承和旅游业的繁荣，满足了游客对丰富、有意义旅游体验的需求。

（三）促进可持续发展

在促进传统体育与旅游业融合发展的同时，确保可持续性发展、保护文化遗产和生态环境是至关重要的。可持续性发展需要平衡经济利益和文化保护。政府和相关机构应制定合适的政策和法规，确保传统体育活动的商业化不会对文化价值造成损害。同时，需要建立监管机制，防止滥用文化元素以谋取商业利益，以保护文化的纯正性。文化遗产的保护需要采取措施来保存传统体育项目的历史和传承。这包括记录口头传统、制定保护法律和政策，以及支持文化节庆和教育活动。保护传统体育的历史和技术是确保文化传承的重要一环。

生态环境的保护也是关键因素。一些传统体育项目可能在自然环境中举行，因此需要采取措施来减少对生态系统的负面影响。这包括遵守环境法规、采用可持续的举办方式和推广环保意识。社会参与和教育是确保可持续性的关键。通过社区参与和教育，人们可以更好地了解传统体育项目的重要性，以及如何在文化传承和旅游业发展之间取得平衡。社会参与还有助于确保文化的传承不仅仅依赖于商业利益，而是由社区和相关利益方共同维护。在促进传统体育与旅游业融合发展的过程中，确保可持续性发展、保护文化遗产和生态环境是至关重要的。通过平衡经济、文化和生态需求，制定适当的政策和措施，社会可以实现传统体育和旅游业的双赢，同时保护和传承宝贵的文化遗产和自然环境。

第四节　民族传统体育对经济的影响

民族传统体育对经济有着深远的影响，这一影响可以从多个方面来看。民族传统体育促进了旅游业的发展。许多传统体育活动具有独特的文化特色和历史价值，吸引了大量游客前来参观和体验。这带动了旅游业的兴起，为当地经济带来了巨大的收入。游客不仅会购买门票，还会花费在食宿、交通和纪念品上，从而创造了就业机会，提高了地区的收入水平。民族传统体育也可以成为文化创意产业的重要组成部分。各种传统体育活动可以成为文化创意产品的原材料，如服装、装备和艺术品等。这为创意产业提供了丰富的素材和灵感，推动了创意设计和制造业的发展，创造了就业机会，并为经济增长做出了贡献。

民族传统体育有助于推动体育产业的发展。通过举办传统体育赛事和比赛，可以吸引赞助商、广告商和媒体的关注，从而推动了体育产业的壮大。这包括体育用品制造、赛事组织、广告宣传等领域，为相关企业和从业者提供了商机，带动了经济增长。民族传统体育还有助于提升地区的知名度和形象。一些地方以其独特的传统体育活动而闻名，这可以吸引投资、企业和人才流入，促进地区的经济发展。同时，民族传统体育也为地方政府提供了宣传和推广的机会，增强了地区的品牌价值，有助于吸引更多的资源和投资。民族传统体育对经济有着多方面的积极影响，包括旅游业的发展、文化创意产业的壮大、体育产业的兴起和地区形象的提升。这些影响有助于推动经济的增长和地区的繁荣。

一、民族传统体育的经济价值

民族传统体育对经济的影响是多方面的，它们不仅仅是一种文化传承，还在经济层面产生了积极的效益。民族传统体育活动成为旅游业的重要组成部分。这些活动常常吸引国内外游客前来观赏和参与。旅游业带来的游客流量为当地经济注入了大量资金，包括酒店、餐饮、交通和旅游商品等相关产业都获益良多。传统体育活动也丰富了旅游目的地的多样性，吸引了更多游客前来体验不同寻常的文化活动①。传统体育活动成为体育产业的一部分。一些传统体育如武术、马术等已经成为国际性的竞技项目，吸引了全球的关注和参与。这带动了相关体育产业的发展，包括运动装备、赛事管理、广告赞助等。这些产业创造了就业机会，为经济增长做出了贡献。

传统体育活动也成为文化创意产业的一部分。一些传统体育形式如舞蹈、音乐和服饰设计等与文化表达紧密相连。这些创意产业为经济增加了价值，创造了就业机会，同时也为民族文化的传承提供了经济支持。民族传统体育对经济的影响是多方面的。它们成为旅游业、体育产业和文化创意产业的重要组成部分，为当地社区创造了就业机会，增加了经济价值。这种多重效益不仅有助于经济的增长，还促进了民族传统体育的传承和发展。

（一）体育产业的定义与范围

体育产业是一个广泛的概念，涵盖了各种与体育相关的商业活动和经济领域。它包括了体育赛事、体育媒体、体育用品、体育旅游、体育营销、体育教育和体育健康等多个领域。传统体育在体育产业中占据着重要的位置，不仅作为一种体育形式，还承载着文化传统和历史价值。传统体育是体育产业中的一个重要组成部分，它代表了特定民族或地区的传统体育项目，通常包括传统的体育竞技、文化表演和相关的文化元素。这些传统体育项目在体育产业中扮演着多重角色。

传统体育项目作为一种独特的文化体验吸引了众多游客和参与者。人们渴望了解和体验不同文化的传统体育，这促使了体育旅游业的发展。例如，前往中国学习太极拳或日本体验弓道的游客，都为传统体育项目的推广和发展做出了贡献。传统体育在体育产业中作为一种特殊的体育形式备受推崇。它们代表了历史和文化的传承，通常与特定价值观和精神传统相关联。这使得传统体育在体育教育、文化传承和社会活动中都具有重要地位。例如，日本的弓道教育强调了武士道的道德价值观，为青少年提供了道德教育的机会。传统体育项目还在体育产业中提供了商业机会。体育用品、文化演出、体育赛事和媒体报道都与传统体育相关，为企业和品牌提供了推广和赞助的机会。这有助于传统体育的发展和传播，同时也为体育产业带来了经济效益。体育产业是一个多元化的领域，传统体育作为文化传承和独特体验的代表，在其中扮演着重要的角色。它们不仅吸引游客和参与

---

① 王明，江泽晖.粤港澳大湾区高校民族传统体育文化发展策略研究［C］//延安市教育学会.第四届创新教育与发展学术会议论文集（二）.广东珠海科技学院，2023：6.

者，还在体育教育、文化传承和商业合作方面发挥作用。传统体育的地位在体育产业中不可忽视，其价值在于丰富多样的文化体验和经济机会。

（二）传统体育的经济产值

传统体育活动对经济产值有着直接和显著的影响，体现在体育场馆建设、比赛组织、门票销售、赞助商投资等多个方面的经济效益。体育场馆建设是一个重要的经济刺激因素。举办传统体育赛事通常需要现代化的体育设施和场馆，这促使政府和私营部门投资于体育场馆的建设和改造。这些基础设施建设不仅创造了就业机会，还提高了当地建筑和工程行业的活力。比赛组织是产生直接经济效益的关键环节。比赛的组织涉及赛事策划、裁判员、安保、医疗等方面的支出，同时也吸引了数以千计的观众前来观赛。这带动了住宿、餐饮、零售等服务业的繁荣，增加了地方经济的活力。

门票销售和赞助商投资是直接创收的重要来源。观众购买入场门票，产生了赛事门票销售的收益，而赞助商则为赛事提供资金支持，以获得广告曝光和品牌推广的机会。这些收入不仅有助于赛事的可持续举办，还为经济做出了贡献。传统体育活动的经济效益还体现在旅游业的发展上。吸引了国内外游客前来参观和体验，提高了当地旅游业的盈利能力。游客在酒店、餐厅、交通等方面的消费也为地方经济带来了可观的收入。传统体育活动对经济产值有着显著的正面影响。体育场馆建设、比赛组织、门票销售、赞助商投资以及旅游业的繁荣，都为地方和全球经济带来了直接经济效益，同时也促进了就业和地方产业的发展。这些经济效益强调了传统体育活动在文化传承和社会经济发展中的重要地位。

（三）传统体育与旅游业

传统体育与旅游业之间的密切关系为吸引游客、增加旅游收入以及推动当地经济增长提供了重要机会。传统体育项目本身具有独特的吸引力，可以吸引来自世界各地的游客。这些体育活动往往扎根于当地的文化和传统，为游客提供了亲身体验的机会。游客可以观赏传统体育比赛、参与传统体育活动，或者了解传统体育的历史和技巧，这些活动吸引了大量游客前来参与，因为他们希望了解并亲身体验当地文化。传统体育活动可以成为旅游业的重要卖点。各种体育赛事、节庆和庆典常常吸引了游客的兴趣，成为他们选择旅行目的地的原因之一。这些活动在吸引游客的同时，也创造了商机，如酒店、餐饮、纪念品销售等领域都能获得经济利益。

传统体育与旅游业的融合也为当地社区提供了就业机会。比赛的组织、活动的策划、导游服务等都需要当地人才的参与，为社区提供了工作机会，推动了就业增长。传统体育活动在吸引游客的同时，也有助于提高旅游收入。游客常常在观赏比赛或参与活动时花费金钱，购买门票、纪念品、食品和住宿等。这些支出直接增加了当地经济的收入，为社区提供了资金用于改善基础设施和公共服务。传统体育与旅游业的密切关系有助于吸引游客、增加旅游收入，以及推动当地经济的增长。这种融合创造了多重经济和社会利益，使传统体育成为旅游业中不可或缺的一部分，为游客和当地社区带来了双赢的机会。

二、传统体育对就业和创业的促进作用

民族传统体育在就业和创业方面发挥了积极作用，对经济产生了深远的影响。

传统体育活动本身就创造了大量的就业机会。比如，体育教练、裁判员、体育器材制造商、运动医生和物理治疗师等职业与传统体育密切相关，为人们提供了就业机会。传统体育活动的组织和管理也需要专业人员，进一步增加了就业机会。传统体育活动吸引了大量游客和观众，从而促进了旅游业的发展。各种传统体育比赛和表演通常吸引了大批参与者和观众，这些人们需要交通、住宿、餐饮等服务，为当地经济带来了收入。这种旅游业的发展创造了酒店、餐厅、旅游导游等工作机会。传统体育活动也为创业提供了机会。有人可能创办体育器材制造公司，制造和销售与传统体育相关的器材。还有人可能开设体育学校或训练中心，提供体育培训和教育服务。这些创业机会有助于推动经济的多元化和创新发展。

传统体育活动也有助于地方产业的振兴。一些地区因其独特的传统体育文化而吸引了外界的关注，成为体育旅游的热门目的地。这为当地产业的发展提供了契机，例如手工艺品制作、餐饮业、文化活动等。民族传统体育在就业和创业方面发挥了积极作用，对经济产生了广泛影响。它创造了就业机会，促进了旅游业的发展，为创业提供了机会，同时也振兴了地方产业。通过传统体育的发展，经济得以多样化、创新化，为社会创造了更多的经济增长和发展机会。

（一）体育产业的就业机会

传统体育活动对就业市场产生着广泛的影响，为各种职业机会的创造提供了宝贵的机会。传统体育活动为运动员提供了职业机会。运动员可以在传统体育项目中展示自己的技能和才能，并通过比赛和表演获得收入。这包括各种传统体育项目，如射箭、摔跤、相扑、射击等。运动员的成功不仅可以实现个人职业目标，还为传统体育项目的传承和发展做出了贡献。传统体育活动需要教练员来指导和培训运动员。教练员在传统体育项目中扮演着关键角色，他们传授技能、提供指导，并帮助运动员达到顶尖水平。这为体育教育领域创造了就业机会，同时也促进了传统体育项目的技术传承。

裁判员在传统体育活动中也发挥着至关重要的作用。他们负责比赛的公平性

和规则的执行，确保比赛的正常进行。裁判员的存在保障了竞赛的公正性，为专业和业余体育比赛提供了必要的监管。体育场馆管理人员和赛事组织者也在传统体育领域找到了就业机会。管理和运营传统体育场馆，组织赛事、表演和文化活动，为社区和体育爱好者提供了场地和机会。传统体育活动对于就业市场具有多方面的影响，创造了各种职业机会，包括运动员、教练员、裁判员、体育场馆管理人员等。这些职业机会不仅为个体提供了就业和发展的机会，还为传统体育项目的传承和发展做出了贡献。传统体育的影响不仅局限于体育领域，还延伸到了就业市场的多个领域。

（二） 创业与体育产业

传统体育活动为创业者提供了广泛的商机和资源，可以用于开拓市场和发展多个领域的企业。体育用品制造是一个潜在的领域。传统体育活动需要各种体育用品，如装备、器材、服装等。创业者可以开设体育用品店，制造或销售与传统体育相关的产品。定制化的体育用品、特色商品以及与传统体育项目相关的创新产品都有市场潜力。

体育旅游服务是一个具有吸引力的领域。创业者可以开发体育旅游套餐，为游客提供观赏传统体育赛事、参与体育体验活动的机会。这包括安排旅游路线、提供门票、住宿、餐饮、导游和交通等服务，以满足游客对综合体育文化体验的需求。体育培训机构也有潜力。创业者可以建立体育培训学校或机构，为人们提供传统体育项目的培训和指导。这包括教授技能、战术、训练方法等，培养新一代运动员和体育爱好者。文化体育商品销售和纪念品制造也是一个有前景的领域。创业者可以设计和制造与传统体育活动相关的文化商品，如纪念品、文化衫、手工艺品等，以满足体育爱好者和文化迷的需求。

数字化体育平台和应用程序是另一个创业机会。开发体育相关的手机应用、在线社区、信息平台等，为体育爱好者提供交流、学习、分享和参与的机会，同时也为企业提供广告和市场推广的途径。传统体育活动为创业者提供了多种商机，从体育用品制造到体育旅游服务、体育培训、文化体育商品销售以及数字化体育平台等领域。创业者可以充分利用传统体育资源，满足市场需求，促进创新和就业，同时也为传统体育的传承和发展做出贡献。

（三） 体育教育与技能培训

传统体育活动的发展促进了体育教育和技能培训行业的繁荣，为人才培养和职业发展提供了丰富的机会。体育学校和培训中心成为培养体育人才的重要场所。这些机构提供专业的培训课程，帮助年轻人和有志于体育的个体发展他们的技能和知识。通过系统的训练和教育，学生可以在传统体育领域获得专业资格，成为优秀的运动员、教练或裁判员。传统体育活动激发了职业发展机会。体育学校和培训中心为毕业生提供了就业机会，他们可以成为体育教练、指导员、体育管理人员等。这些职业领域在传统体育项目的发展中起到了关键作用，需要专业知识和技能。

体育教育和技能培训行业还为教育者和专业人员提供了发展机会。教育者可以为学生提供丰富的教育体验，培养出色的体育人才。同时，专业人员如体育医生、物理治疗师等在体育领域也扮演着重要角色，为运动员提供专业的健康护理和康复。传统体育活动的兴起促进了体育教育和技能培训行业的发展，为年轻人和专业人员提供了丰富的培训和职业发展机会。这一行业的繁荣不仅有助于传统体育项目的传承和发展，还为社会提供了多样化的体育教育和专业服务，促进了体育领域的进步和壮大。

三、政策和措施促进传统体育与经济的结合

促进传统体育与经济的结合需要一系列政策和措施来推动，从而实现文化遗产的保护与经济的可持续发展的双赢目标。政府可以制定激励政策，鼓励投资者和企业参与传统体育产业。这包括提供税收优惠、财政支持和融资渠道，以降低投资风险，激发私人资本的投入。政府还可以简化相关审批程序，提高投资的便利性。政府可以支持传统体育的市场推广和国际化。通过国际合作和参与国际体育赛事，可以将传统体育推向国际市场，吸引更多国际游客和体育爱好者前来参与。政府可以提供市场准入支持、国际推广资金等方面的支持。

政府可以支持传统体育的教育和培训体系的建设。通过培训更多的体育从业者和教练员，提高其专业水平，可以促进传统体育的普及和推广。政府还可以提供奖学金和资金支持，鼓励年轻一代参与传统体育的学习和传承。传统体育组织和团体也可以采取措施来促进与经济的结合。他们可以开展体育旅游项目、文化节庆、体育赛事等活动，吸引更多的游客和观众。他们可以积极寻求合作伙伴，开展文化产品的开发和销售，提高文化创意产业的收益。政策和措施的综合应用可以促进传统体育与经济的结合。这不仅有助于传统体育文化的保护和传承，还为经济发展注入新的元素，创造了就业机会，促进了经济的可持续发展。因此，政府、传统体育组织和企业应共同努力，推动传统体育与经济的良性互动与发展。

（一）政府支持与资金投入

政府在促进传统体育与经济结合发展方面采取了多项政策和举措，以激发经济增长和文化传承的双重效益。政府通过资金投入支持传统体育项目的发展。这包括向传统体育组织提供资金，用于培训运动员、维护体育场馆和推广传统体育

活动。政府的资金投入可以帮助传统体育项目提高竞争力，吸引更多的参与者和观众，从而创造经济价值。税收政策也可以影响传统体育与经济的结合发展。政府可以制定税收优惠政策，鼓励企业和赞助商投资于传统体育项目。这可以包括税收减免或税收抵扣，以降低经济参与的成本，同时吸引更多的赞助商和合作伙伴。

政府还可以通过体育基础设施建设来支持传统体育的发展。投资于体育场馆、训练设施和文化中心等基础设施，为传统体育项目提供场地和资源。这不仅提高了传统体育的可持续性，还创造了就业机会，促进了地方经济的增长。政府还可以通过文化政策来保护和推广传统体育。制定相关法规，确保传统体育项目的文化遗产得到保护，同时鼓励文化交流和国际合作，提高传统体育的知名度和吸引力。政府在促进传统体育与经济结合发展方面可以采取多种政策和举措。资金投入、税收政策、体育基础设施建设和文化政策等都可以为传统体育项目的经济增长提供支持。这些政策和举措不仅有助于传统体育的传承和发展，还为地方经济和就业市场带来了积极影响。政府的积极参与是实现传统体育与经济融合发展的关键因素之一。

（二）体育文化创意产业

发展体育文化创意产业是提高传统体育的经济价值的重要途径，涵盖了体育纪录片、文化创意产品和体育旅游等多个方面。体育纪录片是传统体育文化创意产业的一部分。通过制作高质量的体育纪录片，可以将传统体育活动的精彩瞬间、历史背景和文化内涵呈现给观众。这不仅可以为观众提供娱乐和教育，还可以促进体育活动的知名度和吸引力，吸引更多观众和赞助商的关注和支持。文化创意产品是体育文化创意产业的核心。这包括以传统体育为主题的文化创意商品，如书籍、艺术品、纪念品、服装等。创造独特的文化产品可以满足体育爱好者和文化迷的需求，激发他们对传统体育的兴趣，并提高体育文化的经济价值。

体育旅游是另一个重要的领域。传统体育活动通常与特定地区和社区有着深厚的关联，吸引着游客前来参观和体验。通过开发体育旅游套餐和路线，为游客提供传统体育赛事的观赏机会、文化活动的参与以及体验体育项目的机会，可以提高旅游业的盈利能力，增加地方经济的收入。数字化媒体和在线平台是推动体育文化创意产业发展的关键因素。借助互联网和社交媒体，可以更广泛地传播体育文化内容，吸引全球观众的关注。在线平台也为文化创意产品的销售和体育旅游的预订提供了便捷的途径。发展体育文化创意产业可以提高传统体育的经济价值，通过体育纪录片、文化创意产品、体育旅游以及数字化媒体和在线平台的应用，促进体育文化的传播和推广。这不仅有助于保护和传承传统体育，还为文化创意产业和旅游业的发展带来了新的商机和经济潜力。

（三）国际交流与合作

国际交流与合作在促进传统体育经济价值方面发挥着重要作用，其中包括国际体育赛事、文化交流项目等。国际体育赛事成为传统体育项目推广的重要平台。国际比赛如奥林匹克运动会、世界冠军赛等吸引了来自不同国家和地区的参赛选手和观众。这些赛事不仅提高了传统体育项目的知名度，还为主办地带来了巨大的经济利益。观众购买门票、食品、纪念品，同时也促进了旅游和住宿业的繁荣，为经济增长贡献了巨大的价值。文化交流项目有助于传统体育的跨国传播。国际交流项目如文化节庆、展览和演出提供了一个平台，使不同国家和地区的传统体育项目能够互相展示和交流。这种文化交流有助于推广传统体育的独特魅力，吸引更多的人参与和关注，从而促进了传统体育的经济价值。

国际交流与合作也促进了传统体育项目的技术和管理水平的提高。不同国家和地区的体育专家和管理人员可以分享经验和最佳实践，推动传统体育项目的发展。这种合作有助于提高比赛的组织水平，吸引更多的赞助商和投资，进一步增加了传统体育的经济价值。国际交流与合作在促进传统体育经济价值方面起到了至关重要的作用。通过国际体育赛事、文化交流项目以及技术和管理水平的合作，传统体育项目能够获得更广泛的认可和支持，实现经济的繁荣与发展。这种国际合作不仅促进了传统体育的传承，还为全球社会带来了体育文化的丰富多彩。

第五章　民族传统体育的保护与传承

第一节　民族传统体育的保护意义

民族传统体育的保护具有重要的文化、社会和历史意义。这些传统体育项目代表了一个民族的独特文化和传统，它们是文化遗产的重要组成部分。保护这些传统体育有助于维护和传承民族文化，确保其不被遗忘或淡化。民族传统体育的保护有助于弘扬特定民族的历史和价值观。这些体育活动常常承载着深刻的历史背景，反映了一个民族的发展历程和价值观念。通过传承和保护这些传统体育，人们能够更深刻地了解自己的文化和身份，有助于激发对文化传统的自豪感和认同感。民族传统体育的保护也对社会和社区发展产生积极影响。这些体育活动常常成为社区内的社交活动，促进了社会联系和团结。保护这些体育项目有助于维护社会的和谐与凝聚力，推动社区的稳定发展。

保护民族传统体育还有助于促进体育文化多样性。在全球化的今天，各种传统体育项目面临着消失的威胁。保护这些项目有助于维护世界各地独特的体育文化，丰富了全球体育的多样性，有助于促进跨文化交流与理解。民族传统体育的保护也对未来的体育发展产生积极影响[①]。这些传统体育项目中蕴含着丰富的运动技巧和智慧，有助于丰富体育的技术和策略。保护这些传统体育项目为未来的体育创新提供了有价值的资源。民族传统体育的保护具有重要的文化传承、社会和历史意义。它们是民族文化的重要组成部分，有助于弘扬文化、维护社会和社区

---

① 李双伟，宁书敏，徐海燕等.安徽省少数民族传统体育运动会项目发展研究——基于安徽省第九届少数民族传统体育运动会 [C] //国家体育总局体育文化发展中心，中国体育科学学会体育史分会.运动项目文化论坛论文摘要集.淮北师范大学，2023：1.

的和谐，促进体育文化多样性和推动未来的体育发展。因此，保护这些传统体育项目是一项具有深远影响的重要任务。

一、文化传承与认同

民族传统体育的保护意义重大，它涵盖了丰富的文化传承和文化认同，对于维护和传承民族文化具有深远的影响。民族传统体育是民族文化的重要组成部分。这些体育活动承载了数百年的历史和传统，反映了民族的价值观念、信仰、生活方式和社会结构。通过传统体育，人们能够亲身体验和感受民族文化的深刻内涵，保持了文化的传承和延续。传统体育有助于弘扬文化认同。通过参与和观赏传统体育，个体不仅更深刻地了解自己所属的文化，还建立了文化认同感。这种文化认同感促使人们自豪地传承并传播自己的文化，加强了文化认同的连结。

民族传统体育强调了民族特色和多样性。各种不同的传统体育活动反映了各民族独特的文化特点，使人们更好地理解和尊重不同文化的多样性。这有助于促进文化交流与理解，减少文化冲突与偏见。传统体育活动在社区和社会中构建了联系。它们提供了社会互动和社群凝聚的机会，促进了社会的和谐与凝聚。通过参与和庆祝传统体育，人们建立了亲密的社会联系，维系了社会的和谐。保护民族传统体育对于文化传承和认同至关重要。它们不仅是文化的一部分，还弘扬了文化认同，促进了文化多样性和社会凝聚。因此，各级政府和社会各界应加强保护和传承这一宝贵的文化遗产，以确保它们在文化多元性中继续发挥重要的作用。

（一）保护文化遗产

传统体育作为一个民族或地区的文化遗产，承载着深厚的历史和文化价值，对于维护和传承民族文化、确保多样性的保留具有不可估量的重要性。传统体育反映了特定民族或地区的历史和价值观念。这些体育项目通常起源于古代，并代代相传，成为文化传统的重要组成部分。通过参与和传承传统体育，人们可以深入了解自己文化的演变和发展，感受到历史的延续性。这有助于民族文化的自我认同和传承。传统体育是文化传统的生动体现。这些体育项目不仅包括竞技性质，还涵盖了服饰、音乐、舞蹈和仪式等多种文化元素。例如，印度的瑜伽体现了印度文化的哲学和精神传统，而日本的相扑强调了纪律和尊重。这些文化元素为传统体育项目增色不少，也使它们成为文化传统的有力代表。传统体育有助于增进文化多样性。世界各地存在着各种各样的传统体育项目，每个项目都承载着独特的文化背景和价值观。通过互相了解和交流，不同文化之间可以促进对多样性的尊重和欣赏。传统体育项目的传播和交流也有助于人们更好地理解世界上不同文化的丰富性。

传统体育对于社区和社会的凝聚力也具有重要作用。参与传统体育活动的人们通常感到与自己的社区更加紧密相连，这有助于加强社会凝聚力。这些体育项目在社区中举办的比赛和表演也成为文化交流和社交活动的场所，促进了人际关系的建立。保护传统体育有助于确保它们在今后的世代中得以传承。传统体育项目的传承通常需要经过专业的培训和教育，以确保知识和技能的传递。政府、教育机构和社会团体可以共同努力，提供培训和教育资源，使年轻一代能够学习和继承传统体育的精髓。传统体育作为文化遗产的一部分，对于维护和传承民族文化、确保文化多样性的保留具有重要作用。通过传统体育，人们能够深入了解自己的文化、感受历史的延续性，同时也能促进文化多样性的尊重和欣赏。政府、社会机构和个人都应该共同努力，保护和传承这些宝贵的文化遗产，以确保它们在今后的世代中继续发扬光大。

（二）传统体育与文化认同

传统体育常常与民族、地区的文化认同紧密相连。保护传统体育有助于维护人们对自己文化和传统的认同感，促进文化自豪感的增强。传统体育是一个国家或地区独特的文化遗产，代表着历史、价值观和传统。它反映了一个社群的身份和认同，是文化的一部分。通过参与传统体育，人们能够深入体验自己的文化，感受到传统价值观和历史传承的延续。这种亲身体验强化了人们对自己文化的认同感，让他们感到自己是文化的一部分，引以为傲。

传统体育项目通常伴随着特定的仪式、服饰和传统规范。这些仪式和规范体现了文化价值观和社会规范，是文化传承的一部分。通过遵循这些仪式和规范，参与者不仅学习了传统体育技能，还传承了文化的一部分。这种传承过程有助于弘扬文化，保护文化认同，并加强社区的凝聚力。传统体育常常在特定的场馆和场地举行，这些地方可能具有历史或宗教意义。这些地点成为文化的象征，与传统体育项目紧密相连。人们在这些地方参与体育活动，不仅体验到体育的乐趣，还感受到文化的深刻内涵。这增强了他们对文化的认同感，使他们更加自豪地将文化传承给下一代。

保护传统体育也有助于传统技能和知识的连续性。这些体育项目通常通过口头传承和示范的方式传承给下一代。老一辈的人会教导年轻一代如何练习和参与这些体育活动。这种方式保持了传统技能和知识的连续性，确保它们不会因时间的推移而失传。年轻一代通过学习传统体育，不仅继承了文化，还能够发展自己的技能和身体素质。传统体育与文化认同紧密相连，有助于维护人们对自己文化和传统的认同感，并促进文化自豪感的增强。通过亲身体验传统体育、遵循传统仪式和规范，以及参与文化传承，人们更加深刻地感受到自己是文化的一部分，这有助于保护和传承传统体育，维护文化认同，加强社会和文化的和谐。传统体育不仅是体育活动，更是文化的传承和表达，是每个社区的宝贵财富。

（三）传统体育的历史价值

传统体育活动是历史的活体见证，承载着丰富的历史记忆和故事，它们在多个层面上有助于人们更好地了解过去的生活方式、价值观念和社会结构。保护传统体育不仅有助于保存这些宝贵的历史价值，还使其对后代产生启发和教育作用。传统体育活动反映了不同历史时期的生活方式。通过研究传统体育，人们可以窥探过去社会的生活方式和活动。例如，原始的射箭和投掷活动可能与狩猎和战斗有关，而这些活动的规则和技巧反映了当时的生存技能。通过传统体育，人们可以了解到古代社会的工具、武器和生活方式，这有助于重建历史场景，更好地理解人类文明的发展历程。

传统体育活动传承了历史的价值观念。许多传统体育项目在比赛中体现了道德、公平竞争和团队合作等价值观念。例如，某些传统摔跤项目强调尊重对手和裁判的道德原则，反映了社会对公平竞争和尊重的重视。通过参与和观察这些活动，人们可以学习到传统价值观念的重要性，这对塑造个体的道德观念和社会责任感至关重要。传统体育活动反映了社会结构和文化多样性。不同地区和文化拥有各自独特的传统体育项目，这些项目通常反映了当地社会结构和文化特点。例如，蒙古的马球和日本的剑道分别反映了这两个文化中的历史、价值观和技术传承。通过了解和保护这些传统体育，人们可以更深入地探讨不同社会和文化之间的差异和共通之处，促进文化多样性的尊重和理解。传统体育活动也可以激发后代的兴趣和热情。通过亲身参与和体验传统体育，年轻一代可以更深刻地感受到历史的价值和魅力。这不仅有助于传统体育的传承，还可以培养年轻人的文化意识和历史兴趣，为未来的历史研究和文化传承培养更多的热衷者。传统体育活动是历史的珍贵遗产，它们反映了过去的生活方式、价值观念和社会结构。保护传统体育有助于保存这些历史价值，通过传承和体验，可以启发和教育后代，让他们更好地理解和珍视过去的文化遗产。传统体育不仅是历史的见证，也是对过去的致敬，它们在今天和未来仍然有着重要的意义。

二、社会凝聚力与健康促进

民族传统体育的保护具有重要的社会凝聚力和健康促进意义。这些传统体育活动不仅承载了丰富的文化传统，还在社会和个体层面产生积极影响。保护民族传统体育有助于强化社会凝聚力。这些活动常常在社区和村庄中举行，成为社会互动的平台。人们聚集在一起，共同参与体育比赛和文化节庆，增强了社会群体的凝聚力和认同感。这种社会互动有助于促进和谐社会，减少社会分裂。传统体育活动对健康促进具有积极意义。这些活动提供了自然的体育锻炼方式，包括瑜伽、武术、舞蹈等，有助于促进身体健康。参与者通过运动活动锻炼肌肉、增强耐力，并提高了心理健康水平。这对于预防慢性疾病、降低医疗开支具有重要意义。

保护民族传统体育有助于文化传承。这些活动承载着民族的历史、价值观和传统知识。通过传承，年轻一代能够了解自己文化的根源和价值观念，增强文化认同感。同时，传统体育也吸引了关注，促进了文化交流和理解。保护民族传统体育在社会凝聚力和健康促进方面具有深远的意义。它们不仅强化了社会群体的凝聚力，还促进了身体和心理健康的提升。同时，保护这些传统体育活动有助于文化传承，维护了民族的历史和价值观。因此，保护民族传统体育是社会、文化和健康层面的双赢之举。

（一）体育的社会凝聚力

传统体育活动是社会互动和参与的重要机会，它们在促进社会凝聚力、强化社区联系以及增进人际关系方面发挥着关键作用。传统体育活动通常在社区内举行，吸引着大量的参与者和观众。这些活动提供了社交互动的平台，人们可以在比赛、表演和训练中相互交流和互动。无论是参与者还是观众，都有机会建立新的社交关系，加深已有的友情。这种社交互动有助于人际关系的建立和加强，增进了社会凝聚力。传统体育活动强调团队合作和共同努力。在这些活动中，参与者必须协作完成任务或达到共同目标。这种合作精神不仅在竞技体育中体现，也在庆典、仪式和社区活动中得到展示。通过共同参与传统体育，人们培养了团队合作的技能，学会了相互信任和协调。这些价值观和技能也可以在社会生活中得到应用，促进了社会互动和人际关系的改善。

传统体育活动通常伴随着文化庆典和社区活动。这些活动不仅提供了娱乐，还加强了社区的凝聚力。人们在庆典中分享食物、音乐和舞蹈，一同庆祝文化传统。这种共同参与文化庆典的经验可以加深人们对自己社区的认同感，增进社会凝聚力。传统体育活动还可以为社区提供志愿者和领导机会。社区成员通常参与到体育活动的组织和管理中，担任志愿者、教练、裁判员等角色。这不仅有助于传统体育的顺利进行，还培养了社区领导者和志愿者的团队精神。这些参与者在社区中扮演着积极的角色，为社区建设和凝聚力的增强做出了贡献。传统体育活动作为社会互动和参与的机会，对于促进社会凝聚力和社会互动至关重要。它们提供了社交互动的平台，强调团队合作和共同努力，伴随着文化庆典和社区活动，同时为社区提供志愿者和领导机会。通过保护和推广传统体育，我们可以增进社会凝聚力，改善人际关系，使社区更加强大和团结。这对于社会的和谐发展和文化传承都具有积极的影响。

（二）体育与健康促进

传统体育活动通常是体育锻炼的一种形式，对健康有益。保护这些传统体育活动有助于促进人们的身体健康和生活方式改善，减少慢性疾病的风险。传统体育活动提供了有效的身体锻炼方式。这些活动涵盖了各种运动项目，如跑步、跳跃、举重、搏击等，涉及不同的身体部位和运动能力。参与这些活动可以促进肌肉发展、心肺健康和体能提高。例如，剑道和柔道需要精确的动作和协调性，有助于提高灵活性和反应能力。而高地游戏中的跳高和铁饼投掷则锻炼了力量和耐力。传统体育活动提供了身体锻炼的机会，同时也为参与者带来乐趣和满足感。这些活动往往根植于当地文化和传统，充满了历史和故事。人们参与传统体育不仅可以锻炼身体，还可以体验到文化的独特魅力，使锻炼过程更加愉快。这鼓励了人们坚持参与体育锻炼，改善生活方式。

传统体育活动有助于减少慢性疾病的风险。现代生活方式往往伴随着久坐不动和不健康的饮食习惯，导致肥胖、高血压、糖尿病等慢性疾病的增加。传统体育活动提供了一种积极的生活方式选择，鼓励人们积极参与体育锻炼，维持健康的体重和身体状况。通过持之以恒的参与，可以有效地减少慢性疾病的风险，改善整体健康状况。传统体育活动通常在社交和社区环境中进行，这有助于促进社会互动、团结和社区凝聚力。参与者在活动中建立了亲密的社交关系，分享着共同的兴趣和价值观。这种社交互动不仅增强了个体的情感福祉，还提供了支持和激励，使人们更愿意坚持体育锻炼。传统体育活动对健康有益，不仅提供了有效的身体锻炼方式，还为人们带来了乐趣和文化体验。通过促进积极的生活方式选择，降低慢性疾病的风险，以及促进社交互动和社区凝聚力，保护传统体育活动有助于提高人们的身体健康和生活质量。因此，传统体育的传承和发展应受到重视，以推动更健康、更活跃的社会。

（三）社会和经济价值

政府在提供财政支持方面扮演了关键的角色，资助传统体育的组织、比赛、培训等活动，从而有助于保持体育传统的活力和传承。政府的财政支持可以用于传统体育组织和协会的维护与发展。这些组织负责保护、传承和推广传统体育项目，但通常面临经费不足的问题。政府的财政支持可以用于维护体育场馆、购置比赛器材、培训教练员和裁判员等，从而保持传统体育组织的正常运作和发展。政府的资助可以用于举办传统体育比赛和活动。传统体育比赛通常需要巨大的投入，包括场地租赁、奖金、赛事宣传等。政府可以提供经济支持，鼓励举办更多的传统体育比赛，从而吸引更多的参与者和观众，推动传统体育的发展。

政府的财政支持还可以用于传统体育的培训和教育。培训教练员、裁判员和年轻运动员需要专业的指导和教育，这有助于提高传统体育项目的水平和竞争力。政府可以资助培训机构，提供专业培训课程，培养更多的体育专业人才，从而推动传统体育的传承和发展。政府还可以通过制定法规和政策来保护传统体育项目。这包括规定比赛规则、确保比赛的公平性、维护运动员的权益等。政府的法规制定有助于维护传统体育的正常秩序和发展环境，防止不正当竞争和不公平对待。政府的财政支持可以提高传统体育项目的知名度和吸引力。政府资助的比赛和活动通常更容易引起媒体和社会的关注，吸引更多的赞助商和投资。这有助于传统体育项目的推广，增加了其吸引力，进一步推动了传统体育的传承和发展。

政府的财政支持在维护和发展传统体育方面发挥着关键作用。政府可以资助组织、比赛、培训等各个层面的活动，从而保持体育传统的活力和传承。政府的支持不仅有助于传统体育的发展，还可以提高体育项目的知名度和吸引力，促进了体育文化的传播和发展。因此，政府的财政支持对于保护和传承传统体育项目至关重要。

第二节　民族传统体育的保护措施

保护民族传统体育的举措至关重要，以确保这些珍贵的文化遗产能够得以传承和保留。这些措施包括政府支持、教育传承、社群参与和国际合作。政府支持方面，政府可以提供财政资金来维护和推广民族传统体育。这包括资助传统体育赛事、培训教练员和运动员，修复和建设体育设施等。政府还可以制定相关法律法规，以保护传统体育项目的知识产权和文化遗产地位。教育传承是另一个重要的措施。学校和教育机构可以将传统体育纳入课程，让年轻一代了解和学习这些活动。同时，传统体育项目的传承者可以担任导师，传授他们的知识和技能给年轻一代。社群参与是保护传统体育的关键因素。社群成员需要积极参与传统体育活动，传承技能和知识。社群组织传统体育比赛、庆典和表演，以增强社会凝聚力，并吸引更多人参与。

国际合作也可以加强传统体育的保护。国际组织和机构可以提供支持和资源，以帮助发展中国家保护和传承传统体育。文化交流和合作活动可以促进传统体育在国际舞台上的推广和认可。媒体和互联网的运用也可以加强传统体育的传播。通过电视、互联网和社交媒体等渠道，传统体育可以被更广泛地传播，吸引更多的人关注和参与。保护民族传统体育的措施是多样化的，需要政府、教育机构、社群和国际合作的共同努力。只有通过这些综合性的措施，我们才能确保这一珍贵的文化遗产得以传承和保留，为未来的世代继续提供身体和文化的丰富体验。

一、政策和法律支持

为保护民族传统体育，政策和法律支持至关重要。这些措施有助于确保传统体育的传承和发展，同时也促进了相关社会和文化价值的保护。政府可以颁布法律，明确保护民族传统体育的重要性。这些法律可以规定传统体育的传承和发展，以及相关资源的保护[①]。政府可以提供财政支持，用于维护传统体育场馆、文化节庆和体育团队的运作。政策可以鼓励学校和社区将传统体育纳入教育体系。这可以通过制定教育政策，鼓励学校组织传统体育课程，培养学生对传统体育的兴趣和认同。同时，政府可以提供奖学金和奖励计划，鼓励年轻人参与传统体育活动。

政策和法律也可以推动传统体育的国际交流和合作。政府可以签署国际体育协定，促进传统体育的国际推广和合作。这有助于增加国际游客的到访，提高传统体育在国际舞台上的影响力。政策和法律支持对于保护民族传统体育至关重要。它们为传统体育的传承和发展提供了法律保障，促进了相关资源的保护和文化价值的传承。政府的支持还可以鼓励年轻一代的参与，促进传统体育的传承和发展。政策和法律的制定和执行是保护民族传统体育的关键步骤。

（一）制定保护政策

为了保护和传承民族传统体育，政府必须采取积极措施。政府可以提供财政支持，投入资金用于体育场馆建设、培训计划和比赛组织。这将帮助提高体育项目的可及性和质量，激发人们对传统体育的兴趣。政府应制定相关法规，明确保护民族传统体育的法律地位。这些法规可以包括禁止盗用和滥用传统文化符号的规定，以及确保传统比赛不受商业化干扰的法律措施。文化保护也是关键一环。政府可以设立文化遗产机构，致力于记录和保护传统体育的历史和技艺。这有助于传统知识的传承和传播。

政府应鼓励学校将传统体育纳入教育体系，使学生能够了解和参与这些传统体育项目。这样，年轻一代将更有可能传承和发展这些文化遗产。政府的专门保护政策应该结合资金支持、法规制定和文化保护等多种手段，以确保民族传统体育得以传承和保护。这将有助于维护文化多样性，促进社会凝聚力，同时也为体育传统的发展提供了坚实基础。

---

① 叶斯哈特·倍里扎特."一带一路"背景下西北地区少数民族传统体育发展战略研究[C]//中国体育科学学会体育管理分会.2023年第十一届全国体育管理科学大会论文摘要集.西安建筑科技大学体育学院，2023：2.

（二）法律保护

制定相关法律以保护民族传统体育的法律地位是非常重要的。这可以包括知识产权法和文化遗产保护法等法律措施。这些法律可以确保民族传统体育不受侵权。在当今社会，信息传播迅速，民族传统体育的元素可能会被未经授权的使用或滥用。知识产权法可以确保这些元素受到法律保护，防止侵权行为的发生。文化遗产保护法也可以发挥重要作用。民族传统体育是文化的一部分，具有丰富的历史和传统。这些法律可以帮助确保这些体育传统得到妥善保护，不受商业化或歪曲。它们可以促进对这些传统的研究和保护，以便将它们传承给后代。

这些法律还可以促进文化多样性的保护。不同民族和地区拥有不同的传统体育，这些法律可以帮助确保各种传统体育都能得到平等的保护和认可。这有助于维护文化多样性，防止文化的同质化和消失。通过制定相关法律，明确保护民族传统体育的法律地位，可以有效地保护这一宝贵的文化遗产，防止其受到侵权和滥用，同时促进文化多样性的保护。这对于维护和传承我们的文化遗产至关重要。

二、教育和传承

保护和传承民族传统体育是维护文化多样性和文化遗产的重要任务。为实现这一目标，必须采取一系列措施。制定相关法律法规是必要的。政府应该颁布法律，以确保传统体育的合法权益受到保护。这些法律可以规定传统体育活动的权利、责任和保护措施，确保其得到合法承认和保护。建立传统体育的档案和数据库是非常重要的。这可以帮助记录和保留传统体育的历史、技术和价值观。这些档案可以用于教育、研究和传承，确保传统体育不会被遗忘。

教育机构应该加强传统体育的教育。将传统体育纳入学校体育课程，教导学生了解和参与这些活动，有助于传承。举办研讨会、讲座和文化节庆等活动，宣传传统体育的重要性，加强社会的文化认同。社区和传统体育组织可以合作，促进传统体育的传承。组织比赛、表演和培训，鼓励年轻一代参与，传承技能和价值观。同时，建立传统体育的社群，促进经验和知识的交流。为了保护和传承民族传统体育，必须采取多种措施。这包括制定法律法规、建立档案数据库、加强教育、组织社区活动等。这些措施有助于维护文化多样性，确保传统体育得以传承并在今后的世代中继续发展。

（一）记录和研究

建立档案和研究机构，记录和研究传统体育的历史、规则和技巧，对于传统知识的传承和维护具有不可估量的价值。这一措施有助于将民族传统体育的珍贵遗产传承给后代，并促进其发展与保护。建立档案和研究机构可以帮助保存传统体育的历史。这些机构可以收集并记录关于不同传统体育的信息，包括起源、发展历程和重要事件。这些档案为后人提供了宝贵的历史资料，有助于传承和理解这些传统的演变过程。

这些机构的研究工作有助于明确传统体育的规则和技巧。通过深入研究，可以识别出传统体育的核心要素和特点，有助于确保这些要素在传承过程中不会丢失或失真。这样，传统体育的规则和技巧可以得到准确传承，确保其正宗性。这些机构还可以促进传统体育的发展。通过对传统体育的深入研究，可以发现新的技巧和战略，从而为这些体育增添新的活力和吸引力。同时，研究机构可以促进传统体育的推广，吸引更多年轻一代的参与和关注。建立档案和研究机构是保护和传承传统体育知识的重要步骤。它们有助于记录历史、明确规则和技巧，促进传统体育的发展，并确保这一宝贵的文化遗产得以传承和维护。这对于维护文化多样性和促进文化传承至关重要。

（二）传统体育节庆

为了促进传统体育的传承和发展，举办各类传统体育赛事和庆典具有重要意义。这些活动不仅是促进体育传统的有效方式，还可以激发更多人的兴趣，实现文化价值的传播。举办传统体育赛事和庆典能够吸引广泛的参与者。通过开放的比赛，人们有机会积极参与，体验并学习传统体育项目。这不仅有助于传承技艺，还可以加强社区凝聚力，培养参与者的身体素养和团队协作精神。这些活动可以吸引观众。观众的参与不仅提升了活动的氛围，还为传统体育提供了更广泛的曝光。观众可以从赛事中学习和欣赏不同文化的体育传统，促进文化多样性的理解和尊重。

传统体育赛事和庆典也是传播文化价值的重要途径。通过这些活动，人们可以更深入地了解传统体育与文化之间的紧密联系，传递价值观念和历史故事。这有助于保护和传承文化遗产，使其得以永久保存。举办传统体育赛事和庆典是促进传统体育传承和发展的有效手段。这不仅能够吸引更多的参与者和观众，还有助于传播文化价值，弘扬传统体育的独特魅力，为文化多样性和体育传统的继承提供了有力支持。

第三节　民族传统体育的传承机制

民族传统体育的传承机制是一个多层次、多元化的过程，它牵涉到文化、社会、教育等多个领域的互动和影响。文化传承是关键环节。传统体育活动在民族文化中扮演着重要角色，因此，文化传承是传统体育传承的核心。通过口头传承、故事、歌曲等方式，老一辈传承给年轻一代传统体育的规则、技能、价值观和象征意义，保持着传统的活力。家庭和社区发挥着重要作用。家庭是传承民族传统体育的基本单位，父母或长辈传授技能和知识给孩子。社区活动和俱乐部也扮演了关键角色，它们为人们提供了机会参与和学习传统体育。这些地方性组织不仅传授技能，还提供了社交互动和文化背景的学习环境。教育系统也是传承机制的一部分。学校体育课程可以纳入民族传统体育，使学生在学校中学习和体验传统体育。教育机构可以提供培训和教材，以确保传统体育的传承得到系统化和规范化的支持。

传统体育比赛和庆典是另一个重要的传承途径。这些活动不仅为传统体育提供了展示和竞技的平台，也吸引了更多人的关注和参与。通过比赛和庆典，年轻一代有机会学习和传承传统体育。政府和非政府组织的支持也是传承机制中不可或缺的一环。政府可以制定政策和提供资金，促进传统体育的传承和发展。非政府组织可以组织培训、推广活动和资源共享，推动传统体育的传承。综合而言，民族传统体育的传承机制是一个复杂而多元的过程，涉及文化传承、家庭、社区、教育、比赛和政府支持等多个层面的互动[①]。只有在这些各个领域共同努力的情况下，才能实现传统体育的传承和发展。

一、社区和家庭传承

民族传统体育的传承机制中社区和家庭传承起着至关重要的作用。社区和家庭是传统体育价值观、技能和文化的关键传承者。社区扮演着传统体育的重要场所和组织者。在社区中，传统体育活动常常作为文化节庆的一部分举行，吸引了各个年龄段的参与者。社区提供了传统体育的场地和资源，为人们提供了参与的机会。社区也促进了传统体育活动的社交互动，加强了文化传承。家庭在传统体育的传承中发挥着家庭价值观和传统的重要角色。很多传统体育活动在家庭中代代相传，通过亲人之间的教导和实践得以传承。家庭传承有助于培养传统体育的技能和价值观，同时也传递了文化认同。父母和祖父母通常会教导年轻一代参与传统体育，强调道德、纪律和团队合作。

社区和家庭也共同促进了传统体育的生活方式。通过社区和家庭的支持，个体可以将传统体育活动融入日常生活，使之成为一种健康的生活方式。这有助于保持身体健康，传承文化价值观。社区和家庭在民族传统体育的传承机制中发挥

---

① 杨成，刘传勤.短视频平台对民族传统体育发展的影响研究——以抖音为例［J］.文体用品与科技，2023，（10）：16—18.

着关键作用。社区提供了场地和组织机会，家庭传承了技能和文化价值观。这两者共同构成了传统体育传承的重要环节，有助于维护文化多样性和文化传承。通过社区和家庭的支持，传统体育得以在今后的世代中继续传承和发展。

（一）家庭教育

家庭在传承文化和传统体育方面具有至关重要的作用。父母和长辈在家庭环境中扮演着关键角色，他们不仅仅是孩子们的亲人，还是文化和价值观的传播者。在家庭中，父母可以通过言传身教的方式向孩子传授传统体育的知识和技能。这种传承不仅仅是技术上的传授，更重要的是文化和价值观的传递。通过传统体育，孩子们可以了解自己文化的根源和历史，这有助于他们更好地理解自己的身份和文化认同。家庭还可以传递一系列价值观，如团队合作、坚韧不拔、尊重和公平竞争等，这些价值观在传统体育中扮演着重要角色。

家庭教育还可以培养孩子们的品德和道德观念。通过参与传统体育，孩子们可以学会尊重对手、遵守规则和诚实竞争，这些品质在日常生活中同样至关重要。家庭也可以传递关于健康生活方式的知识，这有助于孩子们养成良好的生活习惯。家庭是传承文化和传统体育的关键环节。父母和长辈在家庭中扮演着重要角色，他们通过传授知识、技能和价值观，帮助孩子们继承和传承自己文化的精华。这不仅有助于维护文化传统的延续，还有助于培养有品德、有价值观的下一代。

（二）传统体育俱乐部和组织

传统体育俱乐部和组织在社区内扮演着不可或缺的角色。这些组织不仅仅是赛事的主办者，更是传统体育文化的守护者和传承者。志愿者和传统体育爱好者是这些组织的核心动力，他们自愿奉献时间和精力，为社区提供了独一无二的机会。这些组织提供了一个重要的社交平台。人们可以在这里建立深厚的友谊和社区联系。这种亲密关系有助于凝聚社区，促进社会凝聚力的形成。传统体育俱乐部和组织为年轻一代提供了学习和发展的机会。通过参与培训和比赛，年轻人可以培养自律、团队合作和领导能力。这有助于他们在未来的生活和职业中取得成功。

这些组织还有助于保护和传承传统体育文化。许多传统体育项目在现代社会中逐渐被边缘化，但这些组织通过组织比赛和培训活动，有助于保持这些传统活动的生命力和可见度。传统体育俱乐部和组织在社区内发挥着多重重要作用，从社交互动到年轻人的培养，再到传统文化的传承，都有着深远的影响。志愿者和传统体育爱好者的无私奉献使得这些组织能够持续为社区做出贡献，保持着它们不可替代的地位。

二、教育体系和学校传承

教育体系和学校在传承民族传统体育方面担负着重要的责任。他们扮演了关键角色，确保了这些传统体育活动的传承和发展。教育体系将民族传统体育纳入课程体系，使学生能够了解和学习这些活动。通过体育课程，学生可以接触到不同民族的传统体育，了解其历史、技巧和文化背景。这有助于培养学生对传统体育的兴趣和认同，推动传统体育的传承。学校作为传统体育的传承场所，提供了学习和实践的平台。学校可以组织体育比赛、文化活动和节庆，让学生积极参与传统体育，体验其中的文化魅力。同时，学校也可以邀请传统体育的传承者和专家，为学生提供专业指导和培训。

教育体系和学校还可以鼓励学生参与民族传统体育的竞技和表演。学校可以设立奖学金和荣誉奖励，激励学生在传统体育领域取得优异成绩。这有助于培养年轻一代的传统体育从业者，推动传统体育的传承和创新。教育体系和学校在传承民族传统体育方面发挥着不可替代的作用。他们通过课程设置、实践活动和奖励机制，促进了学生对传统体育的了解、认同和参与。这有助于传统体育的传承和发展，同时也为学生提供了丰富的文化体验和体育机会。

（一）教育课程

将传统体育纳入学校教育体系，包括课程和课外活动，对于年轻一代了解和参与传统体育，培养兴趣和技能具有重要意义。这一举措有助于传承和推广传统文化，同时也促进了身体健康和综合素养的发展。学校教育是年轻一代获取知识和技能的主要途径之一。通过将传统体育纳入课程，学生可以接触到不同的传统体育项目，了解它们的历史、规则和文化背景。这有助于培养他们对传统体育的兴趣和理解，激发他们探索和参与的欲望。

将传统体育纳入课外活动也具有重要意义。这为学生提供了更多的机会参与各种传统体育项目，锻炼身体，培养团队合作和领导能力。这些体育活动可以促进学生的全面发展，同时也有助于弘扬传统文化。将传统体育纳入学校教育体系也有助于保护和传承传统文化。年轻一代通过学校教育了解传统体育，有助于这些体育项目得到传承，防止其逐渐被遗忘。学校可以成为传统体育的传播者和保护者。将传统体育融入学校教育体系是一项重要的举措，有助于年轻一代了解和参与传统体育，培养他们的兴趣和技能。这不仅有益于文化传承，也有益于学生的身体健康和全面素养的培。

（二）专业培训

为了促进传统体育的传承和发展，建立专业的传统体育培训机构和课程具有重要意义。这些机构将有助于吸引更多的学生学习传统体育，提供系统化的培训，培养高水平的运动员和教练员。专业的培训机构将提供深入的知识和技能传授。学生将能够接受专业水平的教育，从基础知识到高级技巧的学习，以及传统体育的历史和文化背景。这种系统化的教育将为学生提供坚实的理论基础和实践经验。这些机构可以吸引更多的学生。通过专业化的培训，传统体育将变得更有吸引力，吸引更多年轻人投身其中。这不仅有助于传承，还为体育项目的发展提供了更多的人才资源。

培训机构还将培养高水平的运动员和教练员。这些专业人才将能够代表国家或地区参加国际比赛，提高传统体育的国际声誉。同时，他们还可以传授技能和知识，推动传统体育在社区和学校中的传播。建立专业的传统体育培训机构和课程是促进传统体育传承和发展的重要步骤。这些机构将提供高质量的教育和培训，吸引更多学生参与传统体育，同时培养高水平的运动员和教练员，为传统体育的未来发展奠定坚实的基础。

三、记录和数字化传承

记录和数字化传承是保护和传承民族传统体育的重要手段。通过记录，我们可以将传统体育的历史、规则、技巧以及相关文化元素记录下来，以确保这一珍贵的遗产不会失传。数字化传承则将这些记录数字化，以便更广泛地传播和保存。记录的重要性在于它可以保存传统体育的信息和知识。这些信息包括比赛规则、技术细节、传统仪式和文化背景等。通过记录，我们可以建立起一个可供后代学习和参考的资料库，保留了传统体育的核心特征。数字化传承进一步扩大了记录的影响力。数字化技术可以将传统体育的信息转化为数字形式，使其更容易分享和传播。这不仅有助于在全球范围内传播传统体育文化，还提供了一个互动的平台，使人们可以更深入地了解和体验传统体育。

数字化传承也有助于创新和发展传统体育。数字化工具可以用于模拟和改进传统体育规则和比赛形式，为其注入新的元素。这有助于吸引更多的年轻一代参与传统体育，保持其活力和吸引力。记录和数字化传承是传统体育保护和传承的不可或缺的方式。它们帮助我们保存传统体育的精髓，扩大了其传播范围，促进了创新和发展。通过这些手段，我们可以确保传统体育在现代社会中继续发挥其文化、教育和娱乐的重要作用。

（一）文化档案和博物馆

建立文化档案和博物馆，是保护和传承传统体育知识和历史的不可或缺的手段。这些文化机构扮演着至关重要的角色，通过收藏、展示和保存与传统体育相关的文物、记录和历史，它们有助于保存和传递我们宝贵的文化遗产。文化档案和博物馆可以作为存储传统体育知识的宝库。它们收集了各种各样的体育器材、服装、工具和文件，这些物品反映了不同时代和地区的传统体育文化。这些文物不仅仅是物质遗产，更是历史的见证者，它们包含着丰富的技术和技能，这些知识可以通过观看、研究和学习来传承给后代。

文化档案和博物馆是历史价值的守护者。它们收藏了各种历史文献、照片和录像，记录了传统体育的发展历程和重要事件。这些历史记录帮助我们更好地理解传统体育在不同时期的演变和影响，有助于传承文化的延续。这些机构也有助于教育和启发人们对传统体育的兴趣。通过展览和教育项目，它们可以向公众传达传统体育的价值和意义，激发人们对传统体育的兴趣，并促进文化传承的互动。建立文化档案和博物馆是保留传统体育知识和历史价值的重要途径。它们通过收藏和展示与传统体育相关的物品和记录，帮助我们保存宝贵的文化遗产，同时也启发和教育人们，促进文化传承的传播。这对于维护和传承我们的传统文化至关重要。

（二） 研究和出版

支持传统体育研究和出版，是为了推动传统体育知识的传承和普及。学术研究和出版物在记录传统体育的历史、技术和文化背景方面发挥着关键作用。通过学术研究，我们可以深入挖掘传统体育的历史渊源。这有助于我们了解这些活动的起源、演变和传播方式。通过对历史的研究，我们可以更好地理解传统体育在不同文化中的地位和影响力。

学术研究可以揭示传统体育的技术和技能。这对于传承和发展这些活动至关重要。通过详细分析不同体育项目的规则、技术和战略，我们可以为教练和运动员提供宝贵的指导和培训资源，从而提高他们的表现水平。学术出版物也有助于传统体育文化的推广和传播。这些出版物可以向更广泛的受众介绍传统体育，激发人们的兴趣，促进跨文化交流。通过它们，我们可以更好地理解不同文化中的传统体育活动，并促进文化多样性的尊重和欣赏。支持传统体育研究和出版对于保护和传承这些宝贵的体育遗产至关重要。它们不仅有助于记录传统体育的历史和技术，还可以促进知识的共享和文化的传播，从而使这些传统体育活动在今后的世代中继续繁荣发展。

第四节 民族传统体育的传承困境与挑战

民族传统体育在传承过程中面临着多重困境和挑战。社会现代化的快速发展使得传统体育活动渐渐被现代体育项目所取代。现代生活方式和电子娱乐的盛行导致年轻一代对传统体育的兴趣减少，从而威胁到传承的延续性。这一困境随着时间的推移可能会更加严重。城市化和农村人口流失使得传统体育的传承受到威胁。传统体育活动通常与农村地区的生活方式和文化密切相关，然而，城市化进程导致了大量年轻人的流失，他们远离了传统体育的传承源地。这使得传统体育的传承面临断层的风险。

资源不足是传统体育传承的另一个挑战。传统体育活动需要场地、器材、指导和资金支持，然而，往往存在资源有限的问题。缺乏足够的支持和投资会限制传统体育的发展和传承①。文化价值观念的转变也对传统体育的传承构成了挑战。随着社会价值观念的改变，人们可能更加注重物质利益和个人成就，而忽视了传统体育所强调的团队合作和文化传承价值。这种文化转变可能会削弱对传统体育的支持和参与。民族传统体育的传承面临着困境与挑战，包括现代化的冲击、城市化的流失、资源不足和文化价值观念的改变。保护和传承这一宝贵的文化遗产需要社会各界的共同努力，包括政府、社区和个人，以确保传统体育的延续和繁荣。

一、文化和社会挑战的传承困境与挑战

民族传统体育在传承过程中面临着众多的文化和社会挑战，这些挑战威胁着它们的传承和发展。现代化和城市化的影响使得年轻一代更倾向于现代体育活动，而忽视了传统体育的价值。社会中快节奏的生活方式和数字媒体的普及，也导致了人们对传统体育的兴趣减弱。全球化带来的文化冲击也对传统体育构成了挑战。外来文化的冲击可能导致传统体育的价值观和技能逐渐被忽视，年轻一代可能更容易受到外部文化的影响，而忽略了自己的传统。

社会和经济不平等也是一个重要问题。在一些社区中，传统体育的传承受到资源有限和基础设施不足的限制。这使得一些年轻人难以获得传统体育的机会，导致传承的中断。保护和传承民族传统体育的意识不足也是一个挑战。如果社会没有足够的意识和努力来保护和传承这些宝贵的文化遗产，它们可能会濒临失传。民族传统体育在传承中面临着文化和社会挑战。解决这些挑战需要社会的共同努力，包括加强教育、提高文化意识、改善资源分配等。只有这样，我们才能够保护和传承这些宝贵的传统体育，维护文化多样性和丰富人类文化遗产。

---

① 欧阳志萍，李湘婴.南岭走廊民族传统体育文化遗产廊道资源保护与发展研究［J］.湘南学院学报，2023，44（02）：69—73.

（一）文化失落

年轻人对传统文化和体育活动失去兴趣，更容易受到现代文化和娱乐方式的吸引，这可能导致传统体育的知识和技能的失传。这一现象反映了社会的文化演变和科技进步，但也引发了一些重要问题。现代文化和娱乐方式的崛起确实吸引了年轻人的兴趣。社交媒体、电子游戏和互联网娱乐等新兴形式提供了便利和刺激，使年轻人更容易沉浸其中。这使得传统文化和体育活动逐渐失去了年轻一代的青睐。传统体育往往需要时间和精力的投入，学习和练习才能掌握相关技能。相比之下，现代娱乐方式提供了即时满足和快速反馈，更符合当今社会的快节奏生活方式。因此，年轻人可能不愿意花费时间来学习和练习传统体育，导致相关知识和技能的失传。

失去传统文化和体育的知识和技能也带来了一些潜在问题。这可能导致文化多样性的减少，使传统体育项目逐渐消失。失去了这些传统知识和技能，也会影响到社会的文化根基和身体健康。因此，需要采取措施来平衡现代和传统文化之间的关系，鼓励年轻人保持对传统体育的兴趣和尊重，以确保传统知识和技能不会失传。

（二）社会变迁

社会结构的变迁、城市化和现代化不可避免地影响了传统体育在农村和偏远地区的流行度。社会结构的变迁导致了生活方式和价值观的改变。随着城市化和现代化的推进，人们的生活方式变得更加快节奏和便捷，传统体育所代表的宗教仪式或庆典活动可能不再适应现代社会的需求。这使得传统体育在社会中的地位受到了挑战。城市化的加速导致了农村和偏远地区人口的流失。大量人口涌入城市，农村地区的传统体育活动失去了参与者和支持者，因而面临着传承和传播的困境。农村社区的减少也意味着传统体育的传统场地和设施可能面临荒废和维护不足的问题。

现代化带来了新的娱乐选择和体育活动。电视、互联网和电子游戏等娱乐形式的普及，使人们有更多选择来度过他们的闲暇时光。相对于传统体育，这些现代娱乐方式可能更吸引年轻一代，导致传统体育的流行度下降。社会结构的变迁、城市化和现代化对传统体育带来了挑战。传统体育需要适应变化的社会环境，可能需要进行改革和创新，以保持吸引力并在不断变化的社会中传承下去。同时，政府和社区也可以采取措施，鼓励传统体育的传承和发展，以保护这一重要的文化遗产。

二、资源和基础设施的传承困境与挑战

民族传统体育的传承面临着多重困境与挑战，其中资源和基础设施问题尤为突出。这些挑战威胁着传统体育活动的持续发展。缺乏足够的财政资源限制了传统体育的传承。传统体育的传承需要场馆、装备、培训和推广等方面的资源支持。然而，政府和相关机构经常面临有限的预算，无法充分满足这些需求。这限制了传统体育的发展和传承。基础设施问题也是一个挑战。许多传统体育需要特定的场地和设施，如武术馆、舞台和竞技场。然而，这些基础设施通常需要大量资金来建设和维护，而且在一些地区可能不足。这使得传统体育的传承受到了限制，无法在适宜的环境中进行。缺乏专业的教练和传承者也是一个挑战。传统体育需要传承者的指导和培训，但有时难以找到合适的人才。这可能导致传统技能的失传，限制了传统体育的传承。民族传统体育的传承面临着资源和基础设施挑战。缺乏足够的财政资源、适宜的基础设施和专业的传承者都限制了传统体育的发展。为了有效传承和保护这一宝贵的文化遗产，需要政府、社会和相关机构共同努力，提供更多的支持和投资。

（一）资金不足

传统体育活动常依赖于特定的场地和设施，缺乏适当的场馆和设施可能会制约传统体育的传承和发展。这是因为这些传统活动通常拥有独特的规则、技能和环境要求，没有适当的场地和设施。传统体育通常需要特殊的地理条件和自然环境。例如，一些传统射箭活动需要特定的山地或森林地形，而传统垒球需要平坦的场地和适当的草坪。如果没有这些自然环境，传统体育的实践将受到制约，难以传承和发展。

传统体育需要特定的设施和器材。例如，传统摔跤需要摔跤场地和特殊的摔跤垫，而传统弓箭需要专门的射箭场地和弓箭。如果缺乏这些设施和器材，传统体育的运动者将无法进行有效的训练和比赛，传承和发展将受到限制。传统体育的传承和发展通常需要集体参与和社区支持。适当的场馆和设施可以提供聚集和互动的空间，有助于传统体育的社交和文化交流。如果缺乏这些场地，传统体育可能会逐渐失去吸引力，影响社区的参与和支持。适当的场馆和设施对于传统体育的传承和发展至关重要。缺乏这些条件可能会限制传统体育的实践和推广，使其难以在现代社会中继续存在和繁荣。因此，投资和维护适当的场馆和设施是保护和发展传统体育的必要措施。

（二）基础设施问题

传统体育活动常依赖于特定场地和设施。若缺乏这些必要资源，传统体育的

传承和发展将受到限制。场馆和设施是传统体育活动的关键要素之一。这些活动通常需要特定的场地，如弓箭射击的靶场、拳击的拳击馆或马球的马球场。没有适当的场地，人们将无法进行这些体育活动，从而影响传承和发展。设施提供了安全和便利性。缺乏适当的设施可能导致运动员面临危险，例如没有足够的保护设备或场地表面不平整。这会阻碍年轻一代的参与和培训，因为父母和教练会担心运动员的安全。场馆和设施也有助于提高体育水平。例如，足球需要平坦的草坪，而射箭需要准确的靶场。没有这些条件，运动员将难以达到高水平的表现，从而限制了传统体育的竞技水平的提高。传统体育活动的传承和发展受到适当场馆和设施的重要影响。没有这些资源，人们将难以参与和培训，运动水平也无法提高。因此，社会和政府应该投资于适当的场地和设施，以确保传统体育的持续传承和发展。

（三）缺乏专业人才

传统体育的传承至关重要，而要实现这一目标，必须拥有具备传统知识和技能的教练员和导师。缺乏专业人才可能导致传承变得困难。专业教练员和导师拥有深厚的传统知识。他们了解传统体育的历史、文化背景和核心原则。这些知识对于正确传授传统体育的技巧和规则至关重要。没有这些专业人才，传统体育的核心要素可能会被误解或丢失。专业人才具备传授技能的经验。他们知道如何有效地教授传统体育的技巧，帮助学生掌握基本动作和战略。这种经验是传承过程中的关键，可以确保技能的正确传递，同时提高学生的兴趣和自信心。

专业人才还能够为学生树立榜样。他们对传统体育的热爱和专业精神可以激发学生的兴趣，鼓励他们投入更多的时间和精力来学习和练习。这对于传承的成功至关重要。缺乏具备传统知识和技能的教练员和导师会使传统体育的传承变得困难。这些专业人才不仅拥有深厚的知识和技能，还能够传递激情和榜样，帮助年轻一代更好地了解和参与传统体育，确保它们得以传承和发展。

第六章 民族传统体育的国际交流与合作

第一节 民族传统体育的国际传播

民族传统体育的国际传播是一种重要的文化交流方式，它不仅有助于推广特定民族的文化和价值观，也促进了国际社会的多元化和互动。

国际传播有助于扩大民族传统体育的影响力。通过国际传播，这些传统体育项目能够吸引更广泛的受众，不仅在本国内部，也在国际舞台上获得认可和关注。这有助于提高这些体育项目的知名度和影响力，促进其在全球范围内的发展。国际传播可以促进文化交流与理解。当民族传统体育传播到其他国家和地区时，它们往往伴随着相关的文化元素，如传统服饰、音乐、仪式等。这种文化交流有助于不同文化之间的互相了解和尊重，减少文化隔阂和偏见，促进文化多元化发展。

国际传播还可以促进体育技术和知识的交流。各国可以从民族传统体育中学习不同的运动技巧和训练方法，丰富自己的体育文化。这种技术和知识的交流有助于提高体育水平，促进国际体育竞技的发展。国际传播还可以创造经济机会。吸引国际观众和游客前来参与或观赏民族传统体育活动，有助于发展旅游业和创造就业机会。这对于本国的经济发展和推广民族传统体育都具有积极影响。国际传播可以加强国际合作与友谊[①]。通过民族传统体育的国际传播，不同国家之间建立了体育交流和合作的桥梁，促进了友好关系和和平共处。这种合作有助于解决国际体育领域的问题，推动国际社会的共同发展。民族传统体育的国际传播具有

---

① 胡洪峰.探究信息技术发展对民族传统体育发展的影响［J］.文体用品与科技，2023，（07）：1—3.

重要的文化、社会和经济意义。它有助于推广文化、促进文化交流、丰富体育技术、创造经济机会，同时也促进了国际友谊和合作。因此，国际传播是保护和发展民族传统体育的重要途径，对于全球文化多样性和国际社会的互动具有深远的影响。

一、民族传统体育国际传播的意义和机会

民族传统体育的国际传播对中国具有重要的意义和机会。它可以作为中国文化的重要使者，帮助国际社会更好地了解中国的历史、价值观和传统。通过传播传统体育，中国有机会加强国际社会对中国文化的认知，促进文化交流和理解。国际传播可以促进中国的文化软实力。传统体育活动代表了中国丰富的文化遗产，通过其国际传播，可以提高中国在国际文化舞台上的影响力。这有助于加强中国文化的国际竞争力，吸引更多人关注中国文化。国际传播也创造了经济机会。传统体育活动可以成为国际体育市场的一部分，吸引国际观众和商业赞助。这为中国的旅游业、体育产业和文化创意产业提供了发展机会，促进了国内经济的增长。民族传统体育的国际传播不仅有助于推广中国文化，还提高了中国的文化软实力和经济竞争力。它为中国创造了全球舞台上的文化影响力和经济机会，有助于中国更好地参与国际社会，并促进了文化交流和理解。

（一）文化交流与国际理解

国际传播民族传统体育，实际上是一种深刻的文化交流形式，有着深远的影响。这种交流不仅有助于不同文化之间的交流与理解，还能够打破文化隔阂，增进国际友谊。在全球化的背景下，传统体育成为一种促进多元文化交融的重要工具。这种交流的价值在于它有助于人们更好地理解和尊重彼此的文化差异，同时也能够促进国际友谊和和谐。国际传播民族传统体育有助于促进不同文化之间的交流。体育是一种普遍的语言，不受语言、宗教或政治的限制。无论来自哪个国家或文化，人们都能够通过体育来沟通和交流。当不同国家的人们聚集在一起，参与传统体育比赛时，他们会自然而然地交流和互动，这有助于打破沉重的文化壁垒。通过共同参与体育活动，人们能够建立起友情和亲近感，这是促进文化交流的重要因素。

这种交流有助于打破文化隔阂。文化隔阂是由于不了解或误解他人文化而产生的冲突和障碍。传统体育的国际传播可以帮助人们更深入地了解其他文化的价值观和传统。例如，参与传统柔道比赛的人们不仅会学习技巧和规则，还会了解柔道的哲学和文化背景。这种深入的了解有助于消除对其他文化的误解，减少文化冲突的可能性。国际传播民族传统体育能够增进国际友谊。当不同国家的运动

员和观众聚集在一起，共同庆祝传统体育比赛时，他们会建立起深厚的友情。这些友情可以超越国界和文化差异，成为国际友谊的纽带。通过体育，人们能够共享喜悦和挫折，建立起互相信任和尊重的关系。这些国际友谊在推动全球和平与合作方面发挥了积极作用。

国际传播民族传统体育有助于保护和传承文化遗产。许多传统体育项目承载着深刻的文化内涵和历史传统。通过将这些体育传播到国际舞台，人们可以更广泛地认识和欣赏各种文化的独特之处。这有助于保护和传承文化遗产，防止其被遗忘或消失。国际传播民族传统体育有助于构建和谐世界。当不同国家和文化之间的交流和理解增加时，世界变得更加和谐。文化的多样性变成了世界的财富，而不是分裂的根源。国际友谊和合作变得更加容易实现，从而有助于解决全球性挑战，如气候变化和贫困。国际传播民族传统体育是一种强大的文化交流工具，有助于促进不同文化之间的交流与理解，打破文化隔阂，增进国际友谊。通过体育，人们能够建立深厚的友情，保护和传承文化遗产，构建和谐世界。因此，国际传播民族传统体育不仅是一种娱乐活动，更是促进全球文化多样性和和平的重要手段。

（二）旅游与文化产业

传统体育的国际传播具有巨大的潜力，可以在多个方面为国家和地区的发展做出贡献。传统体育作为一种文化传承的重要组成部分，具有独特的吸引力，可以吸引更多的国际游客。这些游客不仅来到目的地，参与观赏传统体育比赛，还会在当地花费金钱，支持旅游业的繁荣。这种游客流量不仅有助于当地经济的增长，还可以提供就业机会，改善当地居民的生活质量。传统体育的国际传播也有助于促进文化产业的发展。传统体育反映了一个国家或地区的历史、价值观和社会结构，因此，它们具有独特的文化价值。国际传播可以使更多的人了解和欣赏这些传统体育，从而增加了其文化影响力。这种影响力可以转化为文化产业的一部分，包括文化衍生品的销售、电影和纪录片的制作，以及相关文化活动的组织。这不仅有助于保护和传承传统文化，还可以创造经济价值，为文化产业的可持续发展提供支持。

传统体育的国际传播也可以促进体育旅游的发展。体育旅游是一种独特的旅游形式，吸引着热爱体育的人们前往不同的国家和地区参与体育活动。传统体育在国际传播过程中，可以成为体育旅游的热门目的地之一。这不仅有助于吸引更多的体育爱好者来到目的地，还可以增加当地的知名度和声誉。体育旅游可以带来大量的游客支出，促进旅游业和相关行业的繁荣，为当地经济做出贡献。传统体育的国际传播还有助于加强国际交流与合作。体育具有跨越国界的力量，可以促使不同国家和地区之间建立联系和合作关系。国际体育赛事和交流活动为各国提供了一个平台，可以共享经验、交流技术和加强友好关系。这种国际合作不仅有助于体育的发展，还可以扩大国际社会的互信和合作领域，从而为和平与发展做出贡献。传统体育的国际传播具有多重潜力，可以吸引更多的国际游客，促进旅游业的发展，成为文化产业的一部分，创造经济价值，并促进国际交流与合作。这种传播不仅有助于保护和传承传统文化，还可以促进经济和社会的可持续发展。因此，国家和地区应积极推动传统体育的国际传播，充分发挥其潜力，为国家和地区的繁荣做出贡献。

（三）体育外交

国际传播民族传统体育是一种有力的外交工具，它不仅可以传递国家文化和价值观，还可以促进国际合作，增进国家间的友好关系。这种体育外交方式有着深远的影响，有助于构建和维护国际社会的和谐与稳定。国际传播民族传统体育有助于增进文化交流。每个国家都有其独特的传统体育项目，这些项目反映了国家的历史、价值观和生活方式。通过将这些传统体育介绍给国际社会，国家可以向世界展示其独特的文化特色。例如，中国的太极拳和印度的瑜伽都是反映东方哲学和生活方式的传统体育项目。通过国际传播这些体育，国家可以传达其文化价值观，加深国际社会对其文化的理解和尊重。国际传播民族传统体育有助于增进国际合作。体育是一种跨越国界的语言，它能够促进不同国家之间的交流和互动。通过参与国际传统体育比赛和交流活动，国家可以与其他国家建立联系，促进体育领域的合作和交流。这种合作不仅有助于提高各国体育水平，还可以加强国际社会的凝聚力。

国际传播民族传统体育可以成为外交政策的一部分，用来改善国家间的关系。通过举办国际体育比赛和赛事，国家可以邀请其他国家参与，这有助于缓解紧张的国际局势，改善国家间的政治关系。例如，国际奥委会的奥林匹克运动会就是一个促进国际友好的典范。这种体育外交方式可以为国际社会的和平与稳定做出贡献。国际传播民族传统体育还有助于增进国际社会的文化多样性。传统体育项目的传播和交流能够丰富国际社会的文化体验，让人们更加了解和欣赏不同国家的文化。这有助于打破文化隔阂，促进文化多样性的保护和传承。国际传播民族传统体育是一种重要的国际体育外交方式。它有助于增进文化交流、促进国际合作、改善国家间的关系，同时也丰富了国际社会的文化多样性。这种体育外交方式不仅有益于个体国家，也有益于整个国际社会的和谐与发展。因此，各国应该积极推动国际传播民族传统体育，以促进全球友好与合作的进程。

二、民族传统体育传播策略和手段

民族传统体育的国际传播需要制定明智的策略和采取有效的手段。可以借助数字化媒体和社交媒体平台，通过在线视频、社交分享和直播等方式，将传统体育赛事和表演传播给全球观众。这样可以扩大传播范围，吸引更多人的兴趣。国际赛事和文化交流活动是重要的传播手段。举办国际传统体育比赛和文化节庆，邀请国际代表团参与，可以将传统体育引入国际舞台，增加其知名度。同时，与其他国家的体育组织建立合作关系，促进传统体育的交流与合作。

专业的传播团队和品牌推广也至关重要。通过聘请专业的传媒公司和品牌策划师，制定有效的传播战略，提高传统体育的形象和知名度。建立品牌形象，制作精美的宣传材料，可以吸引国际媒体和赞助商的关注。国际传播民族传统体育需要综合运用数字媒体、国际赛事、文化交流和专业品牌策划等手段。这样可以将传统体育推广给更广泛的国际受众，促进其在国际舞台上的传播和认可。

(一) 体育赛事和锦标赛

国际性的传统体育赛事和锦标赛是传播的一种重要方式。这些赛事具有巨大的潜力，能够吸引来自世界各地的选手和观众，从而提高传统体育的知名度和影响力。国际传统体育赛事和锦标赛为传统体育提供了一个国际舞台。这些赛事通常吸引来自不同国家和地区的顶尖选手参与，他们展示了各自文化中独特的传统体育项目。通过在国际赛事中竞技，这些选手不仅能够向世界展示自己的技能，还能够传播自己文化的价值观和传统。观众们可以通过观看这些赛事，了解不同文化的传统体育，从而加深对世界文化多样性的理解和尊重。国际传统体育赛事和锦标赛吸引了大量的观众和媒体关注。随着互联网和电视传播的发展，这些赛事可以迅速传播到全球观众。人们可以通过电视转播、网络直播以及社交媒体等渠道观看这些赛事，不仅增加了传统体育的曝光度，还吸引了更多人对传统体育感兴趣。媒体报道和社交媒体讨论也使传统体育赛事成为全球范围内的热门话题，从而进一步推动了传统体育的传播和推广。

国际传统体育赛事和锦标赛有助于传统体育项目的现代化和规范化。为了适应国际赛事的标准和要求，传统体育项目通常需要进行规则和装备的调整，这有助于提高比赛的质量和竞争水平。这些改进也使传统体育更具吸引力，吸引了更多年轻人参与和关注。国际赛事通常与商业合作伙伴合作，引入赞助商和广告投放，为传统体育提供了财政支持，促进了其现代化和发展。国际传统体育赛事和锦标赛有助于促进国际友谊和文化交流。选手和观众来自不同的国家和文化背景，他们在赛场上互相竞争，但同时也建立了友谊和尊重。这种友谊不仅在赛场上可见，还可以在各种文化交流活动中体现出来，如庆祝活动、文化展示和文化交流访问。通过这些互动，人们能够更好地理解和尊重不同文化，促进国际友谊和和谐。国际传统体育赛事和锦标赛是传播传统体育的重要方式，它们为传统体育提供了国际舞台，吸引了观众和媒体关注，推动了现代化和规范化，促进了国际友谊和文化交流。这些赛事不仅提高了传统体育的知名度和影响力，还有助于促进世界各地文化之间的交流与理解，从而丰富了全球体育和文化的多样性。

（二）媒体宣传

借助多样的媒体平台，如电视、互联网和社交媒体，传递传统体育的精彩瞬间和故事，能够在全球范围内吸引更多的国际关注。这一过程不仅推动了传统体育的普及，还促进了文化交流和国际合作，为体育产业和相关经济带来了新的机遇。电视作为传媒平台的传统代表，一直以来在传播传统体育方面发挥了关键作用。通过电视转播，观众可以实时观看体育赛事，感受到激烈的比拼和激情的瞬间。这不仅为体育粉丝提供了全面的观赏体验，也为广告商提供了广阔的宣传机会。各种传统体育赛事，如马术、拳击和摔跤，都可以在电视上得到广泛传播，吸引了众多观众的关注。通过电视传播，传统体育的知名度和吸引力得以提升，国际观众也能够更容易地了解和欣赏这些体育项目。

互联网则为传统体育的传播提供了新的机会和挑战。在互联网上，观众可以随时随地通过在线直播、视频分享平台和体育网站获取有关传统体育的信息和内容。这种便捷性为更多人提供了参与和了解传统体育的机会。同时，社交媒体的兴起也为传播传统体育提供了有力工具。人们可以通过社交媒体平台分享自己的体育体验，讨论赛事结果，与其他体育爱好者互动。这种互动不仅扩大了传统体育的社群，也为体育赛事的宣传和推广提供了有效的渠道。通过互联网和社交媒体，传统体育可以实现更广泛的国际传播，吸引全球观众的兴趣。传播传统体育的精彩瞬间和故事还有助于弘扬文化和传统价值观。许多传统体育项目都深深扎根于特定文化和社会背景中，传递着独特的历史和价值观。通过媒体平台传播这些瞬间和故事，可以增加人们对不同文化的了解和尊重。观众可以更深入地了解传统体育的起源、意义和传承方式，从而更好地欣赏这些体育项目。传媒平台的传播也有助于跨文化交流和互动，促进国际合作和友谊。

传播传统体育还可以为体育产业和相关经济带来巨大的机遇。体育产业已经成为全球经济的一个重要组成部分，包括体育装备制造、赛事组织、广告和媒体传播等领域。通过媒体平台传播传统体育，可以扩大体育产业的市场规模，吸引更多的投资和赞助。这不仅有助于体育产业的增长，还为相关产业带来了商机，如餐饮、旅游和零售等。传统体育的国际传播为经济发展提供了新的动力，创造了就业机会和财富。利用电视、互联网和社交媒体等各种媒体平台传播传统体育的精彩瞬间和故事，不仅可以吸引更多的国际关注，还有助于文化传承、国际交流和经济发展。这种传播不仅满足了体育爱好者的需求，也为体育产业和相关产业带来了新的机遇和增长潜力。因此，各国应积极借助媒体平台，推动传统体育的国际传播，促进文化多样性和经济繁荣。

（三）体育外交和文化交流

国际体育外交与文化交流项目是传统体育在国际舞台上扩展影响力的重要途径。这两个方面的努力相辅相成，共同促进了传统体育的传播和国际合作。通过文化交流活动和国际合作项目，传统体育不仅可以在全球范围内获得更多的关注，还可以为不同国家和文化之间建立持久的联系，推动国际社会的和谐与合作。文化交流活动是传统体育扩展影响力的重要手段之一。这些活动包括体育赛事、表演、工作坊和文化展览等。通过这些活动，人们可以深入了解传统体育的背后文化，体验不同国家的传统。这不仅有助于传统体育在国际舞台上建立声誉，还可以促进文化多样性的保护和传承。例如，国际传统武术大赛不仅是一项竞技赛事，还是一次文化盛宴，吸引了来自世界各地的选手和观众，促进了不同文化之间的交流与理解。

国际合作项目也是传统体育扩展影响力的关键因素。这些项目可以包括国际合作研究、培训交流、教育合作等多种形式。通过国际合作，不同国家可以共同探讨传统体育的发展和传承，分享最佳实践，提高各自的体育水平。这有助于传统体育在国际舞台上建立更广泛的影响力。例如，不同国家的传统摔跤协会可以开展技术交流，改进训练方法，提高选手水平，从而在国际摔跤赛事中取得更好的成绩。国际体育外交和文化交流项目还可以促进国际合作与友好关系的建立。通过共同参与体育赛事和文化交流活动，不同国家之间建立了联系和纽带。这种联系有助于改善国家间的政治和经济关系，增进互信与友好。例如，国际足球比赛是一个国际体育外交的经典范例，各国之间因为共同热爱足球而建立了深厚的友谊，这种友谊可以在其他领域的国际合作中发挥积极作用。国际体育外交和文化交流项目有助于传统体育的传承和保护。传统体育往往承载着国家和文化的独特精神，但面临着现代化和商业化的挑战。通过国际合作项目，不同国家可以共同制定保护传统体育的政策和措施，确保其传承和发展。这有助于保护文化遗产，传承传统体育的价值观和技艺。国际体育外交和文化交流项目是传统体育在国际舞台上扩展影响力的重要途径。通过这些努力，传统体育可以在全球范围内获得更多的认可和关注，促进文化多样性的传承，建立国际友好关系，同时也为传统体育的保护和发展提供了坚实的基础。这种综合性的国际合作有助于促进国际社会的和谐与稳定，为未来的体育外交和文化交流项目铺平了道路。

三、民族传统体育面临的挑战与机遇

民族传统体育在国际传播中面临着一系列挑战与机遇。挑战之一是文化差异，不同国家和地区有各自的文化和体育传统，需要克服语言和文化障碍。竞争激烈，国际体育舞台上有众多的竞争者，需要制定精准的传播策略。同时，知识产权和文化敏感性问题也是挑战，需要谨慎处理。国际传播也带来了巨大的机遇。互联网和社交媒体为传播提供了广泛的平台，可以实现全球范围内的推广。国际赛事和文化交流活动可以提高知名度，吸引国际观众和合作伙伴。传统体育强调文化认同和多样性，与全球文化多元性的趋势相契合，具有吸引力。面对挑战，需要制定适应国际市场的传播策略，提高文化敏感性，确保知识产权保护。同时，应充分利用互联网和社交媒体，开展国际合作和文化交流，以实现国际传播的机遇，促进民族传统体育的全球传播与认可。

（一）传统与现代的平衡

在国际传播过程中，平衡传统价值观和现代需求是至关重要的。传统体育在国际舞台上的呈现应该兼顾文化保护和现代娱乐需求，这不仅有助于传统体育的传承与发展，也能满足现代社会对多样性、娱乐和互动的需求。传统体育的国际传播需要尊重和保护文化传统。传统体育通常承载着深厚的历史和文化内涵，它们是某个民族或社群的独特表现形式。在国际传播过程中，必须尊重和保护这些传统，避免过度商业化和外来文化的侵入。维护传统体育的纯正性是保护文化遗产的一部分，这需要国际体育界、媒体和赞助商的共同努力，确保传统体育项目的核心价值得以传承和弘扬。

传统体育的国际传播也需要考虑现代娱乐需求。现代社会对体育的期望已经发生了变化，观众追求更高水平的娱乐性和互动性。因此，传统体育在国际舞台上的呈现需要适应这些需求，以吸引更广泛的观众。这可以通过增加比赛的视觉吸引力、引入现代技术、改进赛事规则以增加悬念等方式来实现。在保留传统体育本质的同时，让传统体育变得更加吸引人对于传播和发展至关重要。国际传播还需要考虑文化的相互影响。传统体育在国际舞台上与其他文化相互接触，这种文化交流可以丰富传统体育项目，使其更具多样性和包容性。传统体育项目可以从其他文化中汲取灵感，融合不同元素，创造出更具吸引力的赛事。同时，传统体育也可以向其他文化传播自己的价值观和传统，促进文化交流和理解。国际传播需要关注可持续性发展。在满足现代娱乐需求的同时，需要确保传统体育的可持续性发展。这包括保护自然资源、维护传统体育项目的原汁原味，以及关注社会责任。国际传播应该倡导可持续的体育发展，将文化保护与环境保护、社会责任相结合，以确保传统体育的传承和发展不受到破坏。

国际传播传统体育需要强调教育和推广。为了平衡传统价值观和现代需求，需要教育观众和参与者，让他们更好地理解传统体育的意义和价值。推广活动可以通过学校、社区和媒体进行，以提高人们对传统体育的认知和兴趣。这有助于传统体育的传承和发展，同时也满足现代娱乐需求。平衡传统价值观和现代需求是传统体育国际传播的关键。尊重文化传统、满足现代娱乐需求、促进文化交流、可持续发展和教育推广都是实现这一平衡的重要因素。只有在平衡中，传统体育才能在国际舞台上得到传承和发展，同时满足现代社会的期望和需求。

（二）文化认同

国际传播民族传统体育，虽然具有广阔的潜力，但也可能面临文化认同的挑战。由于不同国家和地区的文化背景和体验不同，一些人可能对这些活动感到陌生或不理解。为了克服这些挑战，必须积极开展文化教育和宣传工作，以促进人们对民族传统体育的认同和理解。文化教育在传播民族传统体育中具有关键作用。通过教育，人们可以了解传统体育的历史、背景和文化价值。学校、大学和文化机构可以开设相关课程，教授民族传统体育的起源、规则和重要性。这有助于年轻一代更好地理解和欣赏传统体育，从而培养对这些活动的兴趣和热爱。文化教育还可以促进不同文化之间的相互尊重和理解，降低文化冲突的可能性。宣传工作也是传播民族传统体育的重要手段。通过各种媒体渠道，如电视、互联网和社交媒体，可以将民族传统体育的精彩瞬间和故事传播给全球观众。宣传活动可以包括体育比赛的直播、体育纪录片的制作和相关新闻报道。通过这些宣传活动，观众可以亲身体验传统体育的魅力，了解其独特之处。社交媒体平台也可以成为民族传统体育的爱好者互相分享体验和见解的场所，进一步扩大传播的范围。

文化教育和宣传工作也需要强调传统体育与文化传承的紧密联系。民族传统体育不仅仅是一种体育活动，更是文化的一部分。通过突出传统体育与文化之间的关联，可以增加人们对这些活动的尊重和认同。文化教育可以强调传统体育在社会仪式、节庆和庆典中的角色，以及它们在历史和传统价值观中的重要性。这有助于将传统体育置于更广泛的文化背景中，使其更具吸引力和影响力。国际传播民族传统体育需要考虑多样性和包容性。不同文化之间存在差异，传统体育的传播需要尊重和体现这些差异。它们应该被呈现为多元文化世界的一部分，而不是试图主导或替代其他文化。通过包容性的宣传和教育，可以建立一个促进文化多样性和互相理解的环境。国际合作也是克服文化认同挑战的重要手段。不同国家和地区可以共同合作，举办国际传统体育赛事、文化交流活动和合作项目。这有助于促进传统体育的跨文化传播和理解，加强国际社区的联系。通过国际合作，可以共同努力，推动民族传统体育在全球范围内得到更广泛的认可和欣赏。国际传播民族传统体育是一项具有重要文化和社会价值的工作。尽管可能面临文化认同的挑战，但通过文化教育、宣传工作、强调文化传承的重要性、多样性和包容性以及国际合作，可以克服这些挑战，促进人们对传统体育的认同和理解，实现跨文化交流和合作的目标。这将有助于推动传统体育的国际传播，促进文化多样性和国际友谊的发展。

（三）组织和管理

国际传播的成功离不开良好的组织和管理，这涵盖了赛事组织、媒体合作、外交关系等多个方面。为了有效地开展国际传播，国家需要建立专业团队来处理国际事务。赛事组织是国际传播的核心部分之一。国际体育比赛和赛事是吸引国际关注的重要平台，它们需要精心策划和组织。赛事组织涉及场馆选择、赛程安排、裁判和安全等多个方面的工作。专业的团队可以确保比赛顺利进行，同时也提供了一个展示国家形象和文化的机会。这些团队需要有经验丰富的人员，他们能够处理各种复杂的问题，确保比赛的成功举办。

媒体合作是国际传播的重要组成部分。媒体是信息传播的关键渠道，国际传播需要积极与媒体进行合作。这包括与电视、广播、印刷媒体和数字媒体等各种媒体渠道的合作。专业团队可以协助国家与媒体建立合作关系，制定媒体计划，确保国际传播的广泛覆盖。团队还需要处理媒体的需求和关切，确保信息的准确传达。外交关系也是国际传播的重要组成部分。国际传播往往涉及与其他国家和国际组织的合作和协商。专业团队可以处理外交事务，与外国政府和国际体育组织建立联系，促进合作和交流。这包括签署合作协议、安排外交活动和解决潜在的纷争。一个专业的外交团队可以有效地推动国际传播的进展，确保国家形象的维护和提升。

专业团队还可以处理国际传播的战略规划和执行。他们可以制定国际传播的长期和短期战略，确保传播目标的实现。这包括市场分析、竞争对手分析、目标受众分析等工作。团队需要不断评估和调整策略，以应对不断变化的国际环境。专业团队还可以处理国际传播的预算和资源管理。国际传播通常需要大量的资金和资源，包括赛事组织的费用、媒体合作的费用、外交活动的费用等。团队需要有效地管理预算，确保资金分配合理，不浪费资源，同时也要确保项目的财务透明和合规性。国际传播需要良好的组织和管理，包括赛事组织、媒体合作、外交关系等多个方面。为了成功开展国际传播，国家需要建立专业团队来处理国际事务，这些团队需要具备丰富的经验和专业知识，能够应对各种复杂的挑战和问题。

只有通过专业的组织和管理，国际传播才能顺利进行，为国家形象的传播和国际合作的推动提供有力支持。

第二节 民族传统体育的国际比赛与赛事

民族传统体育的国际比赛和赛事在近年来得到了不断发展和推广。这些活动不仅展示了各个国家和民族独特的传统体育项目，还促进了国际交流和文化交流的深入。国际传统体育比赛不仅仅是一场竞技，更是一次文化的盛宴。各国代表团带着自己的传统体育项目和文化元素参加比赛，这使得比赛成为一个跨文化的交流平台。观众和运动员可以互相学习，了解不同国家和民族的文化背景和历史传承。这些国际赛事有助于传统体育项目的传承和发展。它们提供了一个机会，让这些项目在国际舞台上得到展示和认可。运动员可以通过参加国际比赛提高自己的水平，并吸引更多人参与到传统体育运动中来。

国际传统体育比赛还促进了友好和合作关系的建立。各国代表团之间的互动和竞争有助于加强国际间的友谊，打破了国界，促进了和平与合作。这些比赛也有助于促进民族传统体育项目的商业化和推广[①]。各种商业合作和赞助活动可以提高传统体育项目的知名度，吸引更多的观众和赞助商参与。国际传统体育比赛和赛事在促进国际文化交流、传承和发展传统体育项目、建立友好关系以及推广商业化方面发挥了重要作用。这些活动丰富了世界体育文化的多样性，使传统体育项目在国际舞台上焕发出新的活力。

一、国际比赛和赛事的组织与管理

国际比赛和赛事的组织与管理是推动体育发展和促进国际体育合作的关键因素。这些活动不仅仅是竞技和表演的平台，还在国际交流和合作中发挥着重要作用。国际比赛和赛事促进了体育的全球传播。它们吸引了来自不同国家和地区的运动员和观众，将体育的魅力传播到世界各地。通过电视直播、互联网和社交媒体，国际赛事能够触及数百万人，将体育文化传播得更远。这些活动促进了国际体育合作。国际比赛和赛事为不同国家的运动员提供了交流和竞争的机会，有助于加深相互了解和友谊。国际体育组织通过协调、管理和裁判等方式，确保比赛的公平和规范，促进了体育的国际合作。

---

① 张乐.新时代高校民族传统体育的传承与发展研究——以健身气功为例［J］.当代体育科技，2023，13（33）：124—127.

国际比赛和赛事也创造了商业机会。各种体育赛事吸引了赞助商、广告商和媒体公司的投入，形成了庞大的体育产业链。这有助于促进经济发展，提高国际体育的商业价值。国际比赛和赛事的组织与管理对于体育发展和国际合作至关重要。它们通过传播体育文化、促进友谊和合作以及创造商业机会，为体育界带来了多重好处。这些活动不仅仅是体育的竞技场，也是国际社会的交流平台，推动了全球体育的繁荣和发展。

（一）赛事组织

国际比赛和赛事的成功与否往往取决于其良好的组织和管理。各方面的细节都必须仔细策划和协调，以确保比赛顺利进行，运动员和观众都能够享受到良好的体验以下是一些关键方面，包括场馆租赁、裁判员安排、安全措施、时间表制定等，对于成功的国际比赛和赛事至关重要。场馆租赁是国际比赛和赛事的基础。选择合适的场地是至关重要的，它必须满足比赛要求，包括场地大小、设施设备、观众容纳能力等。租赁场馆时，需要与场地管理方达成合同，明确租赁期限、费用、设备维护和清洁等细节。考虑到国际比赛的规模和重要性，还需要确保场馆在安全、便利性和无障碍性方面达到标准。

裁判员的安排是确保比赛公正性和顺利进行的关键。裁判员必须具备专业知识和经验，能够正确判断比赛中出现的各种情况，并严格遵守规则和标准。组织者需要与裁判员建立联系，提前确定其参与比赛的安排和费用。还需要提供培训和支持，以确保裁判员在比赛中表现出色，能够应对压力和争议。安全措施是国际比赛和赛事的不可或缺的一部分。保障运动员、观众和工作人员的安全是首要任务。这包括制定紧急情况应对计划、医疗救援团队的安排、场地安全检查和安全设备的提供。安全措施也包括预防性措施，如防火安全、食品安全、饮用水供应等。组织者必须确保所有安全措施得以落实，并在比赛期间进行监督和评估。

时间表制定是国际比赛和赛事的关键。比赛的时间表必须详细制定，包括比赛日期、时间、地点以及相关活动的安排。这需要考虑到运动员的需求，包括休息时间、训练时间和恢复时间。时间表的合理安排可以确保比赛流程紧凑有序，避免时间冲突和延误。组织者还需要考虑观众体验。观众是国际比赛和赛事的重要参与者，他们的满意度对于比赛的成功至关重要。观众服务包括提供便利的交通、停车设施、餐饮和商店，以满足观众的需求。还可以通过活动和娱乐节目丰富观众的体验，使他们在比赛中度过愉快的时光。

国际比赛和赛事的推广和宣传也是成功的关键因素。通过广告、社交媒体、新闻发布会和合作伙伴推广，可以吸引更多观众和赞助商的关注。宣传活动还可以提高比赛的知名度，吸引更多国际选手参与，提升比赛的影响力。国际比赛和赛事的成功需要细致的组织和管理。场馆租赁、裁判员安排、安全措施、时间表制定、观众体验和宣传等方面都需要精心策划和协调。只有在这些方面取得平衡和顺利执行，国际比赛和赛事才能取得成功，为运动员和观众提供难忘的体验。

（二）资金和赞助

国际赛事的成功举办通常需要大量的资金支持。这些资金用于各种方面，包括场地租赁、设备采购、赛事组织、安全保障、宣传推广等多个方面。为了确保赛事的顺利进行，组织者需要积极寻找赞助商和合作伙伴，以满足资金需求并确保赛事的高水平举办。赞助商的角色在国际赛事中至关重要。赞助商通常是大型企业或组织，他们愿意提供资金支持，以便在赛事上获得广告和品牌曝光。赞助商的资金可以用于支付赛事的各种成本，例如赛场租赁、队伍的食宿、奖金和奖品的提供等。在回报方面，赞助商通常会在赛事期间获得广告展示的机会，这可以包括广告牌、官方赞助商的宣传活动以及在线直播中的广告插播。这种曝光可以增强赞助商的品牌知名度，吸引更多的客户和合作伙伴。因此，赞助商对于国际赛事的资金支持是不可或缺的。

合作伙伴的参与也是国际赛事的重要组成部分。合作伙伴可以是其他体育组织、媒体机构、政府部门或地方社区。他们可以提供各种形式的支持，包括赛事策划、场地提供、营销宣传、安全保障和志愿者服务等。合作伙伴的参与不仅可以减轻组织者的负担，还可以提高赛事的品质和可持续性。例如，合作伙伴可以协助组织者扩大赛事的影响力，吸引更多的观众和参与者，从而增加了赞助商的兴趣。政府部门和地方社区的支持也可以提供赛事所需的基础设施和安全保障，确保赛事的顺利进行。

国际赛事还可以通过门票销售、广告收入和转播权费用等方式筹集资金。门票销售是一种常见的筹资方式，观众通过购买门票来观看比赛。广告收入可以通过在赛事现场、电视转播和网络直播中放置广告来获得。将赛事转播权授权给电视台和在线媒体，可以获得可观的转播权费用。这些筹资方式可以在一定程度上减轻赞助商和合作伙伴的负担，但通常需要与其他筹资方式相结合，以满足赛事的全部资金需求。赞助商和合作伙伴的选择也需要谨慎考虑。组织者通常会和与赛事主题相关的赞助商和合作伙伴合作，以确保他们对赛事有兴趣并能够提供有价值的支持。例如，一项国际足球比赛可能会与体育品牌、运动装备制造商和体育媒体公司合作。这种关联性有助于提高合作的成功率，并确保合作伙伴的资金和资源得以最大化利用。

透明的财务管理也是确保国际赛事成功的关键因素。组织者需要建立健全的财务体系，确保资金的使用合法合规，同时对赞助商和合作伙伴提供透明的财务报告。这有助于建立信任，使赞助商和合作伙伴更愿意继续支持赛事，并吸引更多的资金支持。国际赛事的顺利举办需要大量的资金支持，赞助商和合作伙伴的积极参与是不可或缺的。通过与相关赞助商和合作伙伴合作，组织者可以筹集足够的资金，并获得各种形式的支持，以确保赛事的高水平举办。同时，透明的财务管理和合适的筹资方式也是确保国际赛事成功的重要因素。通过这些努力，国际赛事可以获得成功，为运动界和观众带来精彩的体育盛事。

（三）赛事宣传

成功的宣传是吸引观众和媒体关注的至关重要的关键。在现代社会，社交媒体、新闻发布会和广告等方式已经成为有效推广赛事给国际观众的主要途径。这些渠道提供了广泛的传播平台，可以帮助赛事吸引更多的目光，增加关注度，提高知名度，同时也为赞助商和合作伙伴提供了更多的机会，从而共同推动国际体育赛事的成功。社交媒体是宣传国际体育赛事的强大工具。随着互联网的普及，社交媒体已经成为人们获取信息和互动的主要平台之一。通过在社交媒体上发布有吸引力的内容，如赛事预告、选手介绍、精彩瞬间、幕后故事等，可以迅速吸引观众的关注。社交媒体还可以通过互动和分享功能，将赛事消息传播到更广泛的受众中。通过合理的社交媒体策略，赛事可以与观众建立更紧密的联系，激发他们的兴趣，鼓励他们参与赛事讨论，从而增加观众的粘性和忠诚度。

新闻发布会是宣传国际体育赛事的传统方式，但在数字化时代仍然非常重要。新闻发布会为赛事组织者提供了与媒体互动的机会，可以在正式发布赛事信息前与媒体分享重要细节和故事。这有助于媒体提前准备相关报道，同时也为媒体提供了与赛事相关人员和选手进行面对面采访的机会。通过策划精心的新闻发布会，赛事组织者可以确保媒体对赛事有充分的了解，提前为赛事做宣传，吸引更多的媒体报道和关注。广告也是宣传国际体育赛事的重要手段之一。广告可以通过多种媒体平台传播，包括电视、广播、互联网和户外广告等。通过巧妙的广告策略，赛事可以引起潜在观众的兴趣，促使他们购买门票或观看直播。广告还可以吸引赞助商和合作伙伴，为赛事提供资金支持，并在广告中进行品牌推广。这种双赢的合作关系可以帮助赛事获得更多的资源，提高知名度和财务稳定性。

国际体育赛事还可以通过合作伙伴关系来宣传。合作伙伴可以是赞助商、电视网络、新闻媒体或其他体育组织。通过与合作伙伴合作，赛事可以共享资源，扩大宣传渠道，将赛事信息传播到更广泛的观众中。合作伙伴还可以提供专业的宣传和营销支持，帮助赛事达到更高的曝光率和影响力。宣传国际体育赛事需要具备创新和创意的思维。在竞争激烈的体育市场中，吸引观众和媒体的注意力需要更多的创新和独特性。这可以包括推出创新的互动体验、举办有趣的宣传活动、利用虚拟现实和增强现实技术等。只有不断追求创新，赛事才能在国际舞台上脱颖而出，引起观众和媒体的浓厚兴趣。

宣传国际体育赛事是确保其成功的关键要素。通过社交媒体、新闻发布会、广告和合作伙伴关系等方式，赛事可以将自己推广给国际观众，吸引更多的媒体报道和关注。这不仅有助于提高赛事的知名度和影响力，还为赛事的长期发展和可持续性提供了重要支持。因此，宣传工作应该被视为国际体育赛事成功的不可或缺的一部分。

二、民族传统体育成功案例与国际体育组织

世界各地存在着成功的案例，证明了国际体育组织在促进民族传统体育的传播和认可方面发挥了关键作用。这些案例显示，国际体育组织通过多种方式支持和推广传统体育。国际体育组织与国际赛事有关。举例来说，国际奥林匹克委员会（IOC）通过奥运会等国际赛事，为传统体育提供了国际舞台。例如，武术和柔道等传统体育项目已经成为奥运会的一部分，增加了其全球知名度。国际体育组织鼓励文化交流。UNESCO等国际组织支持了世界无形文化遗产的保护与传承。这包括传统体育，如摔跤、射箭和跆拳道等。通过这些国际组织的倡导，传统体育在国际文化交流中得到了推广和保护。

国际体育组织促进了国际合作。例如，国际柔道联合会（IJF）与各国柔道协会合作，举办国际比赛和培训，加强了柔道的国际传播。这种合作有助于传统体育在国际舞台上扩大影响力。成功的案例表明国际体育组织在传统体育的推广和传播中发挥着积极作用。通过国际赛事、文化交流和国际合作，这些组织为传统体育提供了国际认可和支持，有助于维护和传承这一重要的文化遗产。

（一）成功的国际传统体育赛事

国际传统体育赛事是世界范围内的体育盛会，吸引了来自不同国家和地区的运动员和观众，展示了各种传统体育项目的魅力。以下是一些成功的国际传统体育赛事，包括高山滑雪、马球、划船等，它们的经验可以提供启发和参考，促进传统体育的传承和发展。高山滑雪赛事是冬季运动中的一项传统项目，已经在国际舞台上取得了巨大成功。例如，国际高山滑雪联合会（FIS）主办的世界高山滑雪锦标赛就是一项备受瞩目的赛事。这个赛事汇集了来自各国的顶尖高山滑雪选手，他们在世界各地的高山滑雪胜地竞争，展示了高水平的滑雪技巧。成功的经验之一是，赛事的组织者充分利用现代科技，确保赛事的直播和社交媒体传播，吸引了全球观众。同时，保护高山滑雪赛事的传统，如比赛规则和装备，也是其成功的关键。

马球是一项历史悠久的传统体育，已经成功地在国际舞台上发展起来。例如，美国开普顿国际马球锦标赛是世界上最古老和最著名的马球比赛之一。这个赛事每年吸引了来自不同国家的马球选手和观众，他们在草地上进行激烈的比赛，展示了出色的马术技能。赛事组织者充分挖掘了马球比赛的社交和娱乐价值，将比赛与社交活动和慈善筹款相结合，吸引了更多参与者和赞助商。维护比赛的传统规则和文化也是保持其成功的关键。划船比赛是水上传统体育的代表之一，也在国际舞台上取得了成功。例如，剑桥大学与牛津大学之间的划船比赛，即著名的牛津剑桥大学划船比赛，吸引了来自全球的观众。这项赛事追溯到19世纪，每年吸引了大批选手和观众，他们在泰晤士河上进行激烈的划船比赛。赛事的传统性被严格保留，比赛规则和赛道没有发生根本性的改变。同时，赛事的推广和宣传也取得了显著成功，使其成为一项备受瞩目的体育盛会。

国际传统体育赛事的成功还依赖于国际组织和协作。例如，国际高山滑雪联合会、国际马球协会和国际划船联合会等国际体育组织，起到了协调和推动传统体育的作用。这些组织通过制定统一的规则和标准，促进了传统体育项目的国际传播和比赛的组织。国际体育组织还在国际舞台上推广传统体育，与各种国际体育媒体和赞助商合作，提高了传统体育的知名度和影响力。国际传统体育赛事的成功还需要关注观众体验。观众是比赛的重要组成部分，他们的满意度对于比赛的成功至关重要。因此，赛事组织者需要提供便利的观众服务，如交通安排、食品和饮料供应、娱乐节目和商店等。通过满足观众的需求，传统体育赛事可以吸引更多的观众，提升其吸引力和影响力。国际传统体育赛事如高山滑雪、马球、划船等在世界范围内取得了成功，其经验可以为其他传统体育项目提供启发和参考。成功的关键包括维护传统规则和文化、充分利用现代科技和社交媒体、保护体育项目的传统性、注重观众体验以及国际组织和协作等。通过这些努力，传统体育可以在国际舞台上继续繁荣发展，吸引更多人参与和欣赏。

（二）　国际体育组织

国际体育组织在国际传统体育比赛和赛事的推广和管理方面发挥着重要作用。这些组织不仅促进了传统体育的传承和传播，还为各种传统体育比赛提供了国际舞台，推动了跨文化交流和体育发展。

1.国际奥林匹克委员会（International Olympic Committee，IOC）

国际奥委会是全球最有影响力的体育组织之一，致力于推广和管理奥林匹克运动及相关传统体育比赛。奥林匹克运动的核心理念是友谊、尊重和卓越，这与国际奥委会的使命密切相关。国际奥委会通过举办夏季和冬季奥运会等大型体育赛事，为传统体育项目提供了国际舞台，鼓励各国参与传统体育的推广和传承。

国际奥委会还支持传统体育项目的发展，鼓励各国加入奥林匹克大家庭，从而促进了体育多样性和国际友谊。

2.国际传统体育与游戏协会（International Association of Traditional Sports and Games，AITSG）

AITSG是专门致力于传统体育与游戏的国际性组织，旨在推动和保护传统体育与游戏的传承和发展。该协会通过组织国际比赛、研究、培训和教育活动，促进了传统体育项目的全球传播。AITSG还与各国政府和非政府组织合作，制定政策和计划，以确保传统体育在教育体制和社会中得到应有的重视。该组织在推广和管理传统体育方面发挥了关键作用。

3.亚洲传统体育与游戏协会（Asian Traditional Sports and Games Association，ATSGA）

亚洲传统体育与游戏协会是亚洲地区的体育组织，致力于促进亚洲传统体育与游戏的传承和发展。亚洲地区拥有丰富多彩的传统体育文化，ATSGA通过举办亚洲传统体育与游戏大会等活动，为亚洲各国提供了交流与合作的机会，推动了亚洲传统体育的传播。该组织还与国际奥委会合作，将亚洲传统体育与游戏纳入奥运会的节目中，提高了这些项目的国际影响力。

4.国际无形文化遗产组织（United Nations Educational, Scientific and Cultural Organization，UNESCO）

虽然不是专门的体育组织，但UNESCO在传统体育的保护和传承方面发挥了重要作用。UNESCO通过制定文化政策和国际公约，鼓励各国加强对传统体育的保护和传承。UNESCO的文化遗产列表中包括了许多传统体育项目，如空手道、太极拳等。这些项目得到了国际认可和保护，有助于传统体育的传播和发展。

5.国际传统射箭联合会（International Traditional Archery Federation，ITAF）

ITAF是专门致力于传统射箭的国际性组织。射箭是许多文化中的传统体育项目之一，ITAF通过组织国际比赛、培训和研究活动，推动了传统射箭的传承和发展。该组织还与其他国际体育组织合作，将传统射箭纳入国际体育赛事，提高了这一项目的国际知名度。国际体育组织在国际传统体育比赛和赛事的推广和管理方面发挥着关键作用。它们通过举办国际赛事、制定政策、提供资源和合作交流，促进了传统体育项目的传承和传播。这些组织在跨文化交流、体育多样性和国际友谊的促进方面发挥了积极作用，为体育界和全球社会带来了重要的贡献。

第三节　民族传统体育与国际体育组织的合作

民族传统体育与国际体育组织的合作是促进文化交流、增进全球理解和推动体育的多元化发展的重要因素。这种合作产生了许多积极的影响。合作促进了文化多样性的传播。国际体育组织为各种民族传统体育提供了国际平台，使这些体育活动可以在全球范围内被认可和推广。这有助于不同文化之间的交流，加深了人们对其他文化的理解和尊重。合作推动了传统体育的现代化和规范化。国际体育组织可以提供专业知识和资源，帮助民族传统体育变得更加规范化和专业化。这有助于提高传统体育的竞争力，并吸引更多的参与者和观众。合作也有助于民族传统体育在国际比赛中的参与和竞争。通过与国际体育组织的合作，民族传统体育可以获得国际认可和支持，成为国际体育赛事的一部分。这为传统体育选手提供了机会，能够在国际舞台上展示他们的技能和文化。合作可以帮助保护和传承民族传统体育。国际体育组织可以提供资源和支持，帮助民族传统体育在风险和威胁下得以保存和传承。这有助于维护文化遗产，使其不会因时间的推移而失去。民族传统体育与国际体育组织的合作是一种双赢的合作模式。它促进了文化多样性的传播，推动了传统体育的现代化和国际化，为传统体育提供了更广阔的发展机会，同时也有助于文化的传承和保护[①]。这种合作强调了体育与文化之间的紧密联系，丰富了全球体育的多元性。

一、民族传统体育与国际体育合作的意义和价值

合作在民族传统体育与国际体育组织之间具有重要的意义和价值。合作有助于传统体育的传播和认可。国际体育组织拥有广泛的国际影响力和资源，能够帮助传统体育走向国际舞台，增加其知名度和影响力。合作促进了传统体育的发展和创新。通过与国际体育组织的合作，传统体育可以获得专业的培训、技术支持和资源投入。这有助于传统体育项目的提升和发展，推动其在国际竞技中竞争力的提高。

合作也带来了文化交流和理解。通过参与国际体育赛事和交流活动，不同文化背景的运动员和观众可以相互学习和交流，增进相互理解和友谊。这有助于促进全球文化多样性的尊重和保护。合作对于民族传统体育与国际体育组织之间具有深远的意义和价值。它有助于传统体育的传播、发展和创新，推动了文化交流和理解。通过合作，传统体育不仅能够在国际舞台上获得认可，还能够为国际体育组织带来新鲜的文化和竞技元素，实现双赢。

---

① 吴燕，冯胜刚，张元章.少数民族特色村寨传统体育文化与旅游融合发展研究——以贵州省为例［J］.体育文化导刊，2023，（11）：88—94+109.

（一）传统体育的国际认可

与国际体育组织合作对于民族传统体育获得国际认可至关重要。这种合作不仅有助于提升传统体育在国际体育界的地位和影响力，还有助于保护和传承传统体育项目，促进文化交流和理解。

说明为什么与国际体育组织的合作对于民族传统体育的国际认可至关重要。国际体育组织具有权威性和专业性。这些组织通常由专业的体育管理人员和专家组成，他们拥有丰富的经验和知识，了解国际体育界的运作机制和标准。与这些组织合作可以帮助民族传统体育项目更好地理解国际体育界的要求和期望，以便适应国际舞台。国际体育组织的专业性和权威性也有助于提高传统体育项目的信誉和可信度。

国际体育组织可以为民族传统体育提供国际平台。通过与国际体育组织合作，传统体育项目可以获得参加国际赛事和锦标赛的机会。这不仅有助于传统体育项目的传播和推广，还可以吸引更多国际观众和媒体的关注。国际平台也为传统体育项目的运动员提供了展示自己技能和竞技水平的机会，从而提高了他们的声誉和职业前景。国际体育组织可以为传统体育项目提供专业支持和资源。这包括培训、设备、赛事组织和推广等方面的支持。国际体育组织通常拥有丰富的资源，可以帮助传统体育项目提高自身的管理和组织水平，从而更好地应对国际比赛的需求。国际体育组织还可以提供财政支持，帮助传统体育项目的发展和现代化。

国际体育组织可以促进文化交流和理解。传统体育项目通常承载着深刻的文化内涵和历史传统。通过与国际体育组织合作，传统体育项目可以向世界展示自己的文化价值和传统。这有助于人们更好地理解和尊重不同文化，促进国际友谊和和谐。国际体育赛事也为不同国家和文化背景的运动员和观众提供了交流和互动的机会，加深了跨文化的理解和尊重。与国际体育组织合作有助于保护和传承传统体育项目。国际体育组织通常制定和执行体育规则和标准，这有助于保护传统体育项目的纯正性和传统性。与这些组织合作可以确保传统体育项目在国际比赛中得到公平和公正的对待，同时也有助于传承和发展传统体育项目。国际体育组织还可以帮助传统体育项目建立国际标准和规则，提高其在国际体育界的地位和可持续性。与国际体育组织合作对于民族传统体育的国际认可至关重要。这种合作可以提供专业性和权威性的支持，为传统体育项目提供国际平台，提供专业支持和资源，促进文化交流和理解，保护和传承传统体育项目。通过与国际体育组织的合作，民族传统体育可以在国际舞台上获得更多的机会和资源，提升其在国际体育界的地位和影响力。

（二）专业支持和资源

国际体育组织在传统体育的发展和传承过程中，发挥着至关重要的作用。它们不仅可以提供专业支持和资源，还能够促进传统体育项目的全球传播，推动文化多样性和国际友谊的发展。国际体育组织具备丰富的赛事组织经验。这些组织在世界范围内举办各种体育赛事，积累了丰富的组织和管理经验。对于传统体育项目而言，这种经验尤为宝贵。传统体育可能面临一系列特殊的挑战，如场地要求、规则制定、裁判培训等，国际体育组织可以提供指导和建议，帮助传统体育项目顺利举办比赛。他们的经验还包括如何吸引观众、提高赛事的吸引力，以及有效地宣传和推广传统体育。因此，国际体育组织的专业支持在传统体育的发展中不可或缺。

国际体育组织可以提供资金支持。传统体育项目的发展通常需要大量的经费，包括场地租赁、设备采购、选手和裁判员的费用等。国际体育组织可以向传统体育项目提供资金赞助，帮助其渡过经济难关。这种资金支持可以用于改善赛事质量，提高比赛水平，吸引更多的参与者和观众。国际体育组织还可以协助传统体育项目与潜在赞助商和合作伙伴建立联系，帮助他们获得更多的资金支持。这为传统体育的可持续发展提供了重要的资源。国际体育组织可以提供培训和技术支持。传统体育项目的参与者和工作人员可能需要专业的培训，以提高其技能和知识水平。国际体育组织可以组织培训课程，培养裁判员、教练和管理人员，提高传统体育项目的专业水平。他们还可以提供技术支持，包括赛事计时、数据分析和直播技术等。这些技术支持可以提高赛事的效率和吸引力，吸引更多的观众和媒体关注。通过培训和技术支持，国际体育组织有助于提升传统体育项目的水平和竞争力。

国际体育组织还可以推动传统体育项目的全球传播。他们可以帮助传统体育项目获得国际性的认可和官方地位，使其能够参加国际比赛和赛事。这种全球传播不仅有助于传统体育项目的发展，还为各国提供了交流和合作的机会。国际体育组织可以促进传统体育项目之间的合作，举办国际性的传统体育大会和比赛，推动文化多样性和国际友谊的发展。通过国际体育组织的支持，传统体育项目可以跨足国际舞台，吸引更多的参与者和观众。国际体育组织在传统体育的发展和传承中发挥着不可或缺的作用。它们提供专业支持和资源，包括赛事组织经验、资金支持、培训和技术支持，推动传统体育项目的发展和传播。这有助于促进文化多样性、国际友谊和体育发展，使传统体育在全球范围内得到更广泛的认可和欣赏。国际体育组织的作用不仅在体育界有所体现，也对全球社会产生了积极的影响。

（三）国际合作与文化交流

国际文化交流是不同国家和文化之间互相了解的重要途径之一。通过合作促进国际文化交流，可以促进传统体育在全球范围内传播文化价值。这种文化交流不仅有助于传统体育的传承和发展，还可以加深人们对不同文化的理解和尊重，为国际社会的和谐与合作做出贡献。合作促进国际文化交流，为传统体育提供了更广阔的舞台。不同国家和文化拥有独特的传统体育项目，这些项目反映了他们的历史、价值观和生活方式。通过合作举办国际体育比赛和交流活动，不同国家可以互相了解和学习彼此的传统体育。这不仅有助于传统体育的传承，还可以为国际观众提供一个更加多元化和精彩的体育体验。例如，国际传统舞蹈节可以让不同国家的舞蹈团队展示他们的传统舞蹈，让观众了解不同文化的舞蹈传统。

国际文化交流可以加深人们对不同文化的理解和尊重。通过参与国际文化交流活动，人们可以接触到不同国家和文化的人，了解他们的生活方式、价值观念和传统习俗。这有助于打破文化隔阂，减少误解和偏见。当人们更深入地了解其他文化时，他们更容易接受和尊重不同文化的差异，从而促进了文化的多样性和和谐共存。例如，国际美食节可以让人们品尝到各种不同国家的美食，促进了各种文化之间的交流与友谊。

合作促进国际文化交流还有助于传统体育的国际传播。国际文化交流活动通常受到媒体的广泛关注，这意味着传统体育项目有机会在全球范围内获得更多的曝光。媒体报道和社交媒体分享可以让人们了解到传统体育的精彩和独特之处，激发他们的兴趣。这种曝光有助于传统体育在国际舞台上建立声誉，吸引更多的观众和参与者。例如，国际传统音乐节可以通过媒体报道和网络直播，让观众在全球范围内欣赏到各种不同文化的音乐表演，推广了传统音乐的传播。国际文化交流还为传统体育的国际合作提供了机会。合作国家可以共同策划和举办国际体育比赛，促进选手和教练之间的交流和合作。这种合作有助于提高各国的体育水平，同时也增进了国际友好关系。例如，合作国家可以共同举办传统体育的培训交流活动，提高选手的技能和水平，从而在国际比赛中取得更好的成绩。合作促进国际文化交流是促进传统体育在全球范围内传播文化价值的重要途径。这种交流不仅有助于传统体育的传承和发展，还可以加深人们对不同文化的理解和尊重，促进文化的多样性和和谐共存。通过国际文化交流，传统体育可以在国际舞台上建立更广泛的影响力，为国际社会的和谐与合作做出重要贡献。因此，各国应积极推动国际文化交流，促进传统体育的国际传播和发展。

二、民族传统体育与国际体育合作的方式和机制

民族传统体育与国际体育组织之间的合作采取多种方式和机制，以促进传统

体育的传播和发展。国际体育组织可以与民族传统体育相关的国内组织建立联系。这种合作可以通过签署合作协议、共同举办国际比赛和活动等方式来实现。通过与国内组织的合作，国际体育组织可以更深入地了解民族传统体育，协助其在国际舞台上推广。国际体育组织可以设立专门的委员会或部门，负责民族传统体育的事务。这些委员会可以协调国际体育组织与传统体育相关的活动，推动合作项目的开展。例如，设立传统体育发展委员会，制定具体的合作计划和项目。

国际体育组织可以鼓励国际合作和交流。举办国际研讨会、培训班和文化交流活动，邀请各国代表共同参与，促进传统体育的传播和理解。这种国际合作有助于传统体育的国际化发展。合作的方式和机制对于民族传统体育与国际体育组织之间的互动至关重要。通过建立联系、设立委员会、促进国际交流等方式，可以加强合作，推动传统体育在国际舞台上的传播和发展。这种合作有助于维护和传承民族传统体育，促进文化多样性和国际体育的融合。

（一）成员资格

民族传统体育组织有着丰富的文化遗产和体育传统，申请成为国际体育组织的成员是一种有效的方式，可以为他们提供更多的合作机会和资源支持。国际体育组织在世界范围内具有权威性和专业性，加入这些组织可以促进民族传统体育的国际认可和发展。成为国际体育组织的成员可以提供更广泛的国际合作机会。国际体育组织通常与各个国家和地区的体育组织建立联系，促进国际体育交流和合作。成为成员意味着民族传统体育组织可以参与国际体育活动、比赛和项目，与其他国际体育组织和国家体育组织合作，促进文化交流和理解。这种合作机会可以帮助传统体育项目在国际舞台上获得更多的曝光和机会。

成为国际体育组织的成员可以获得专业支持和资源。国际体育组织通常拥有丰富的资源，包括财政支持、培训、设备和技术支持。这些资源可以帮助民族传统体育组织提高自身的管理和组织水平，提升运动员的技术水平，改善赛事的质量。国际体育组织还可以提供专业知识和经验，帮助传统体育项目适应国际体育标准和要求。成为国际体育组织的成员有助于传统体育项目的国际认可。国际体育组织在国际体育界具有一定的权威性和影响力，成为其成员可以增加传统体育项目的信誉和可信度。国际认可可以吸引更多的国际观众、运动员和赞助商的关注，提高传统体育项目在国际体育界的地位和影响力。国际体育组织还可以通过国际比赛和锦标赛，提供国际认可的平台，让传统体育项目得到更多的国际曝光。成为国际体育组织的成员可以加强国际体育组织对传统体育项目的保护和推广。国际体育组织通常制定和执行体育规则和标准，这有助于保护传统体育项目的纯正性和传统性。成为其成员意味着民族传统体育组织可以参与制定规则和标准的过程，确保这些规则符合传统体育项目的特点和文化背景。国际体育组织也会协助传统体育项目的推广和发展，通过国际合作和赛事举办，为传统体育项目提供更多机会。

成为国际体育组织的成员有助于促进文化交流和理解。传统体育项目通常承载着深刻的文化内涵和历史传统。通过与国际体育组织合作，传统体育项目可以向世界展示自己的文化价值和传统。这有助于人们更好地理解和尊重不同文化，促进国际友谊和和谐。国际体育赛事也为不同国家和文化背景的运动员和观众提供了交流和互动的机会，加深了跨文化的理解和尊重。成为国际体育组织的成员对于民族传统体育的国际认可和发展具有重要意义。这种合作可以提供更广泛的国际合作机会、专业支持和资源、国际认可、保护和推广以及促进文化交流和理解。通过与国际体育组织的合作，传统体育项目可以在国际舞台上获得更多的机会和资源，提升其在国际体育界的地位和影响力。

（二）赛事合作

国际体育组织与传统体育组织的合作，共同举办国际传统体育赛事，是一项具有巨大潜力的举措。这种合作不仅有助于传统体育项目的推广和传承，还能够吸引更多的国际参与者和观众，推动跨文化交流和国际友谊的发展。国际体育组织具备丰富的赛事组织经验。这些组织通常拥有世界范围内举办大型体育赛事的经验和资源。通过与传统体育组织合作，他们可以将这些经验和资源分享给传统体育项目，帮助其更好地组织国际赛事。例如，国际体育组织可以提供赛事规划、场地租赁、赞助商联系等方面的支持，从而提高传统体育赛事的质量和可持续性。这种合作有助于传统体育组织充分利用国际体育组织的专业知识，提升自身组织能力，吸引更多的国际参与者。

国际体育组织的全球影响力可以为传统体育赛事带来更广泛的国际认可。国际体育组织通常与各国政府、媒体机构和赞助商建立了广泛的合作关系，可以通过这些渠道宣传和推广传统体育赛事。例如，国际体育组织可以在其官方媒体渠道上宣传传统体育赛事，将其推送给全球观众。这种全球宣传有助于提高传统体育赛事的知名度，吸引更多的国际观众。国际体育组织还可以协助传统体育组织与国际赞助商建立联系，为赛事提供资金支持，提高其吸引力和竞争力。国际传统体育赛事可以促进跨文化交流和国际友谊的发展。传统体育通常具有深厚的文化背景和独特的特点，通过国际赛事的举办，不同国家和地区的运动员和观众有机会相互了解和交流。这有助于增进文化多样性的认识，降低文化隔阂，促进国际友谊的建立。国际传统体育赛事还可以成为文化交流的平台，促使参与者更深入地了解其他国家和地区的传统体育文化，从而推动全球体育社区的融合。

国际传统体育赛事有助于传统体育项目的传承和发展。传统体育项目通常在其本国具有较长的历史和传统，但在国际舞台上可能相对不为人知。通过与国际体育组织的合作，传统体育项目可以获得更广泛的认可和机会，吸引更多的年轻一代参与。国际传统体育赛事可以为传统体育项目提供展示的机会，增加其吸引力和影响力，有助于保护和传承这些宝贵的文化遗产。国际传统体育赛事的举办也可以带动当地经济的发展。传统体育赛事通常吸引大量的参与者和观众前来参与，这会带动酒店、餐饮、旅游等相关产业的繁荣。这种经济效益有助于提高当地社区的生活水平，增加就业机会，促进地区的发展。国际体育组织与传统体育组织的合作，共同举办国际传统体育赛事，具有重要的意义。这种合作不仅有助于传统体育项目的推广和传承，还能够吸引更多的国际参与者和观众，推动跨文化交流和国际友谊的发展。国际传统体育赛事的举办可以促进文化多样性的认识，推动全球体育社区的融合，同时也为当地经济的发展做出了贡献。这种合作模式有助于实现传统体育项目在全球范围内的传播和发展，为体育界和文化交流带来积极影响。

（三）培训与教育

国际体育组织扮演着关键的角色，可以为传统体育组织提供培训和教育机会，以帮助他们提升管理和组织能力，更好地推广传统体育。这种合作关系不仅有助于传统体育的传承和发展，还促进了国际体育社区的合作与共享。国际体育组织可以为传统体育组织提供管理和组织方面的专业知识。传统体育组织通常面临管理和运营方面的挑战，包括赛事组织、财务管理、市场营销等。国际体育组织可以通过举办培训课程、研讨会和工作坊等方式，传授管理和组织方面的最佳实践。这有助于传统体育组织提高管理水平，更有效地运营和推广体育项目。国际体育组织可以提供资源支持，帮助传统体育组织改善设施和基础设施。许多传统体育项目需要适当的场馆和装备，但传统体育组织可能缺乏资金和资源来改善这些条件。国际体育组织可以提供资金或技术支持，帮助传统体育组织建设现代化的体育设施，提高运动员和教练的训练条件。这有助于传统体育项目的提高，吸引更多的参与者和观众。

国际体育组织可以协助传统体育组织建立国际合作伙伴关系。合作伙伴关系可以包括国际赛事的合作、技术交流、人员培训等多个方面。通过与国际体育组织的合作，传统体育组织可以扩大国际影响力，吸引国际合作伙伴的关注和支持。这有助于传统体育项目的国际传播和交流，提高其在全球范围内的知名度和影响力。

国际体育组织可以为传统体育组织提供市场营销和推广方面的指导。传统体育组织通常需要提高自己的品牌知名度，吸引更多的赞助商和观众。国际体育组织可以分享市场营销策略和经验，帮助传统体育组织制定有效的推广计划。这有助于传统体育项目获得更多的资源支持，提高其可持续发展的机会。国际体育组织可以为传统体育组织提供机会参与国际赛事和交流活动。国际赛事是传统体育项目在国际舞台上展示自己的重要机会，可以吸引更多的观众和媒体关注。国际体育组织可以邀请传统体育组织参加国际赛事，让他们与来自世界各地的选手和教练竞技，提高自己的水平。同时，国际交流活动也可以让传统体育组织与其他国家和文化建立联系，促进文化交流和理解。

国际体育组织在提升传统体育组织的管理和组织能力方面发挥着关键作用。通过提供管理知识、资源支持、国际合作机会以及市场营销指导，国际体育组织可以帮助传统体育组织更好地推广传统体育。这种合作关系有助于传统体育的传承和发展，同时也促进了国际体育社区的合作与共享。传统体育组织应积极寻求与国际体育组织的合作，以实现共同的发展目标。

第四节　民族传统体育在跨国体育交流中的角色

民族传统体育在跨国体育交流中扮演着重要的角色。它们不仅是文化的象征，还是国际体育交流的重要纽带。民族传统体育促进了文化交流与理解。不同国家和地区的传统体育活动反映了各自的历史、文化和价值观念。通过国际体育交流，人们能够更深入地了解其他文化，促进了文化的交流和理解，有助于减少文化之间的误解和偏见。民族传统体育在国际体育赛事中具有独特的吸引力。国际比赛和展示活动通常包括传统体育项目，这吸引了来自世界各地的运动员和观众。这些活动不仅为运动员提供了展示自己技能的机会，还吸引了国际媒体和赞助商的关注，从而提高了传统体育的知名度和影响力。民族传统体育有助于维护文化多样性。在国际体育舞台上，各种传统体育项目都有机会展示自己的独特特色和传统。这有助于维护世界各地的文化多样性，避免了全球化带来的文化同质化问题。民族传统体育也有助于建立国际友谊和合作。运动员和参与者通过国际比赛和交流建立了联系和友谊，这有助于促进国际合作和友好关系。国际合作也有助于传统体育的保护和传承，使其能够继续存在和繁荣发展。民族传统体育在跨国体育交流中扮演着重要的角色，促进了文化交流与理解，吸引了国际关注，维护了文化多样性，以及建立了国际友谊与合作。它们不仅是体育的一种形式，更是文化的载体，为世界各国的交流和合作提供了重要的平台。

一、民族传统体育在跨国体育交流的意义和价值

跨国体育交流具有深刻的意义和价值。它有助于促进国际友谊和和平。通过体育交流，不同国家和文化之间的人们能够相聚一堂，共同追求体育胜利。这种交流有助于减少误解和偏见，促进跨国友好关系。跨国体育交流有助于推动体育技术和知识的传播。运动员和教练可以互相学习、交流经验，提高竞技水平。这种知识传播不仅有助于个体的成长，还有助于提升整个体育领域的水平。跨国体育交流也是文化交流的一种重要方式[①]。体育活动承载着国家和地区的文化特色，通过比赛和表演，不同文化的精髓可以得以展现。这有助于促进文化多样性的尊重和保护。跨国体育交流不仅促进了友谊和和平，还推动了体育技术和文化的传播。它为国际社会提供了一个平台，让不同国家和文化之间的人们能够互相交流和理解。跨国体育交流是促进全球合作和文化多样性的重要手段，对于人类社会的发展和进步具有重要价值。

（一）促进文化交流

民族传统体育是一个具有强大文化意义的工具，它通过比赛和表演传递着文化、价值观和历史。在跨国体育交流中，传统体育为不同文化之间的交流提供了重要的平台，有助于打破文化隔阂，促进跨文化理解和友谊。传统体育是文化的承载者。它承载了一个民族或地区的历史、传统和价值观。传统体育项目通常源于特定的文化和社会背景，它们的规则、装备和技巧都反映了当地文化的特点。通过传统体育，人们可以了解到不同文化的生活方式、价值观念以及社会发展的历程。这使得传统体育成为一个强大的文化工具，有助于传递和传承文化遗产。传统体育通过比赛和表演吸引了国际关注。国际体育赛事和锦标赛为各种传统体育项目提供了展示的机会，吸引了来自世界各地的观众和媒体的关注。这种国际性的关注有助于传统体育项目获得更广泛的认可和推广。运动员和表演者在国际舞台上展示自己的技能和表演，向世界展示了自己文化的独特之处。这种展示不仅加强了传统体育项目的地位，还促进了文化交流。

传统体育为不同文化之间的交流提供了平台。在国际传统体育赛事和活动中，来自不同国家和地区的运动员和表演者聚集在一起，分享彼此的文化和经验。他们共同参与比赛、训练和庆祝活动，建立了友谊和合作的纽带。这种跨文化的交流有助于打破文化隔阂，促进了文化多样性的尊重和欣赏。传统体育项目常常包含着一定的仪式和庆祝活动。这些仪式和庆祝活动不仅增强了体育活动的吸引力，

---

① 游拢.文化认同视阈下民族传统体育发展研究［J］.武当，2023，（11）：76—78.

还加深了人们对文化和历史的理解。例如，某些传统体育比赛可能伴随着特定的祈祷仪式或传统音乐的演奏。这些仪式和庆祝活动使传统体育更加丰富和深刻，激发了观众的兴趣，让他们更好地理解和尊重不同文化。

传统体育有助于保护和传承文化遗产。许多传统体育项目在历史上曾面临消失的危险，但通过国际传播和关注，它们得以保留和传承。传统体育项目的国际认可和推广可以帮助筹集资金、吸引赞助商和支持者，进一步促进项目的发展和传承。这有助于保护民族传统文化，并将其传递给下一代。民族传统体育是一个有力的文化工具，通过比赛和表演传递文化、价值观和历史。在跨国体育交流中，传统体育为不同文化之间的交流提供了平台，有助于打破文化隔阂，促进跨文化理解和友谊。通过国际传播和国际体育赛事，传统体育项目可以在世界范围内获得更广泛的认可和支持，进一步弘扬了文化传统。

（二）增进国际友谊

跨国体育交流是促进国际友谊建立的重要途径。运动员、教练员和观众之间的积极互动不仅有助于加深个体之间的了解，也有助于改善国家之间的外交关系，促进友好合作。运动员是国际友谊的重要桥梁。他们在国际比赛中代表着自己的国家，但也是国际体育场上的国际公民。运动员们在比赛中互相竞争，但同时也有机会互相学习和交流。他们可以通过比赛前后的互动，分享训练经验、技术知识和赛场心得。这种互相尊重和合作的氛围有助于建立持久的友谊关系，不仅加强了个体之间的联系，也有助于消除国家间的偏见和误解。教练员也在跨国体育交流中扮演着重要的角色。教练员的交流不仅有助于提高运动员的技能水平，还有助于推动体育知识的传播。教练员可以互相访问、交流教学方法和战术策略。这种交流不仅有助于提高竞技水平，还有助于培养更多的专业教练员，从而推动体育项目的全球发展。教练员之间的友好合作也有助于国际友谊的建立，为国际体育合作奠定了坚实的基础。

观众也在跨国体育交流中发挥着积极作用。观众通常来自不同的国家和地区，他们聚集在一起，共同享受比赛的乐趣。观众之间的互动和友好氛围有助于改善国际体育赛事的氛围。他们可以分享自己的体育热情，交流观点和经验。这种互动不仅促进了个体之间的友谊，也有助于促进国际理解和文化交流。观众的友好互动在一定程度上反映了国际友谊的潜力和可能性。国际友谊的建立还可以通过体育外交来实现。体育外交是国家之间通过体育合作来改善外交关系的一种方式。国家可以派遣自己的代表团参加国际比赛，与其他国家的代表团建立友好关系。这种外交互动有助于缓解紧张的国际关系，为国际友谊的建立创造了机会。通过体育外交，国家可以通过共同的体育价值观和利益建立长期的友好合作，有助于解决国际问题和挑战。跨国体育交流也有助于促进国际社会的文化多样性。运动员、教练员和观众来自不同的文化背景，他们在交流中有机会了解和尊重彼此的文化和价值观。这有助于降低文化隔阂，促进国际友谊的建立。体育赛事不仅是竞技比赛，还是文化交流的平台，通过这种方式，世界各国的人们能够更好地理解和尊重彼此的文化和传统。

跨国体育交流是促进国际友谊建立的重要手段。运动员、教练员和观众之间的积极互动有助于建立长期的友好关系，改善国际外交关系，促进友好合作。国际友谊的建立还可以通过体育外交来实现，有助于解决国际问题和挑战。跨国体育交流促进了文化多样性的认识，降低了文化隔阂，为国际社会的和平与友好做出了重要贡献。因此，国际体育交流在建立国际友谊方面具有不可估量的价值和潜力。

（三）传播文化遗产

跨国体育交流是传播民族传统体育文化遗产的重要途径之一。通过这种形式的交流，不仅可以促进传统体育的传承和发展，还可以使更多人了解和尊重不同文化的体育传统。这种国际体育交流有助于传统体育的文化保护，同时也促进了国际社会的文化多样性和和谐共存。跨国体育交流为传统体育提供了国际舞台。传统体育往往承载着国家和文化的独特精神，但由于局限于地理区域，很多传统体育项目的影响力有限。通过国际体育交流，传统体育可以走出国门，展示给全球观众。国际比赛和交流活动成为传统体育项目的窗口，让更多人有机会了解和体验不同文化的传统体育。例如，国际拳击比赛可以让世界各地的拳击手互相竞技，展示各自文化的拳击传统，促进文化交流。

跨国体育交流有助于传统体育的传承和发展。传统体育通常在特定社区或文化中代代相传，但在现代社会，受到了商业体育和现代体育的竞争压力。国际体育交流提供了传统体育项目与世界其他文化进行对话和合作的机会。这种交流可以帮助传统体育适应现代社会的需求，同时也激发了新一代人对传统体育的兴趣。例如，国际马术比赛可以让不同国家的骑手学习彼此的马术技巧，推动马术传统的传承和发展。跨国体育交流有助于传统体育的文化保护。许多传统体育项目承载着国家和文化的独特历史和价值观，但由于现代化和全球化的冲击，它们面临着消失的风险。国际体育交流可以提高传统体育项目的国际知名度，引起更多人对其价值的认识。这有助于保护和传承这些体育项目，防止它们被遗忘或失传。例如，国际摔跤比赛可以提高摔跤传统的知名度，促进其文化保护和传承。

跨国体育交流促进了国际社会的文化多样性和和谐共存。体育是一种通用的语言，可以跨越文化和语言的障碍，让不同国家和文化之间建立联系。国际体育交流活动成为文化多样性的平台，各种文化的代表通过体育比赛和交流活动互相了解和尊重。这有助于缩小文化差异，增进国际社会的理解与合作。例如，奥林匹克运动会成为各国之间友谊的象征，促进了世界和平与合作。跨国体育交流是传播民族传统体育文化遗产的重要途径。通过国际体育交流，传统体育得以在全球范围内传播文化价值，保护和传承传统体育，使更多人了解和尊重不同文化的体育传统。这种交流有助于传统体育在国际舞台上展示自己，促进文化多样性和国际社会的和谐共存。因此，各国应积极参与跨国体育交流，推动传统体育的国际传播和文化交流。

二、民族传统体育在跨国体育交流中的角色

传统体育在国际赛事中扮演着多重重要角色。它们丰富了国际赛事的多样性和文化特色。传统体育赛事如柔道、武术和箭术等呈现了不同民族的独特技巧和风格，为国际观众提供了丰富的文化体验。传统体育促进了文化交流和理解。国际赛事是各国代表团汇聚的平台，传统体育的参与者可以分享自己的文化和价值观。这种交流有助于增进各国之间的友谊和互相理解。传统体育也促进了体育的全球化。它们吸引了来自世界各地的运动员和观众，推动了传统体育在国际舞台上的认可和普及。这有助于传统体育的传承和发展。传统体育在国际赛事中传递了文化价值观和道德原则。这些体育项目强调尊重、纪律和自我控制，为国际社会提供了积极的价值观念，促进了道德伦理的传播。传统体育在国际赛事中扮演了多重角色，丰富了多样性、促进了文化交流、推动了体育全球化并传递了文化价值观。它们为国际赛事增添了独特的魅力和意义，有助于促进国际体育的发展和文化多样性的维护。

（一）国际传统体育赛事

国际传统体育赛事为不同国家和地区的传统体育提供了参与和竞技的机会，极大地促进了传统体育的国际知名度。这种国际传播和交流对于传统体育的发展和传承具有重要意义。

国际传统体育赛事为传统体育项目提供了国际舞台。传统体育项目通常在特定的文化和社会背景下发展，其规则、技巧和装备反映了当地的特点。然而，通过国际传统体育赛事，这些传统体育项目得以走出国门，参与国际竞争。这不仅让传统体育项目在国际舞台上获得曝光，还让更多的国家和地区的运动员有机会参与其中，提高了传统体育的国际地位。国际传统体育赛事吸引了国际选手的参与。传统体育项目的国际传播和赛事举办吸引了来自不同国家和地区的运动员的兴趣。这些运动员追求卓越，在国际舞台上展示自己的技能和竞技水平，为传统

体育项目带来了国际化的竞争。他们的参与不仅提高了比赛的水平，还丰富了传统体育项目的多样性和国际性。国际传统体育赛事吸引了国际观众的关注。这些赛事通常具有浓厚的文化和历史背景，吸引了来自世界各地的观众。观众通过观看比赛和表演，了解不同文化的传统体育项目，增加了对文化多样性的认识和尊重。国际传统体育赛事的传播也通过媒体和社交平台扩大了观众群体，进一步提高了传统体育的国际知名度。

国际传统体育赛事有助于传统体育项目的传承和保护。许多传统体育项目在历史上曾面临消失的危险，但通过国际传播和关注，它们得以保留和传承。传统体育项目的国际化传播可以帮助筹集资金、吸引赞助商和支持者，进一步促进项目的发展和传承。这有助于保护民族传统文化，并将其传递给下一代。国际传统体育赛事推动了文化交流和理解。传统体育项目通常承载着深刻的文化内涵和历史传统。通过国际传统体育赛事，不同国家和地区的运动员、观众和官员可以相互交流，分享彼此的文化和经验。这种跨文化的交流有助于打破文化隔阂，促进了文化多样性的尊重和欣赏。运动员和观众之间的互动也有助于增进国际友谊和和谐。国际传统体育赛事为不同国家和地区的传统体育提供了参与和竞技的机会，极大地促进了传统体育的国际知名度。这种国际传播和交流对于传统体育的发展和传承、吸引国际选手和观众、保护传统文化、促进文化交流和理解都具有深远的影响。国际传统体育赛事将不同文化的人们联系在一起，为全球体育界带来了多元化和丰富性。

（二）文化表演

传统体育在国际体育赛事中常常作为文化表演节目出现，这种现象反映了传统体育的独特魅力和文化价值。这些表演不仅向世界展示了传统体育的技艺和价值，还吸引了广泛的国际观众，为国际体育赛事增添了丰富多彩的文化元素。传统体育的文化表演提供了一种独特的视觉和感官体验。这些表演通常包括传统服饰、音乐伴奏以及精湛的技艺展示，为观众带来了视听的享受。例如，传统的武术表演常伴随着华丽的服饰和令人叹为观止的武术动作，吸引了大批观众的目光。这些表演不仅是技艺的展示，更是文化的传承，通过视觉和听觉的冲击，观众可以深入感受到不同文化的独特之处。

传统体育的文化表演展示了丰富的历史和传统。这些表演常常承载着丰富的历史背景和文化内涵，通过表演向观众传达了传统体育的起源和发展历程。观众可以通过这些表演了解到不同文化的传统价值观、信仰和生活方式。例如，印度的瑜伽表演展示了古老的印度哲学和健康生活方式，而中国的太极拳表演则体现了中华文化中的平衡和调和观念。这些表演通过视觉和情感的传递，向观众传递了深刻的文化信息。传统体育的文化表演有助于促进国际文化交流和理解。国际体育赛事通常吸引来自不同国家和地区的观众和参与者，这为文化交流提供了宝贵的机会。传统体育的文化表演成为各国文化的窗口，观众可以通过这些表演了解和欣赏其他国家的文化。这有助于促进国际友谊和理解，降低文化隔阂，为全球社会的和谐发展做出了贡献。传统体育的文化表演丰富了国际体育赛事的内容和多样性。国际体育赛事通常包括各种传统体育项目的比赛，这些项目不仅有竞技性，还有文化性。传统体育的文化表演为赛事增加了不同层次的观赏价值，吸引了更广泛的观众群体。观众可以在比赛间隙欣赏到不同国家和地区的传统体育文化，丰富了整个赛事的氛围。

传统体育的文化表演对传统体育项目的传承和发展起到了积极的推动作用。这些表演常常激发了年轻一代对传统体育的兴趣，促使他们投身于传统体育的学习和练习。传统体育项目的传承离不开年轻一代的参与和热情，文化表演为年轻人提供了了解和接触传统体育的机会。这有助于传统体育项目的传承和发展，保护了宝贵的文化遗产。传统体育在国际体育赛事中的文化表演是一种重要的文化交流方式，通过视觉和感官的享受，向世界展示了传统体育的技艺和价值。这些表演不仅是文化的传承，更是国际友谊的桥梁，促进了国际文化交流和理解。同时，文化表演也丰富了国际体育赛事的内容和多样性，对传统体育项目的传承和发展起到了积极的推动作用。因此，传统体育的文化表演在国际体育舞台上具有不可替代的重要地位。

（三）和平与合作

传统体育，作为和平和合作的象征，经常在国际赛事中发挥着重要的角色。这些传统体育赛事不仅旨在展示各国的文化遗产和体育传统，还鼓励友好合作、理解和和平共处。它们不仅仅是竞技比赛，更是国际社会共同努力促进和平与合作的有力象征。传统体育赛事通过提供一个交流的平台，鼓励国际友好合作。这些赛事吸引了来自不同国家和文化的选手和观众，为他们提供了与他人交流和互动的机会。通过共同参与传统体育赛事，人们能够深入了解其他国家和文化的体育传统，建立友好的合作关系。例如，国际象棋比赛是一种传统的智力竞技体育，吸引了世界各地的选手，他们通过这项比赛交流智慧和策略，促进了国际友谊与合作。

传统体育赛事强调尊重和理解不同文化的重要性。在这些赛事中，参与者和观众都有机会学习其他国家和文化的传统体育规则、仪式和价值观。这种文化交流有助于打破文化隔阂，减少误解和偏见。参与者和观众更容易理解并尊重其他文化的体育传统，从而促进了文化多样性和和谐共存。例如，国际跆拳道比赛是一种传统的格斗体育，它强调礼仪和尊重，通过比赛传递出尊敬对手和互相学习的信息，促进了文化的交流与理解。传统体育赛事可以通过传递和平信息来促进国际和平与合作。一些传统体育项目的规则和仪式强调团队合作、公平竞争和尊重。这些价值观可以成为国际社会和平与合作的榜样。例如，国际排球比赛是一种传统的团队体育，它强调合作和协调。在比赛中，选手们通过团队合作和公平竞争展示了和平与友谊的精神，这有助于促进国际和平与合作的理念。

传统体育赛事可以成为国际社会关注的焦点，引发对和平和合作的思考。这些赛事通常受到广泛的媒体报道和观众关注，吸引了全球的目光。通过传统体育赛事，国际社会可以看到不同国家和文化之间的友好合作和理解，这激发了人们对和平与合作的渴望。传统体育赛事成为国际社会团结的象征，提醒我们国际友谊和和平共处的可贵性。例如，奥林匹克运动会是一个传统的国际体育盛会，强调了和平与团结的理念，吸引了各国选手和观众的热情支持。传统体育赛事作为和平和合作的象征在国际赛事中扮演着重要角色。这些赛事不仅促进了友好合作和文化交流，还强调了尊重和理解不同文化的重要性。通过传统体育赛事，国际社会可以传递和平的信息，激发对和平与合作的热切期望。因此，传统体育赛事不仅仅是竞技比赛，更是国际社会共同努力促进和平与合作的有力象征。

三、民族传统体育在跨国体育交流中的挑战与机遇

跨国体育交流面临着复杂的挑战和广泛的机遇。挑战之一是文化差异，不同国家有各自独特的体育传统和文化，因此需要适应和尊重不同的体育习惯和价值观。语言障碍也可能制约交流，需要解决沟通问题。同时，跨国体育交流还受到政治和地缘政治因素的影响，可能导致比赛取消或决策争议。跨国体育交流也带来了丰富的机遇。它促进了文化交流和理解，有助于不同国家之间建立友好关系。国际赛事提高了体育知名度，吸引了广泛的观众和赞助商，推动了体育产业的发展。跨国体育交流也为运动员提供了更多的竞技机会和发展空间，有助于提高他们的水平。面对挑战，我们需要借助文化敏感性和国际合作来适应不同文化和语言，解决政治问题，并确保体育赛事的公平性和透明度。同时，应充分利用体育交流所带来的机遇，促进文化交流、经济发展和体育事业的繁荣。

（一）语言和文化障碍

在跨国体育交流中，语言和文化差异可能成为交流的障碍。然而，通过文化教育和交流，可以克服这些障碍。语言和文化的多样性既是一种挑战，也是一种宝贵的资源。在跨国体育交流中，运动员、教练和官员来自不同的国家和文化背景。为了建立有效的交流和合作关系，了解和尊重彼此的文化差异至关重要。这

包括了解不同国家的礼仪、价值观、习惯和信仰。尊重和包容不同文化的差异有助于减少误解和冲突，为交流奠定了坚实的基础。语言教育和翻译服务的重要性。语言是文化交流的重要媒介，但不同国家和地区使用不同的语言。为了克服语言障碍，可以提供语言教育和翻译服务，这可以帮助运动员和官员学习必要的体育术语和交流技巧，使他们能够更好地与其他国家的参与者交流。同时，翻译服务可以在比赛和训练期间提供实时翻译，确保沟通的顺畅。

文化教育可以帮助运动员、教练和官员更好地理解和尊重不同文化。这包括了解其他国家的历史、传统、宗教和价值观。文化培训还可以教授跨文化交流的技巧，包括如何处理文化冲突和误解。通过提供文化教育和培训，可以增强跨国体育交流的成功和和谐。为了促进跨国体育交流中的文化理解，可以组织文化交流活动。这些活动可以包括参观当地文化景点、参与传统文化体验和庆祝文化节日。通过参与这些活动，运动员和官员可以更深入地了解其他国家的文化，建立友谊和联系。文化交流活动也可以丰富体育赛事，增加比赛的吸引力。

在一些国际体育项目中，雇佣来自不同国家的教练和官员可能有助于解决语言和文化障碍。这些教练和官员通常具有跨文化背景和经验，能够更好地理解和协调不同文化的运动员和团队。他们可以担任翻译和文化中介的角色，帮助团队顺利进行交流和合作。在跨国体育交流中，各方需要共同合作，以克服语言和文化差异带来的挑战。这包括建立开放的沟通渠道、共同制定解决方案和处理潜在的文化冲突。合作和协商是解决问题的关键，通过共同努力，可以找到适合各方的解决方案。

语言和文化差异在跨国体育交流中可能成为挑战，但通过文化教育和交流，可以克服这些障碍。了解和尊重不同文化、提供语言教育和翻译服务、进行文化教育和培训、组织文化交流活动、采用跨文化教练和官员，以及跨文化合作都是有效的方法。这些方法有助于建立更加和谐和成功的跨国体育交流，促进国际体育界的多样性和包容性。

（二）组织与资源

国际传统体育赛事的组织是一项复杂而庞大的任务，需要大量的资源和专业知识。在这个过程中，组织者不仅需要克服资金、场馆和人才等方面的挑战，还需要应对各种其他复杂问题，以确保赛事的成功举办和可持续发展。资金是国际传统体育赛事组织的首要挑战之一。这类赛事通常需要大量的资金来支持各个方面的运作，包括场馆租赁、设备采购、宣传推广、裁判员和工作人员的薪酬等。筹措足够的资金是赛事成功举办的基本前提。组织者需要积极寻找赞助商、合作伙伴和政府支持，以弥补资金缺口。他们还需要制定合理的预算，精确控制赛事的经济支出，确保在财务方面保持可持续性。场馆和设备是国际传统体育赛事组织的重要考虑因素。合适的场馆和设备是比赛顺利进行的基础。组织者需要选择符合赛事要求的场馆，并确保场地的安全和适用性。他们还需要考虑设备的采购和维护，以确保比赛的公平性和高质量。有时候，传统体育项目可能需要特殊的场地和设备，这增加了组织者的挑战。因此，场馆和设备的准备需要充分的计划和资源。

人才和专业知识是国际传统体育赛事组织不可或缺的因素。赛事的成功依赖于具有丰富经验的工作人员、裁判员和志愿者。组织者需要招募并培训这些专业人员，确保他们具备必要的技能和知识。裁判员的公正和专业性对于比赛的公平性至关重要，因此他们的选拔和培训需要特别重视。组织者还需要管理赛事的各个方面，包括赛程安排、安全保障、宣传推广等。专业知识和团队协作能力对于有效组织和管理国际传统体育赛事至关重要。宣传推广也是国际传统体育赛事组织中的一项重要任务。要吸引观众和媒体的关注，赛事需要进行全面的宣传推广工作。这包括制定营销策略、设计吸引人的宣传材料、利用社交媒体和互联网进行推广等。宣传工作需要专业的团队和资源支持，以确保赛事的知名度和吸引力。同时，与媒体和广告商的合作也是宣传推广的关键，这需要组织者具备谈判和合作的技巧。

国际传统体育赛事的组织还需要应对各种其他挑战，如法律和法规遵从、安全管理、医疗保障、签证和国际关系等。这些方面的问题可能因赛事的规模和地点而异，但都需要组织者具备应对的能力和专业知识。赛事组织者需要与政府、国际体育组织和相关利益相关方密切合作，解决各种挑战，确保赛事的顺利进行。国际传统体育赛事的组织是一项充满挑战的任务，需要大量的资源和专业知识。组织者必须克服资金、场馆和人才等方面的挑战，同时应对各种其他复杂问题。只有具备充分的计划、组织和协作能力，才能确保国际传统体育赛事的成功举办和可持续发展，为传统体育项目的传承和发展做出贡献。

（三）可持续发展

跨国体育交流的可持续发展是至关重要的，需要综合考虑保护传统体育文化、资源和环境等多个方面的因素。只有在这些方面采取适当的策略和措施，跨国体育交流才能够长期稳健地发展，同时保护和传承传统体育的文化价值。保护传统体育文化是可持续发展的关键。传统体育承载着国家和文化的独特历史和传统，但受到现代化和全球化的冲击，很多传统体育项目面临失传的风险。为了保护这些宝贵的文化遗产，跨国体育交流应该鼓励传统体育的传承和发展。这可以通过支持传统体育项目的培训、教育和研究来实现，以确保其文化价值得以保留和传承。保护传统体育资源是可持续发展的必要条件。传统体育往往需要适当的场馆和装备，但资源有限，容易被滥用。跨国体育交流应该采取措施，确保传统体育资源的可持续利用，这可以包括设立资源管理计划、提高资源利用效率、鼓励可再生资源的使用等。保护传统体育资源有助于确保传统体育项目的长期发展和稳定性。

保护环境也是可持续发展的重要考虑因素。跨国体育交流通常需要举办大型体育赛事，这可能对环境产生负面影响，如土地开发、能源消耗和废物产生等。为了减少环境损害，跨国体育交流应该采取环保措施，如推广可持续建筑、减少能源消耗、垃圾分类和回收等。保护环境有助于确保跨国体育交流的可持续性，并为后代提供一个健康的自然环境。可持续发展还包括经济可持续性，跨国体育交流需要巨额投资，包括场馆建设、设备采购、人员培训等。因此，必须确保这些投资在长期内能够获得回报。这可以通过制定合理的商业计划、吸引赞助商和合作伙伴、开发多元化的收入来源等方式来实现。经济可持续性有助于保障跨国体育交流的稳定发展，同时支持传统体育的传承和发展。可持续发展还涉及社会可持续性。跨国体育交流应该注重社会责任，包括关注社会公平、人权和社会包容。这可以通过制定公平竞争政策、推动性别平等、支持弱势群体的参与等方式来实现。社会可持续性有助于建立一个更加公正和包容的体育环境，为传统体育的传承和发展提供更多机会。跨国体育交流的可持续发展需要综合考虑保护传统体育文化、资源和环境等多个方面的因素。只有在这些方面采取适当的策略和措施，跨国体育交流才能够长期稳健地发展，同时保护和传承传统体育的文化价值。可持续发展是跨国体育交流的基础，也是实现体育文化传承和国际友好合作的关键。

第七章　民族传统体育的现代化与创新

第一节　民族传统体育的现代化趋势

民族传统体育正逐渐走向现代化。这一趋势表现在多个方面，对传统体育项目的发展和推广产生了深远的影响。技术的现代化对民族传统体育产生了积极作用。现代技术的引入，如视频录制、网络传播等，使得传统体育项目能够更广泛地传播和宣传。人们可以通过互联网观看、学习和分享民族传统体育，这有助于保持活动的知名度和吸引新一代的参与者。体育管理和组织的现代化促进了传统体育项目的发展。现代管理方法的引入，包括赛事组织、训练计划和财务管理，有助于提高民族传统体育的专业化水平。这有助于提高竞技水平，增加赛事的吸引力，同时也为运动员提供了更好的培训和竞技机会。

民族传统体育的现代化还涉及体育设施和装备的改进。现代化的场馆和设备有助于提高比赛的质量和安全性。同时，现代化的运动装备可以改善运动员的表现，使他们更具竞争力。民族传统体育也逐渐融入现代生活方式。人们越来越意识到体育活动对健康的重要性，传统体育项目的健身效益受到了关注。这促使人们将传统体育项目与现代健身方式相结合，创造出更多适应现代社会需求的体育活动。民族传统体育的国际化也是现代化的一个趋势。这些传统体育项目通过国际比赛、文化节和国际交流活动，逐渐走向国际舞台。这有助于推广民族文化和传统，同时也促进了国际体育文化的多元化。民族传统体育正朝着现代化的方向发展①。技术的进步、管理的现代化、设施装备的改进、融入现代生活方式以及国际化等方面的因素都推动着传统体育项目的现代化趋势。这有助于保持传统文化的活力，提高体育活动的质量和吸引力，同时也为现代社会提供了丰富多样的体育选择。

一、现代化的背景和动力

民族传统体育的现代化背景和动力源于社会、文化和经济方面的多重因素。全球化的影响推动了传统体育的现代化。信息技术和交通便利性使得不同文化之间的交流更加频繁，这为传统体育的传播和认可创造了机会。现代社会对健康和生活方式的关注促使了传统体育的现代化。人们越来越注重身体健康，传统体育提供了一种有趣的健身方式。另外，文化保护与传承的意识也在推动传统体育的现代化。许多国家和地区认识到传统体育是文化遗产的重要组成部分，需要加以保护和传承。经济动力也推动了传统体育的现代化。传统体育活动可以成为旅游业、体育产业和文化创意产业的重要资源，创造就业机会和经济价值。这些因素共同推动了民族传统体育的现代化，使其更好地适应现代社会的需求和挑战。

（一）国际化和全球化

全球化趋势正在改变传统体育在国际舞台上的地位和影响力。传统体育项目现在正积极采用现代化手段，以吸引更多的国际观众和参与者，这对于传统体育的传承和发展至关重要。数字化媒体和社交平台的崛起为传统体育提供了全球传播的机会。随着互联网的普及，人们可以轻松地通过在线直播、社交媒体和视频分享平台观看和参与传统体育活动。传统体育项目通过在线传播，能够突破地理界限，吸引来自世界各地的观众。这种全球传播方式不仅为传统体育项目带来了更大的曝光度，还创造了与国际观众互动的机会。现代化技术的应用提高了传统体育的竞技水平和娱乐价值。许多传统体育项目现在采用先进的装备、科学训练和数据分析技术，以提高运动员的表现和比赛的质量。这不仅吸引了更多的国际运动员参与，也让观众能够欣赏到高水平的比赛。同时，采用慢动作回放、虚拟现实技术等现代化手段，增强了观赏性，使传统体育更具吸引力。

国际传统体育赛事的举办成为吸引国际参与者和观众的有效途径。传统体育项目可以通过国际赛事和锦标赛来吸引来自不同国家的运动员和观众。这些赛事不仅为运动员提供了国际竞技的机会，也为观众提供了亲临现场或在线观看的机

---

① 严宇.基于全民健身视角的民族传统体育发展探究［J］.文体用品与科技，2023，（21）：55—57.

会。国际传统体育赛事通常伴随着盛大的庆祝活动和文化表演，吸引了更多的观众。国际合作和交流加强了传统体育的国际化。传统体育组织和机构积极与国际体育组织合作，参与国际性的体育交流活动。这种合作可以促进传统体育项目在国际体育界的认可和地位。同时，传统体育项目也能够借助国际合作来学习和借鉴其他国家的最佳实践，提高管理和运营水平。传统体育项目通过创新和多样性吸引国际观众和参与者。创新包括改革规则、引入新比赛形式和赛事，以适应现代观众的口味和需求。同时，传统体育项目也可以增加多样性，吸引不同年龄、性别和文化背景的参与者和观众。这样的多元化使得传统体育更具吸引力，能够吸引更广泛的国际受众。

全球化趋势促使传统体育项目采用现代化手段来吸引国际观众和参与者。通过数字化媒体、现代化技术、国际赛事、国际合作、创新和多样性，传统体育项目能够在国际舞台上展示其独特的魅力。这不仅有助于传统体育的传承和发展，还促进了国际体育界的多元化和包容性。

（二）文化传承

现代化为传统体育的传承和保护提供了宝贵的机会。通过数字化手段和现代管理技术，我们能够更有效地记录和传播传统体育的文化价值，促进其传承和保护。数字化手段使得传统体育的记录更加便捷和全面。传统体育通常承载着丰富的文化背景和历史内涵，但这些信息往往分散在不同的地方，难以收集和整理。现代化技术可以帮助我们数字化保存传统体育的相关资料，包括照片、视频、文档和口述历史等。这些数字化档案可以更容易地被保存和传播，使传统体育的历史和文化得以更好地记录和传承。

数字化媒体和互联网为传统体育的传播提供了全球范围的平台。通过社交媒体、在线视频平台和网络文化论坛，传统体育可以迅速传播到全球各地的观众。人们可以轻松地观看传统体育的比赛、表演和教学视频，了解其规则和技巧。这种数字化传播有助于吸引更多的年轻人参与传统体育，并在全球范围内建立更广泛的传统体育爱好者社群。现代管理技术可以提高传统体育项目的组织效率和可持续性。传统体育赛事和活动的筹备和管理通常涉及场馆预订、报名管理、赛程安排、裁判和工作人员的协调等多个方面。现代化管理工具如赛事管理软件和在线注册系统可以帮助组织者更好地规划和执行传统体育项目，减少了手工劳动和错误的风险。现代管理技术还可以帮助组织者更好地与赞助商、合作伙伴和政府部门合作，确保项目的可持续发展和资金支持。

数字化手段还可以为传统体育的教育和培训提供支持。传统体育通常需要较长时间的学习和练习，现代化教育工具如在线教程、虚拟训练平台和应用程序可以为学习者提供更多的资源和指导。这有助于传统体育的技艺传承，吸引更多的年轻一代参与。数字化记录和管理还有助于传统体育的文化认同和保护。通过数字化档案，我们可以更好地了解传统体育项目的历史、传承和发展。这有助于弘扬传统体育的文化价值，加深人们对其的认同感。数字化记录也有助于保护传统体育的知识和技艺免于丧失，为其传承提供了坚实的基础。现代化技术为传统体育的传承和保护提供了有力的支持。数字化手段使得传统体育的记录更加便捷和全面，数字化媒体和互联网扩大了传播范围，现代管理技术提高了组织效率和可持续性，数字化教育工具提供了更多的学习资源，数字化记录有助于文化认同和保护。因此，现代化为传统体育的传承和保护创造了更加有利的条件，有望帮助传统体育项目在现代社会中得以继续传承和发展。

二、数字化和技术应用

民族传统体育的数字化和技术应用已经推动了这一传统领域的发展和传播。数字化和技术工具为传统体育带来了新的机会和挑战。数字化媒体和社交媒体成为传统体育的传播平台。通过在线视频、社交分享和直播等方式，人们可以观看传统体育比赛和表演，不受地理位置的限制。这有助于扩大传统体育的受众，吸引更多人的兴趣。技术应用改进了传统体育的训练和竞技水平。运动员可以利用运动追踪器、虚拟现实等技术工具来提高自己的表现。这有助于传统体育的竞技水平提升，吸引更多人参与。

数字化和技术应用也促进了传统体育的保存和传承。数字化档案、虚拟博物馆等工具可以记录和传播传统体育的历史和文化价值。这有助于保护和传承这一重要的文化遗产。数字化和技术应用为民族传统体育带来了新的发展机遇。它们扩大了传播范围，提高了竞技水平，促进了文化传承。然而，也需要关注数字化时代的挑战，如隐私保护和信息安全等问题。因此，数字化和技术应用应该被谨慎地运用，以实现传统体育的全面发展和保护。

（一）互联网和社交媒体

互联网和社交媒体已成为传统体育的重要传播平台，为体育赛事的宣传、观众吸引和知名度提升提供了广阔的机会。这些数字化工具为传统体育带来了革命性的变革，使其更具全球性、互动性和可持续性。互联网和社交媒体的全球性覆盖范围使传统体育得以迅速传播。在过去，传统体育赛事的传播受到地理限制，需要依赖电视台等传统媒体。然而，现在通过互联网和社交媒体，比赛实况、精彩瞬间和相关信息可以瞬间传送到世界各地，无论观众身处何处，都可以随时获得最新的赛事动态。这种全球性的传播方式加速了传统体育项目的国际化和国际认可。互联网和社交媒体提供了直接互动的机会。观众不再消极地作为接收者，而是可以积极参与讨论、评论、分享和互动。这种双向交流加强了传统体育与观众之间的联系，使观众感到更加投入，拥有参与感。同时，运动员和组织者也能够通过社交媒体与粉丝互动，建立更紧密的关系，增加粉丝的忠诚度。

互联网和社交媒体的精准定位功能有助于精确吸引目标观众。传统体育赛事可以根据观众的兴趣、地理位置和行为习惯来制定针对性的营销策略。这使得传统体育组织者能够更有效地宣传比赛、吸引观众和提高门票销售。通过定向广告和个性化内容，观众能够获得与他们兴趣相关的信息，提高了观赛的满意度。社交媒体成为传统体育赛事的重要传播渠道。运动员、球队和体育组织都能够通过社交媒体平台与粉丝分享赛事内幕、日常生活以及促销活动。这种近距离互动加深了粉丝对运动员和团队的认同感，同时也提供了额外的宣传机会。体育品牌和赞助商也能够通过运动员的社交媒体渠道实现品牌曝光和市场推广。

互联网和社交媒体为传统体育的可持续发展提供了新的商业模式。通过在线直播、数字赞助和电子竞技等方式，传统体育组织者能够创造新的收入流，降低传统广告和门票销售的依赖性。这种多元化的商业模式有助于传统体育项目的财务稳定和可持续性发展。互联网和社交媒体已成为传统体育的重要传播平台，为体育赛事的宣传、观众吸引和知名度提升提供了广泛的机会。通过全球性传播、直接互动、精准定位、社交媒体传播和商业模式创新，传统体育项目能够更好地适应现代观众的需求，实现国际化传播和商业发展。这种数字化时代的转型使得传统体育焕发新的生机，走向更加繁荣的未来。

（二）移动应用和在线教育

开发移动应用和在线教育平台是一种重要的手段，可以扩大传统体育的受众，促进其传承和发展。通过这些技术工具，更多的人可以远程学习和参与传统体育，从而享受其独特的文化和身体锻炼价值。移动应用和在线教育平台为传统体育提供了全球范围的传播途径。无论人们身处何地，只要拥有手机或计算机，就可以轻松地访问传统体育的教育资源和信息。这种全球性的传播方式不仅使得传统体育更容易被人们发现，还促进了不同地区和文化间的传统体育知识和技巧的交流。因此，移动应用和在线教育平台为传统体育提供了更广泛的国际受众。这些技术工具提供了便捷的学习和参与方式。传统体育项目通常需要特定的场地和装备，限制了人们的参与。但通过移动应用和在线教育平台，人们可以随时随地学习和练习传统体育技巧。无论是学习武术、舞蹈还是传统体育游戏，都可以通过在线教程和视频来实现。这种便捷性有助于吸引更多的年轻人和成年人参与传统体育，享受其身体锻炼和文化体验的乐趣。

移动应用和在线教育平台还提供了互动和社交的机会。学习者可以通过这些平台与教练和其他学习者互动，分享经验和技巧。这种互动和社交有助于建立传统体育爱好者社群，促进了友谊和合作。教练和专业人士可以利用这些平台与学习者保持联系，提供指导和建议，促进传统体育的传承和发展。开发移动应用和在线教育平台是扩大传统体育受众的有效途径。它们提供了全球性的传播平台，便捷的学习方式，个性化的指导，互动和社交的机会，以及知识和文化的保存途径。通过这些技术工具，更多的人可以远程学习和参与传统体育，促进其传承和保护，让更多人受益于传统体育的独特价值。

（三） 数据分析和科技支持

数据分析和现代科技的应用在提高传统体育的竞技水平和管理效率方面具有巨大潜力。这种应用可以显著改善传统体育的质量和吸引力，使其更具竞争力和可持续性。数据分析和现代科技可以提高传统体育的竞技水平。通过采集和分析运动员的数据，如运动技能、生理状况和比赛表现，教练和运动员可以更好地了解自己的优势和不足。这种数据驱动的方法可以帮助运动员进行更精细的训练和战术规划，提高他们的竞技水平。例如，运动员可以使用传感器和监测设备来跟踪自己的运动数据，从而改进技术和策略，提高比赛表现。数据分析和现代科技有助于提高传统体育赛事的管理效率。传统体育赛事通常涉及复杂的赛程安排、场馆管理、裁判监督等多个方面的工作。通过运用现代科技，可以实现赛事管理的自动化和数字化。例如，赛事组织者可以使用赛事管理软件来安排赛程、分配资源和监督比赛进程，提高了赛事的效率和质量。这也有助于减少人力资源的浪费，提高了赛事的可持续性。

数据分析和现代科技的应用在提高传统体育的竞技水平和管理效率方面发挥着关键作用。通过数据驱动的训练、赛事管理的自动化、观众互动的增强和安全性的改进，传统体育可以变得更具吸引力和竞争力。这种应用不仅有助于传统体育的发展，还为传统体育赛事提供了更广泛的机会和可持续性。因此，传统体育界应积极采用现代科技，以提高其质量和吸引力。

第二节　民族传统体育的科技应用

民族传统体育的科技应用在现代社会中发挥了重要作用。科技的发展为传统体育项目带来了创新和改进，同时也提升了体育活动的体验、安全性和可持续性。科技应用改进了传统体育装备和器材。现代材料和制造技术的进步使得体育器材更加轻便、耐用和性能更好。例如，在传统弓箭射击中，新材料的使用提高了弓弦的弹性，增加了箭矢的精准度。这种改进使得传统体育更加具有竞技性和吸引力。科技应用丰富了传统体育的娱乐性。虚拟现实（VR）和增强现实（AR）技术可以将传统体育与数字世界融合，创造出全新的体育体验。例如，虚拟射箭游戏可以模拟实际射箭场景，让参与者在虚拟环境中练习和比赛。

科技也改进了传统体育的监测和分析工具。运动传感器、智能手环和应用程序可以帮助运动员追踪自己的运动数据，包括速度、力量和技巧等方面。这种数据分析有助于改进训练计划，提高运动员的表现。科技应用还增强了传统体育的安全性。现代医疗设备和生物力学研究有助于预防和处理运动伤害。例如，运动员可以通过生物力学分析改进自己的姿势和动作，降低受伤风险。科技应用有助于传统体育的传播和推广。社交媒体和在线平台提供了传统体育活动的直播和分享，使更多人能够了解和参与。这种数字化推广有助于传统体育在全球范围内获得更大的关注和认可[1]。科技应用为民族传统体育带来了创新和改进，丰富了体育活动的体验、娱乐性和安全性。它也有助于传统体育的传播和推广，将这些宝贵的文化遗产传递给更广泛的观众和参与者。科技与传统体育的结合为体育领域带来了新的可能性和前景。

一、可持续发展和环保技术

民族传统体育的科技应用在可持续发展和环保技术方面发挥着关键作用。现代科技可以改善传统体育活动的可持续性。通过智能传感器和监测设备，可以更有效地管理比赛和训练，减少资源浪费。同时，数据分析技术可以提供运动员表现的详细信息，帮助他们改进技巧，减少不必要的体力消耗。环保技术在传统体育场馆和活动中得以应用。采用可再生能源和节能设备可以降低能源消耗，减少碳排放。环保材料和设计理念可用于体育场馆的建设，减少环境影响。数字化技术也推动了传统体育的传播，减少了印刷和纸张的使用。通过网络直播和移动应用，观众可以远程观看比赛，减少了参与活动所需的纸质票务和印刷宣传材料。科技应用在民族传统体育中可持续发展和环保技术方面具有巨大潜力。它有助于提高活动的可持续性，减少资源浪费和环境负担。通过科技的推动，传统体育可以更好地适应现代社会的可持续发展要求，为文化传承和体育活动的发展提供新的机遇和解决方案。

---

① 李佳，张亚东，赵佳佳.中国式现代化视域下民族传统体育在高校的传承与发展研究[C]//中国班迪协会，澳门体能协会，广东省体能协会.第九届中国体能训练科学大会论文集.武汉体育学院武当山国际武术学院，2023：5.

（一）可持续场馆和设施

建设可持续的传统体育场馆和设施是一项重要的举措，可以有效减少环境影响，保护自然资源，并推动传统体育活动的可持续发展。采用可持续材料和能源的做法在多个方面都具有积极的影响。使用可持续材料有助于减少对自然资源的依赖。传统体育场馆和设施通常需要大量的建筑材料，如混凝土、钢铁和木材。然而，传统的建筑材料采集和制造过程会导致大量的能源消耗和环境破坏。相比之下，可持续材料如再生木材、可回收材料和生物材料具有更低的环境足迹。采用这些材料可以减少对自然资源的压力，降低环境损害。利用可再生能源来供应体育场馆和设施的能源需求是一个重要的可持续实践。传统体育场馆通常依赖于化石燃料来提供能源，这不仅导致碳排放增加，还对空气质量和环境造成损害。然而，采用可再生能源，如太阳能、风能和地热能，可以实现零排放的能源供应，减少环境污染。这些能源具有更低的运营成本，有助于减少体育场馆的经济负担。可持续的交通规划有助于降低环境影响。传统体育场馆通常面临交通拥堵和大量的汽车排放。但通过提供可持续的交通选择，如公共交通、自行车道和步行道，可以减少私人汽车的使用，降低交通拥堵和空气污染。设施的选址也可以考虑到可持续性，以减少对自然环境的干扰。建设可持续的传统体育场馆和设施对于减少环境影响至关重要。采用可持续材料和能源、利用可再生能源、采用可持续建筑设计、实施废物管理和推动可持续交通规划都是实现这一目标的关键举措。这些做法不仅有助于保护环境，还有助于推动传统体育活动的可持续发展，为未来提供更加健康和可持续的体育场馆和设施。

（二）环保运输和旅游

借助环保交通工具和可持续旅游方式，我们可以减少对自然环境的负面影响，并鼓励可持续的旅游和观赏传统体育活动。这种做法不仅有助于保护自然环境的可持续性，还为人们提供了更为丰富和有意义的旅游体验。环保交通工具是减少旅游对自然环境负面影响的关键因素之一。传统的交通工具，如汽车和飞机，通常会排放大量的尾气和对自然环境产生负面影响，如空气污染和气候变化。而环保交通工具，如电动汽车、公共交通、自行车和步行，具有更低的碳排放和环境友好性，可以降低旅游对自然环境的破坏程度。鼓励游客选择环保交通工具，可以减少对目的地周边生态系统的冲击，有助于维护自然环境的生态平衡。可持续旅游方式强调了对目的地的尊重和保护。可持续旅游不仅关注游客的体验，还注重保护和维护目的地的自然和文化资源。这种旅游方式强调遵守当地的环境法规和文化规范，尊重当地居民的生活方式和传统文化。游客被鼓励积极参与当地社区的文化活动和传统体育活动，促进文化交流和理解。通过可持续旅游，游客不仅可以享受美丽的自然风景，还可以参与保护这些风景的努力，为目的地的可持续发展做出贡献。

利用环保交通工具和可持续旅游方式可以减少旅游对自然环境的负面影响，并鼓励可持续的旅游和观赏传统体育活动。这有助于保护自然环境的可持续性，促进文化交流和理解，提高游客的环境意识和责任感，同时也有助于保护和传承传统体育的文化遗产。通过这种方式，我们可以更好地平衡旅游和自然环境之间的关系，为未来的旅游业和传统体育活动的可持续发展创造更为有益的条件。

二、虚拟体验和娱乐

民族传统体育在科技应用方面已经引入了虚拟体验和娱乐元素，为传统体育注入了新的活力和吸引力。虚拟现实（VR）和增强现实（AR）技术允许人们在虚拟世界中体验传统体育。通过穿戴VR头显或使用AR应用程序，参与者可以仿佛置身于传统体育的场景中，感受到真实的比赛和表演。这种虚拟体验使传统体育更加生动和吸引人，吸引了年轻一代的兴趣。电子竞技和在线游戏已经将传统体育与娱乐紧密结合。游戏开发者推出了一系列基于传统体育的电子游戏，如足球、拳击和摔跤等，使人们可以在虚拟世界中模拟传统体育比赛。这种娱乐方式将传统体育引入游戏领域，扩大了受众群体。虚拟体验和娱乐元素为民族传统体育注入了新的活力。它们通过VR、AR技术、电子竞技和社交媒体，将传统体育带入了数字时代，吸引了更广泛的受众，促进了传统体育的传承和发展。这种融合为传统体育打开了新的可能性，使其在当今科技发展的背景下更具吸引力。

（一）虚拟比赛和竞技

虚拟现实技术的广泛应用正在改变传统体育观赛的方式，并为观众提供了与体育比赛互动和参与的全新体验。通过虚拟现实技术，观众可以参与传统体育的虚拟比赛和竞技体验，这不仅增加了他们的参与感，还提升了观赛的娱乐性。虚拟现实技术为观众创造了身临其境的观赛体验。观众可以穿戴虚拟现实头戴式显示器，仿佛置身于比赛场地中。他们可以欣赏到更真实的比赛画面和环境，感受到选手们的激烈竞技。这种身临其境的体验使观众更加投入和沉浸在比赛中，提高了观赛的娱乐性。

虚拟现实技术为观众提供了互动的机会。观众不再仅仅是 passively 观看比赛，而可以积极参与其中。他们可以使用手柄或手势识别技术来操作虚拟环境中的角色，参与虚拟比赛和竞技活动。这种互动性使观众感到更加参与，能够在虚拟世界中亲身体验比赛的紧张和激情。虚拟现实技术为观众提供了参与感强烈的比赛和竞技体验。观众可以通过虚拟现实设备模拟体育运动，体验运动员的角色，感受到比赛的紧张和竞技。这种参与感激发了观众的兴趣，提高了他们对传统体育的投入程度，使他们更愿意追随和支持体育项目。虚拟现实技术为观众提供了参与传统体育的虚拟比赛和竞技体验，增加了他们的参与感和娱乐性。通过身临其境的观赛体验、互动性、个性化体验、实时社交互动和参与感强烈的体验，虚拟现实技术改变了传统体育观赛的方式，为观众带来了更加丰富和令人兴奋的体验。这一趋势有望促进传统体育的发展，吸引更多的观众和粉丝，推动体育行业的创新和增长。

（二）电子竞技与传统体育融合

将传统体育与电子竞技相结合，创造新的体育娱乐形式，是一种创新的方法，可以吸引年轻一代，增加传统体育的受众。这种结合可以为传统体育注入新的活力，满足现代观众的需求，同时也有助于传统体育项目的传承和发展。将传统体育与电子竞技相结合可以创造更具吸引力的赛事。电子竞技在年轻观众中日益流行，具有独特的娱乐性和互动性。将传统体育与电子竞技融合，可以创造出新颖的比赛形式，例如电子游戏与传统体育项目的结合。这种创新赛事吸引了年轻观众的兴趣，使传统体育更具现代感和吸引力。

电子竞技提供了更多的数字化体验和互动性。观众可以通过在线直播观看比赛，与选手互动，并在社交媒体上分享自己的观点和评论。这种数字化互动不仅增加了观众的参与感，还扩大了传统体育的传播范围。观众可以全球范围内观看比赛，无需实际到场，从而增加了传统体育的全球受众。将传统体育与电子竞技相结合可以为传统体育项目带来更多的赞助和商业机会。电子竞技产业在全球范围内迅速增长，吸引了众多赞助商和广告商的关注。将传统体育与电子竞技结合，可以吸引更多的商业合作伙伴，提供资金支持，推动传统体育项目的发展。电子竞技也为传统体育提供了新的数字化营销渠道，有助于提高传统体育的知名度和品牌价值。

传统体育与电子竞技的结合有助于传统体育项目的传承和发展。年轻一代更容易接受数字化娱乐形式，通过电子竞技，他们可以更好地了解传统体育项目的规则、技巧和历史。这有助于传统体育项目吸引新的参与者和爱好者，延续其传承。同时，电子竞技还为传统体育项目提供了新的培训和教育渠道，有助于传授传统体育的技艺和知识。传统体育与电子竞技的结合也有助于推动体育娱乐产业的创新和发展。这种结合为创新赛事、技术应用和体育娱乐体验提供了机会，有助于推动整个体育娱乐产业的发展。传统体育与电子竞技的融合是一种跨界合作的模式，为体育娱乐带来了更多的多样性和创新。将传统体育与电子竞技相结合是一种创新的方式，可以吸引年轻一代，增加传统体育的受众。这种结合不仅创造了更具吸引力的赛事，还提供了数字化体验和商业机会，有助于传统体育的传承和发展。通过这种融合，我们可以使传统体育更好地适应现代社会的需求，为体育娱乐产业的发展注入新的活力。

第三节　民族传统体育的创新形式与规则

民族传统体育在现代社会中逐渐演变和创新，以适应不断变化的需求和环境。这种创新涉及新的形式和规则，为传统体育注入新的活力和吸引力。传统体育在规模上进行了扩展。传统体育活动不再局限于特定地区或社区，而是通过全球化传播，吸引了更广泛的参与者和观众。国际赛事和比赛的举办使传统体育跨足国际舞台，增加了其知名度和影响力。创新包括体育设施和装备的现代化。现代技术的运用改善了传统体育的训练和比赛条件。例如，传统射箭可以结合先进的弓和箭设计，提高射箭的准确性和效率。这种现代化带来了更高水平的竞争和娱乐价值。规则的调整也是创新的一部分。传统体育的规则可能会根据现代社会的需求和价值观进行调整，以使其更具吸引力和适应性。这可以包括比赛时间、比赛规则或者参与者资格的变化，以适应不同年龄组或性别的人群。

传统体育与其他现代体育形式的融合也是一种创新。这种融合可以创造全新的体育活动，结合了传统体育的元素和现代体育的特点。这不仅增加了体育的多样性，还吸引了更多不同背景的人参与。民族传统体育的创新形式和规则变化反映了社会的发展和需求。这种创新不仅保护了传统体育的独特性，还使其更具吸引力，适应了现代社会的多元性和变化。这种创新有助于传统体育的传承和发展，使其继续在当今世界中发挥重要作用。

一、新形式的创新

民族传统体育在创新形式与规则方面经历了令人振奋的变革。新形式的创新不仅使传统体育活动更具吸引力，还有助于其适应现代社会需求。创新形式方面，民族传统体育已经进一步开拓了多元化的活动形式。传统体育项目不仅限于竞技比赛，还包括文化表演、庆典活动和健康推广。这些新形式吸引了更广泛的参与者，不仅是竞技者，还包括观众和爱好者。规则的创新使传统体育更具包容性。一些传统体育项目已经调整规则，允许男女混合比赛，减少了年龄限制，使更多人能够参与。这种变革有助于传统体育更好地反映社会的多样性和平等原则。数字技术也为传统体育的创新提供了新的机会①。虚拟现实和增强现实技术可以将传统体育带入数字世界，创造出全新的体验和互动方式。在线平台和社交媒体也有助于传统体育的传播和推广。民族传统体育的创新形式与规则变革使其更具现代吸引力。这种创新不仅丰富了传统体育活动，还使其更加包容和多样化。通过数字技术和社交媒体的应用，传统体育在全球范围内得到了推广，促进了文化传承和体育发展的蓬勃发展。

（一）传统体育的现代化

将传统体育活动与现代元素相结合，创造新的比赛形式，是一种创新的举措，旨在提高比赛的娱乐性，吸引更多观众和运动员的参与。这种做法可以注入新鲜的活力和刺激，同时也有助于传统体育的传承和发展。传统体育活动的现代化可以通过引入新的规则和元素来实现。以传统摔跤为例，可以引入计时比赛，增加比赛的紧张度和悬念。可以引入类似于擂台赛或混合格斗的元素，允许运动员使用不同的技巧和战术。这种改进可以使传统摔跤更加多样化和富有挑战性，吸引更多观众的关注。传统体育活动的现代化可以通过引入团队比赛或混合比赛来推动。例如，将传统的马术和射箭合并成一项比赛，要求运动员在马背上进行射箭，增加了比赛的复杂性和趣味性。类似地，传统的拳击和柔道可以结合，创造出新的混合格斗比赛，允许运动员使用不同的技术和策略。这种团队和混合比赛形式可以增加比赛的战略性和变数，提高观众的期待和兴趣。

传统体育活动的现代化需要适度的平衡，以确保传统体育的核心价值和传统精神不受损害。新的规则和元素应该尊重传统体育的历史和传统，同时注入新的创新元素。这样可以实现传统体育的传承和发展，吸引更广泛的观众和运动员的参与。将传统体育活动与现代元素相结合，创造新的比赛形式，可以提高比赛的娱乐性，吸引更多观众和运动员的参与。通过引入新规则、技术、娱乐元素和团队比赛，可以使传统体育更加多样化、富有创意，并符合现代观众的需求。这种创新不仅有助于传统体育的发展，还为观众提供了更具吸引力和娱乐性的体育娱乐体验。

（二）团队传统体育

将原本个人竞技的传统体育改编为团队竞技，是一种有助于吸引更多年轻人参与传统体育的创新方法。这种改编能够增加合作和社交性，让传统体育更符合现代社会的互动性和团队合作需求，从而吸引更多年轻人积极参与。将传统个人

---

① 陈沫.我国民族传统体育保护与发展研究——以云南"阿细跳月"为例［J］.当代体育科技，2023，13（28）：1—4.

竞技改编为团队竞技可以增加参与的互动性。年轻一代更倾向于与朋友和同龄人一起参与活动，享受社交互动的乐趣。通过团队竞技，他们可以与他人合作，共同达成目标，增加比赛的社交性和互动性。这种团队合作的体验吸引了更多年轻人参与，使他们感到更有兴趣和投入。

团队竞技可以提供更多的社交机会。传统体育通常以个人竞技为主，参与者在比赛中往往独自一人。但将其改编为团队竞技意味着参与者需要与队友密切合作，共同制定策略和解决问题。这种合作过程不仅有助于建立新的友谊，还增加了社交圈子的扩展。年轻人可以通过团队竞技认识新朋友，分享共同的兴趣，增加社交互动的机会。团队竞技可以增加传统体育的趣味性和挑战性。传统个人竞技可能会让一些年轻人感到孤独或缺乏动力，因为他们缺乏与他人互动的机会。而团队竞技增加了比赛的多样性和复杂性，需要队员之间的协作和沟通。这种挑战性和趣味性吸引了更多年轻人积极参与，让他们感到比赛更具吸引力。

将传统个人竞技改编为团队竞技也有助于传统体育项目的传承和发展。年轻一代更容易接受团队竞技，因为它与他们的社交需求更加契合。通过吸引更多年轻人参与传统体育，可以延续这些体育项目的传统，确保它们不会逐渐被遗忘。团队竞技也为传统体育项目提供了新的创新和发展机会，可以吸引更广泛的受众。将原本个人竞技的传统体育改编为团队竞技是一种有助于吸引更多年轻人参与传统体育的创新方法。这种改编增加了合作和社交性，符合年轻人的互动需求，提供了更多的社交机会，增加了趣味性和挑战性，有助于传统体育项目的传承和发展。通过这种方式，我们可以让传统体育更好地适应现代社会的需求，吸引更多年轻人积极参与，并保障传统体育项目的可持续发展。

（三）环境友好的传统体育

将传统体育活动与环境保护相结合，创造环境友好的形式，是一种具有前瞻性和可持续性的方法。这种做法不仅有助于保护自然环境，还能够提升传统体育的吸引力，促进可持续发展。在传统体育活动中使用环保船只和材料有助于减少对自然环境的负面影响。传统划船作为一项流传已久的水上运动，通常需要船只和器材。然而，传统的船只制造和材料选择可能会对水域生态系统产生不利影响，如水污染和野生动植物栖息地的破坏。因此，使用环保船只和材料可以有效降低这些负面影响。例如，采用可再生材料或回收材料制造划船器材，使用清洁能源驱动船只，可以减少碳排放和水域污染。

将环保理念融入传统体育活动可以提高其吸引力和可持续性。现代社会对环境保护日益关注，因此，传统体育项目如果能够积极采取环保措施，将更受人们欢迎。这可以吸引更多的参与者和观众，为传统体育的发展提供更多的支持和机会。传统划船比赛可以成为一个积极宣传环保理念的平台，通过实际行动向人们传达保护自然环境的重要性，激发公众对环境保护的关注和参与。将环保船只和材料应用于传统体育活动还可以降低运营成本。环保船只通常具有更高的燃油效率和维护成本较低的特点，这有助于降低赛事的经济负担。可持续材料的使用也可以减少器材的损耗和更换频率，从而降低了运营成本。这使传统体育组织能够更灵活地规划和管理资源，提高了可持续性。将传统体育活动与环境保护相结合，使用环保船只和材料，有助于减少对自然环境的负面影响，提高传统体育的吸引力，降低运营成本，并树立环保榜样。这种做法体现了可持续发展的理念，为传统体育的未来发展提供了有益的方向和机会。因此，传统体育组织应积极探索和采用环保技术和材料，以促进环保和传统体育的共融发展。

二、规则的创新

民族传统体育正经历着创新形式和规则的激动人心的时刻。传统体育的创新是为了适应现代社会的需求，同时保留其核心价值和文化传统。新的比赛形式和规则被引入，以增加传统体育的吸引力。例如，在传统柔道比赛中，可以添加团队比赛或混合比赛，以吸引更多的观众和运动员。这种创新形式使传统体育更加多样化和有趣。规则的创新有助于提高比赛的公平性和竞争性。传统体育规则可能根据现代运动科学和技术进步进行调整，以确保比赛的公正性。这有助于传统体育在国际比赛中保持竞争力。

（一）可持续发展规则

制定新的规则以促进可持续发展和资源保护是一项关键性的举措，可以在传统体育比赛中减少对环境的负担，保护自然资源，同时提高比赛的可持续性和可塑性。限制资源使用是一种有效的可持续发展举措。在传统体育比赛中，常常需要大量的资源，如水、能源和材料。例如，足球场的灯光和冷却系统，高尔夫球场的草坪维护，以及赛马场的水源需求。通过制定新规则，可以限制资源的使用，例如减少比赛场地的照明时间或改进冷却系统的效率。这有助于减少资源浪费，降低能源消耗，并降低比赛对环境的影响。减少比赛时间可以降低资源消耗和环境影响。传统体育比赛往往需要大量的时间和资源，例如长时间的比赛、训练和巡回赛。通过缩短比赛时间，可以减少资源的使用，包括场地、设备和能源。例如，足球比赛可以采用更短的比赛时间，或者引入更紧凑的赛季安排。这种举措有助于降低比赛的碳足迹，提高比赛的可持续性。新的规则可以鼓励比赛组织者和参与者采取节能措施。这包括要求使用节能设备和技术，或者鼓励运动员和球队采取可持续的出行方式。例如，自行车比赛可以要求参赛车队使用节能自行车和可再生能源充电设备。这些举措有助于降低比赛的能源消耗和碳足迹，推动可持续发展。

新的规则可以促进教育和认知。体育组织可以要求运动员和球队参与可持续发展培训，了解资源保护和环境问题。这有助于提高运动界的可持续意识，推动更广泛的可持续实践。同时，规定要求比赛组织者提供关于比赛环保措施的信息，增加观众的认知和参与。制定新的规则以促进可持续发展和资源保护是一项关键性的举措，可以在传统体育比赛中降低对环境的负担，保护自然资源，并提高比赛的可持续性。通过限制资源使用、减少比赛时间、引入环保措施、促进节能措施和提高教育认知，可以实现更加可持续的传统体育比赛，为环境和社会做出积极的贡献。

（二）新技术和装备规则

容许运动员使用新技术和装备，以提高比赛的质量和安全性，是一种不可避免的发展趋势。这包括改进的器材和保护装备，它们在体育比赛中发挥着重要作用，有助于提升运动员的表现和保护其安全。新技术和装备可以提高比赛的质量。运动器材的不断创新和改进使得运动员可以在比赛中发挥出更高水平的技术和能力。例如，改进的运动鞋和服装可以提供更好的支撑和舒适性，有助于运动员在比赛中更加自如地运动。同样，改进的体育器械和装备也可以帮助运动员提高训练效果和比赛表现。这种提高比赛质量的趋势吸引了更多的人参与体育活动，推动了体育产业的发展。

新技术和装备可以增强比赛的安全性。体育比赛中的安全问题一直备受关注，因为运动员可能会面临受伤风险。改进的保护装备，如头盔、护具和防护衣物，可以有效减少受伤的可能性。这种保护装备的使用不仅有助于保护运动员的身体健康，还有助于提高比赛的可持续性，因为减少受伤可以减少运动员退役和休赛的情况。新技术和装备也有助于创造更多的体育记录和突破。运动员使用先进的器材和技术可以提高他们的表现水平，创造出更多的世界纪录和历史性时刻。这种记录和突破吸引了更多观众的关注，增强了体育比赛的观赏性和娱乐性。运动员和品牌商也受益于这些突破，因为创造历史性时刻可以提高他们的声誉和商业价值。

容许运动员使用新技术和装备，以提高比赛的质量和安全性，是一种有益的发展趋势。这种趋势促进了运动器材的创新和改进，提高了比赛的质量，增强了安全性，维护了公平性，创造了更多的记录和突破。这不仅有利于运动员的表现，也有利于体育产业的发展，为体育比赛的未来带来了更多的机会和潜力。

（三）多元文化规则

在传统体育中引入多元文化规则是一种重要的举措，它有助于尊重不同文化的价值观和传统，同时促进在跨文化交流中更好地融合。这种做法能够在传统体育领域实现文化多样性和和谐共存，为体育的发展和国际交流提供了更广泛的机会。引入多元文化规则可以增强传统体育的包容性。传统体育项目通常受到特定文化的传统和规则的影响，这可能导致一些文化在传统体育中受到排斥或歧视。通过引入多元文化规则，可以为不同文化的传统和价值观提供平等的机会，使更多的文化得以在传统体育中表达和展示。例如，传统摔跤比赛可以制定规则，以包容不同国家和地区的摔跤传统，确保每个文化都能在比赛中发挥其特色。

引入多元文化规则有助于加强文化交流和理解。在传统体育中引入不同文化的规则，运动员和观众将更容易了解其他文化的体育传统和价值观。这种文化交流有助于打破文化隔阂，减少误解和偏见，促进不同文化之间的相互理解。例如，在国际弓箭比赛中，可以制定规则以允许不同国家的弓箭手使用各自传统的弓箭制造技术和射击方式，这有助于促进文化交流和理解。引入多元文化规则可以增加传统体育的吸引力和市场价值。体育赛事通常吸引观众和赞助商的支持，而引入多元文化规则可以扩大赛事的受众群体，吸引更多观众的关注。这有助于提高赛事的收视率和参与度，提高了体育赛事的市场价值。例如，国际击剑比赛可以引入不同国家的击剑风格和技术，吸引更多观众关注这一传统体育项目。

引入多元文化规则可以推动国际体育交流的发展。多元文化规则为各国的运动员提供了更多的机会，使他们能够在国际赛事中展示自己的文化传统和价值观。这有助于促进国际友谊和合作，推动国际体育交流的蓬勃发展。例如，国际拳击比赛可以引入不同国家的拳击传统，鼓励运动员之间的交流与合作。引入多元文化规则是一种促进传统体育领域文化多样性和和谐共存的重要途径。这种做法有助于增强传统体育的包容性，加强文化交流和理解，提高传统体育的吸引力和市场价值，推动国际体育交流的发展。因此，传统体育组织应积极考虑引入多元文化规则，以促进体育与文化的融合，实现文化多样性和和谐共存的目标。

第四节 民族传统体育的现代化带来的影响

民族传统体育的现代化带来了多方面的影响，深刻地改变了传统体育的面貌和地位。现代化使民族传统体育更加商业化。传统体育项目现在成为商业机会的一部分，吸引了赞助商、广告商和媒体的关注。这带来了更多的资金和资源，使传统体育活动能够更好地发展和传承。同时，商业化也为运动员提供了经济回报，鼓励了他们的参与和努力。现代技术的应用改变了传统体育的训练和比赛方式。

运动科学的进步使得运动员能够更好地理解身体的运动机制，并通过先进的训练方法提高自己的表现。技术创新也改变了比赛的监管和观赛体验，提高了传统体育的效率和吸引力。

现代化推动了传统体育的全球化传播。互联网和社交媒体的兴起使得传统体育活动可以更广泛地传播和观看。这扩大了传统体育的观众群体，增强了其国际影响力。传统体育现在不再局限于特定地区，而是成为全球关注的焦点。现代化也催生了新的传统体育项目。一些新兴的传统体育活动融合了现代元素，创造了新的文化体验。这些活动既传承了传统，又适应了现代社会的需求，使得传统体育更具活力和吸引力①。民族传统体育的现代化带来了商业化、技术创新、全球传播和新的传统体育项目等多方面的影响。这使得传统体育不仅能够保持其传承，还能够适应现代社会的需求，继续发展壮大。这种现代化的影响有助于传统体育的繁荣和传承。

一、社会文化影响

民族传统体育的现代化带来了深远的社会文化影响。它促进了文化传承和保护。现代化的推动使传统体育项目更有吸引力，吸引了更多年轻一代的参与。这有助于传统技能和价值观的传承，维护了文化多样性。现代化推动了传统体育的国际传播。传统体育项目在国际舞台上展示了本国的文化和价值观，增加了国际认知度。这有助于不同文化之间的交流和理解，促进了国际友谊。现代化使传统体育更具商业价值。传统体育项目吸引了赞助商、广告商和媒体公司的投资，创造了就业机会和经济价值。这有助于社会经济的发展和体育产业的壮大。民族传统体育的现代化对社会文化产生了积极影响。它促进了文化传承和国际交流，增加了文化多样性的尊重和保护。与此同时，现代化也为社会经济带来了新的机会，推动了文化与体育的共赢发展。

（一）文化传承和保护

现代化为传统体育的文化传承提供了更好的工具和途径，包括数字化记录和在线教育，这有助于有效保护和传承传统体育的文化价值。这些现代化工具为传统体育的文化传承带来了新的机遇和挑战，有助于将传统体育的精髓传递给下一代，并使其在现代社会中继续蓬勃发展。

数字化记录为传统体育的文化传承提供了珍贵的资源。通过现代科技，可以

---

① 杨芳艳.文化地理学视域下的民族传统体育发展分析［J］.中学地理教学参考，2023，（27）：88.

轻松地记录和存储传统体育的比赛、表演和历史。这些数字化记录包括视频、音频、照片和文档，使传统体育的文化元素得以永久保存。这不仅有助于保护传统体育的历史和文化，还为研究和教育提供了丰富的素材。数字化记录为传统体育的传承提供了广泛的传播途径。通过互联网和社交媒体，数字化内容可以迅速传播到世界各地，让更多人了解和欣赏传统体育。这种广泛传播有助于传统体育的普及和推广，吸引更多人参与和支持传统体育项目。同时，数字化记录也为国际传播提供了便捷的途径，促进不同文化之间的交流和理解。

在线教育成为传统体育文化传承的重要工具。现代技术使在线教育变得更加便捷和普及。传统体育的技巧、规则、历史和价值观可以通过在线课程、教程和资源传递给全球范围的学习者。这种教育方式不仅有助于传统体育的传承，还使更多人能够参与传统体育的学习和实践，不受地理位置的限制。现代化提供了更好的文化传承工具，如数字化记录和在线教育，这有助于保护和传承传统体育的文化价值。数字化记录使传统体育的历史和表现得以永久保存，广泛传播为传统体育的普及提供了途径。在线教育为学习者提供了便捷的学习机会，促进了传统体育的传承和发展。数字化平台和社交媒体为传统体育社群提供了联系和互动的机会。最终，现代化工具有助于传统体育文化适应现代社会的需求，为其在新时代的传承和发展铺平道路。

（二）国际交流和理解

传统体育的现代化促进了国际交流和理解，这一过程通过国际赛事和数字媒体实现。传统体育是各个国家和文化的宝贵遗产，将其现代化和国际化有助于不同国家和文化更深入地了解和尊重彼此的传统体育。国际赛事是促进国际交流和理解的重要平台。在国际传统体育赛事中，各国的运动员齐聚一堂，通过比赛互相竞技，展示各自国家的传统体育项目。这种比赛不仅促进了体育交流，还提供了国际互动的机会。运动员和观众可以了解不同国家的传统体育文化，互相学习和尊重。这种跨文化的交流有助于打破文化隔阂，促进国际友谊和合作。

数字媒体在传播传统体育方面起到了关键作用。随着数字技术的发展，国际传统体育赛事可以通过互联网、社交媒体和电视等渠道传播到全球观众。这使得传统体育项目的观众范围扩大，不仅吸引了传统体育的热爱者，还吸引了更广泛的国际受众。观众可以在不同的媒体平台上观看传统体育比赛，了解其规则和历史，感受不同文化的魅力。数字媒体的普及使传统体育更具国际影响力，为促进国际交流提供了强大的工具。传统体育的现代化有助于跨文化的理解和尊重。通过国际赛事和数字媒体，人们可以更深入地了解不同国家和文化的传统体育项目。他们可以了解这些项目的起源、历史和文化背景，体验其中蕴含的价值观念和传统习俗。这种了解有助于拓宽人们的视野，打破对陌生文化的误解和偏见，促进跨文化的理解和尊重。通过传统体育的现代化，不同国家和文化之间的文化交流得以加强，增进了国际社会的和谐与合作。

传统体育的现代化也为跨文化合作和交流创造了更多的机会。国际赛事和传媒传播不仅仅是一场体育比赛，还是不同国家和文化之间的合作和交流的平台。国际组织、赞助商和观众可以共同参与，推动传统体育的现代化和国际化。这种合作有助于加强国际社会的联系，促进文化交流和友谊。传统体育的现代化通过国际赛事和数字媒体促进了国际交流和理解。它使不同国家和文化更深入地了解和尊重彼此的传统体育，打破了文化隔阂，促进了跨文化的理解和友谊。通过这种方式，我们可以创造更加包容和和谐的国际社会，为不同文化之间的合作和交流创造更多机会。

二、经济和环境影响

民族传统体育的现代化带来了广泛的影响，其中包括经济和环境方面的影响。在经济方面，传统体育的现代化促进了相关产业的发展。举例来说，传统体育比赛和表演吸引了观众和赞助商，带动了体育旅游、体育用品制造和体育媒体等产业的繁荣。这为当地经济创造了就业机会，提高了地区的收入水平。传统体育的商业化也有助于保护和传承这一文化遗产，因为可持续的经济利益可以促使人们更加重视传统体育的保护和传承。传统体育的现代化也带来了一些环境问题。比如，赛事场馆和基础设施建设可能对自然环境产生不利影响，包括土地开发、资源消耗和能源消耗。因此，在推动现代化的过程中，需要采取可持续的环保措施，以减少负面环境影响。传统体育的现代化对经济和环境都产生了影响。它为经济发展提供了机会，但也需要谨慎处理环境问题。通过综合考虑经济和环境因素，可以实现传统体育的可持续发展，既促进了经济繁荣，又保护了自然环境。

（一）经济价值和就业机会

传统体育的现代化不仅有助于传承和发展文化遗产，还可以创造重要的经济价值，包括赛事门票销售、媒体权益和体育旅游。这种经济活动不仅有利于传统体育项目本身，还为相关产业提供了就业机会，推动了地方和全球经济的发展。传统体育的现代化通过赛事门票销售创造经济价值。当传统体育赛事进行现代化改革后，它们通常会吸引更多的观众和粉丝。这些观众愿意购买门票来观看比赛，因为现代化改革使比赛更加吸引人和具有娱乐性。比赛门票的销售收入不仅可以用于赛事的运营和维护，还可以为相关体育组织提供财政支持，进一步促进传统体育的发展。

传统体育的现代化可以推动体育旅游业的发展。吸引来自世界各地的观众和粉丝参加传统体育赛事，通常会导致体育旅游的兴起。这包括观众前往比赛举办地，参与赛事庆祝活动，预订酒店住宿和享受当地文化体验。体育旅游产业不仅为比赛举办地提供了收入，还为当地餐饮、零售和娱乐业带来了商机，刺激了地方经济的增长。传统体育现代化为相关产业提供了就业机会。传统体育赛事的现代化需要各种专业技能，包括赛事组织、营销、广告、媒体运营、场馆管理、安全措施和体育医学等领域的专业人才。这些领域的就业机会不仅为本地居民提供了工作，还吸引了人才和投资，推动了相关产业的增长。传统体育的现代化不仅有助于文化传承，还可以创造重要的经济价值。赛事门票销售、媒体权益、体育旅游和就业机会都是现代化改革带来的经济利益。这种经济活动不仅有利于传统体育项目本身，还为相关产业和社区提供了机会，推动了地方和全球经济的繁荣。因此，传统体育的现代化在文化传承和经济发展方面都具有重要的价值。

（二）国际形象和软实力

现代传媒为传统体育提供了机会，可以帮助国家和地区提升国际形象和软实力。通过传统体育，各个国家和地区可以在国际舞台上展示其独特的文化和价值观，从而增强国际社会对其的认知和尊重。传统体育反映了一个国家或地区的文化遗产和传统价值观。不同的国家和地区拥有各自独特的传统体育项目，这些项目通常扎根于其历史、宗教和文化传统之中。通过现代传媒，国家和地区可以将这些传统体育项目展示给国际观众，让他们更深入地了解和欣赏这些文化元素。这种展示有助于塑造国家或地区的国际形象，让人们对其文化有更深刻的认知和理解。

传统体育还可以促进国际旅游和文化产业的发展。各国和地区的传统体育项目吸引了许多国际游客前来观看比赛和体验文化。这不仅有助于推动旅游业的发展，还创造了就业机会和经济价值。通过现代传媒的传播，传统体育成为吸引国际游客的一大亮点，为国际旅游和文化产业带来了繁荣。通过现代传媒，传统体育为国家和地区提供了宝贵的机会，可以提高其国际形象和软实力。传统体育反映了文化和价值观，成为国际文化交流的平台，促进了国际友好合作。传统体育还可以用作国际外交和文化交流的工具，促进国际旅游和文化产业的发展。通过传统体育，各国可以在国际舞台上展示其独特的文化和价值观，从而增强国际社会对其的认知和尊重。这对于推动国际社会的多元化、包容性和文化理解具有积极意义。

第八章　民族传统体育的发展政策与策略

第一节　民族传统体育的国家政策与支持

国家政策与支持对于民族传统体育的发展具有关键性作用。政府的支持不仅有助于保护和传承这些传统体育项目，也促进了这些活动在国内和国际上的推广与发展。国家政策和支持为民族传统体育提供了合法的地位和保障。政府通过法律法规的制定和执行，确保这些传统体育项目的合法性和权益。这为传统体育的发展提供了法律保障，防止了不合法的侵权行为。政府提供财政支持，资助传统体育项目的推广和发展。这包括拨款用于体育场馆建设、训练计划、赛事组织、运动员奖励等方面。政府的财政支持有助于提高体育项目的专业化水平，增加运动员和教练的福利，鼓励更多人参与这些活动。政府通过教育体育课程的改革，将民族传统体育纳入学校教育体系。这有助于年轻一代了解和学习传统体育项目，传承文化价值观和技能。政府的支持为传统体育在教育领域的发展提供了契机。

政府还通过国际合作和外交渠道，推动民族传统体育的国际传播和交流。这包括举办国际体育赛事、文化节和交流活动，以及推动传统体育项目列入国际赛事的日程[①]。这有助于增加国际社会对传统体育的认可度和关注度，促进文化交流与友谊。政府的政策和支持还包括文化保护和传承。政府通过制定文化政策，确保民族传统体育项目得到适当的保护，防止文化遗产的流失和商业化。这有助于维护这些传统体育项目的纯正性和独特性。国家政策与支持对于民族传统体育的

---

① 简振辉.乡村振兴背景下少数民族传统体育发展的机理［J］.呼伦贝尔学院学报，2023，31（04）：116—120.

保护和发展至关重要。政府的法律法规、财政支持、教育改革、国际合作和文化保护等方面的举措，为传统体育项目的传承、发展和国际传播提供了坚实的基础。这有助于保持文化多样性，促进国际体育交流，提高民众的体育参与度，同时也弘扬了国家的文化遗产。

一、政策制定与法规支持

民族传统体育的发展受到国家政策和法规支持的重要影响。政府在制定政策和法规时，通常考虑到传统体育的保护、传承和推广，以促进文化传统的传播和体育事业的繁荣。政府制定政策以保护和传承传统体育。这些政策可能包括对传统体育项目的资金支持、场馆建设、运动员培训和文化节庆的资助。政府还可以设立专门的传统体育保护机构，负责制定和执行相关政策，以确保传统体育得到适当的保护和传承。政府通过法规来规范传统体育的运行和竞赛。这包括制定比赛规则、裁判标准和运动员权益保护等方面的法律法规。通过明确的法律框架，政府可以确保传统体育比赛的公平性和合法性。

政府还可以通过税收政策、奖励计划和文化教育项目等方式，鼓励民众参与传统体育，提高其在社会中的地位和认可度。政府的国家政策和法规支持对于民族传统体育的发展至关重要。这些政策和法规为传统体育提供了必要的资源和法律保障，促进了其在文化传承、体育竞赛和社会影响方面的繁荣。政府的支持有助于传统体育在现代社会中保持活力，继续传承其文化价值。

（一）传统体育保护法律

国家可以通过制定法律来保护和维护传统体育的文化遗产价值，确保其传承、保护和传统知识的权益得到妥善处理。这些法律可以起到重要的法律框架和指导作用，促进传统体育在现代社会中得以保留和发展。法律可以规定传统体育的传承和保护义务。国家可以要求相关体育组织和团体承担传承传统体育的责任，确保传统比赛、技巧和价值观不会被遗忘或丢失。这些法律可以鼓励传统体育的传承活动，包括比赛、表演和教育项目。法律可以保护传统体育的知识产权和权益。传统体育通常包含独特的技巧、规则和文化元素，这些可以被视为文化遗产。国家可以制定法律来确保传统知识的合法权益，包括专利、商标和著作权等。这有助于防止未经授权的使用和滥用传统体育知识。

法律可以支持传统体育的研究和教育。国家可以提供法律框架，鼓励学术机构和教育机构开展传统体育的研究和教育活动。这些法律可以为研究者和教育者提供合法的支持和资源，以促进传统体育的文化传承和普及。法律可以规定对传统体育场馆和设施的维护和保护。传统体育常常需要特殊的场地和设备，这些可以被视为文化遗产的一部分。国家可以通过法律规定场馆和设施的维护标准，确保它们能够长期保存和使用，以支持传统体育的发展。国家可以制定法律来保护和维护传统体育的文化遗产价值，包括传承、保护和传统知识的权益。这些法律为传统体育提供了法律框架和指导，促进了其在现代社会中的传承和发展，有助于保护和传承它们独特的文化遗产。这不仅有益于传统体育项目本身，还有助于推动文化多样性和传统知识的维护。

（二）体育政策框架

政府可制定综合性体育政策框架，明确传统体育的地位和发展目标。这框架应包括资源分配、赛事举办、教育培训等方面的政策支持。这样的政策有助于促进传统体育的发展，保护文化遗产，并提升国家体育水平。政府可通过资源分配政策，向传统体育提供必要的资金和支持。这包括为传统体育项目提供经费、设施和装备，以确保其持续发展。政府还可以设立专项基金，用于资助传统体育的研究、保护和传承工作。通过合理的资源分配，政府可以保护和发展传统体育，确保其在国家体育体系中的地位得到充分体现。

政府可以通过政策支持传统体育赛事的举办和推广。这包括提供场馆和设施，减免税收和关税，以吸引更多的赛事举办者和投资者。政府还可以鼓励传统体育赛事与国际体育赛事相结合，提高其国际知名度和吸引力。通过政策支持，政府可以推动传统体育赛事的丰富多彩，吸引更多观众和参与者。政府可通过教育培训政策，促进传统体育的传承和发展。这包括在学校教育中引入传统体育项目，培养年轻一代的兴趣和技能。政府还可以提供培训计划和奖学金，鼓励年轻人参与传统体育的学习和竞技。通过教育培训政策，政府可以传承传统体育的知识和技艺，培养新一代的传统体育从业者和爱好者。政府的综合性体育政策框架对于传统体育的地位和发展目标至关重要。通过资源分配、赛事举办和教育培训等政策支持，政府可以促进传统体育的发展，保护文化遗产，提升国家体育水平。这有助于传统体育在国家体育体系中得到充分的认可和重视，为其可持续发展提供了有力的支持。

二、财政支持和赞助合作

民族传统体育的国家政策与支持中财政支持和赞助合作发挥了至关重要的作用。政府通过财政支持，为传统体育提供了必要的资金。这资金用于场馆建设、培训计划和比赛组织，推动了传统体育的发展。政府还可以提供税收激励和补贴，鼓励企业和个人赞助传统体育项目。这种赞助合作不仅提供了资金，还加强了体育与社会的联系，促进了传统体育的传播和推广。政府的政策与财政支持为民族传统体育提供了稳定的经济基础，同时吸引了更多的赞助商和合作伙伴，共同推动了传统体育的繁荣和传承。这种合作模式在维护文化遗产、促进经济发展和体育普及方面发挥了关键作用。

（一）财政拨款

政府可以通过提供财政拨款来支持传统体育的组织、赛事举办和基础设施建设，从而促进传统体育的经济可持续发展。这种支持对于保护和传承传统体育的文化价值以及促进相关产业的增长都具有重要作用。政府的财政拨款可以帮助传统体育组织维持和发展。传统体育组织通常是非营利性的，依赖于会员费和赞助来维持运营。政府的财政支持可以为这些组织提供必要的资金，用于管理和运营比赛、培训、教育和社区活动。这有助于保持传统体育的稳定性和连续性。

财政拨款可以用于支持传统体育赛事的举办。传统体育赛事通常需要大量的资源，包括场地租赁、设备采购、安全措施和宣传推广。政府的财政支持可以减轻赛事主办方的负担，确保比赛得以顺利举行。这有助于吸引更多的参与者和观众，推动传统体育赛事的经济发展。财政拨款还可以用于基础设施建设和维护。传统体育需要适合比赛和表演的场馆和设施，这些需要投资和维护。政府可以提供资金支持，用于修建和维护传统体育场地，确保其安全和可用性。这不仅有助于传统体育的发展，还为当地经济提供了建设和维护工程的就业机会。政府的财政拨款可以促进相关产业的增长。传统体育赛事和活动通常会吸引大量的观众和粉丝，从而创造商机。餐饮、零售、娱乐和旅游业等相关产业可以从传统体育活动中受益，提供服务和产品，满足观众和参与者的需求。这些产业的增长可以带动地方和全球经济的发展。政府的财政拨款对于支持传统体育的组织、赛事举办和基础设施建设至关重要，有助于促进传统体育的经济可持续发展。这种支持不仅有益于传统体育项目本身，还有助于推动相关产业的增长，提高社区和地区的经济活力。政府的财政拨款在保护和传承传统体育文化价值的同时，也有助于经济的繁荣。

（二）赞助合作

政府可以积极鼓励企业和赞助商参与传统体育的赞助合作，以提供资金和资源支持，从而促进传统体育的商业化发展。这种合作有助于传统体育项目吸引更多的关注和投资，推动其可持续发展，并在商业和文化领域取得双赢的效果。政府可以通过税收激励和赞助合同的奖励机制，鼓励企业和赞助商参与传统体育的赞助合作。降低税收负担或提供税收减免，可以刺激企业和赞助商投入传统体育领域，因为他们可以获得一定的经济回报。政府还可以建立透明和有吸引力的赞助合同，以确保赞助商在合作中得到相应的回报和品牌曝光。这种政策支持可以吸引更多企业和赞助商参与传统体育的商业化发展。

政府可以促进传统体育与商业品牌的合作，以推动其市场化运营。政府可以为传统体育项目提供市场推广和品牌合作的机会，让企业看到在传统体育领域的商业价值。这种合作可以包括赛事冠名权、广告合作、商品销售等多种形式，从而将传统体育与商业品牌有机结合，提升其商业化运营水平。政府可以建立传统体育赛事和文化活动的商业化平台，以吸引更多的企业投资。这包括创建传统体育赛事的线上线下市场，为企业提供参与和合作的机会。政府还可以推动传统体育项目在商业领域的多元化，例如推出相关商品、纪念品和文化体验产品，以增加收入来源。通过这种商业化平台，政府可以吸引更多企业和赞助商的投资，推动传统体育的商业化发展。

政府的积极鼓励企业和赞助商参与传统体育的赞助合作是促进传统体育商业化发展的重要举措。这种合作可以为传统体育项目提供资金和资源支持，推动其市场化运营，增加可持续发展的机会。通过政府的政策支持和引导，传统体育可以在商业和文化领域取得更大的成功，为国家体育文化的传承和发展做出更大的贡献。

第二节　民族传统体育的地方发展政策

地方发展政策在促进民族传统体育的传承和发展方面起着关键作用。这些政策旨在支持地方社群，保护和弘扬传统体育文化，同时也促进了地方经济和社会的可持续发展。政府可以通过资金投入来支持传统体育项目的发展。这包括资助体育设施的建设和维护，提供培训计划，以及提供奖学金和奖励来鼓励年轻一代参与传统体育。这些资金投入有助于传统体育的传承和推广。政策可以鼓励地方社群参与传统体育的组织和管理。社群组织可以成立传统体育协会或俱乐部，负责组织比赛、庆典和培训活动。政府可以提供支持和指导，帮助这些组织有效地推动传统体育的发展。

政府还可以制定法律法规，保护传统体育项目的知识产权和文化遗产地位。这些法律可以规定传统体育项目的传承方式、标准和规范，以确保它们得到妥善保护和传承。政府可以通过教育政策来促进传统体育的传承。学校和教育机构可以纳入传统体育项目到课程中，让年轻一代了解和学习。这有助于培养未来的传统体育传承者和爱好者。政府可以推动传统体育与旅游业的结合。传统体育赛事和庆典可以成为旅游吸引力，吸引游客前来参观和体验。这为地方经济带来了新的发展机会，促进了地方社会的繁荣。

地方发展政策在支持民族传统体育的传承和发展方面起着至关重要的作用。

这些政策通过资金支持、社群参与、法律保护、教育推广和旅游结合，为传统体育项目提供了有力的支持，推动了地方社群的全面发展。这种综合性政策有助于保护和传承宝贵的文化遗产，同时也促进了地方社会的可持续发展。

一、地方政府的承诺和支持

地方政府在民族传统体育的地方发展政策中发挥了重要的承诺和支持作用。地方政府承诺为传统体育提供必要的资源和场地。他们投资兴建体育场馆和训练设施，为体育活动提供场地和设备，使其更便于发展和开展。地方政府提供财政支持和补贴。他们为传统体育项目提供资金，用于组织比赛、培训运动员和推广活动。这些财政支持措施鼓励了民众参与传统体育，促进了体育的发展。地方政府还通过法规和政策提供了法律支持[①]。他们制定规定和法律，保护传统体育的文化遗产地位，鼓励传承和发展。这些法律措施确保了传统体育项目的合法地位和权益。地方政府的承诺和支持对民族传统体育的地方发展至关重要。他们通过提供资源、资金和法律支持，为传统体育的繁荣和传承创造了有利条件。这种合作模式有助于维护文化遗产、促进社区发展和体育的普及，使传统体育在地方层面得以蓬勃发展。

（一）地方政府支持计划

地方政府在支持传统体育的发展方面发挥着关键作用，他们可以制定和实施支持传统体育的发展计划，以明确政府的承诺和责任。这些计划包括资源投入、设施建设和人才培养，有助于推动传统体育的发展和传承。地方政府可以通过资金投入来支持传统体育项目。这包括为传统体育组织和团体提供财政支持，以帮助他们维持日常运营、组织比赛和活动，以及推广传统体育。政府的财政拨款可以用于资助传统体育的发展项目，包括培训、教育和赛事举办。这种资源投入有助于传统体育项目的稳定运营和发展。

地方政府可以通过设施建设来改善传统体育的基础设施。传统体育通常需要适合比赛和表演的场馆和设施。政府可以投资于建设、改善或维护这些设施，以提供更好的比赛条件和体验。这不仅有助于传统体育的发展，还可以吸引更多的观众和参与者。地方政府可以支持人才培养和教育。传统体育的传承需要有经验的教练和传统知识的传递者。政府可以设立培训计划和奖学金，以培养新一代传统体育从业者和传承者。这有助于确保传统技巧和价值观得以传承，同时也为年轻人提供了参与传统体育的机会。地方政府可以促进传统体育的社区参与。政府

---

① 王莹.民族传统体育文化资源与产业发展研究［J］.武当，2023，（08）：55—57.

可以支持社区活动和比赛，鼓励居民参与传统体育项目。这有助于传统体育在社区中融入，促进文化传承和社区凝聚力。政府还可以与民间团体和学校合作，推动传统体育的教育和普及。

地方政府在支持传统体育的发展方面扮演着重要角色，他们可以通过制定和实施发展计划，明确政府的承诺和责任。这包括资源投入、设施建设和人才培养，有助于推动传统体育的发展和传承，促进文化传统的保护和传播。地方政府的支持可以提高传统体育的可持续性，同时也促进社区的参与和发展。

（二）地方传统体育赛事举办

地方政府可以积极支持和举办传统体育赛事，吸引更多的参与者和观众，促进地方体育经济发展。这种支持和举办传统体育赛事的做法对于地方社会、文化、经济等各个方面都有积极的影响。地方政府的支持和举办传统体育赛事有助于传承和保护地方文化遗产。每个地方都有其独特的传统体育项目，这些项目通常扎根于地方的历史和文化传统之中。通过支持和举办传统体育赛事，地方政府可以保护和传承这些文化遗产，使其得以延续。这有助于弘扬地方文化，让年轻一代了解和尊重自己的传统。

地方政府可以通过传统体育赛事吸引更多的游客和观众。传统体育赛事具有独特的吸引力，因为它们反映了地方的特色和文化。当地政府可以利用这些赛事，吸引游客前来观看比赛，从而促进地方旅游业的发展。观众的增加也意味着商业机会的增加，例如餐饮、住宿和纪念品销售等。这有助于提高地方经济的活力。地方政府可以通过传统体育赛事促进体育产业的发展。传统体育赛事需要场地、装备、裁判、志愿者等各种资源，这些都创造了就业机会。传统体育赛事也有潜力吸引赞助商和投资者，为地方体育产业注入资金和资源。通过支持传统体育赛事，地方政府可以促进体育产业的多元化和可持续发展，为地方经济做出贡献。

地方政府积极支持和举办传统体育赛事是一种有益的做法，可以促进地方社会、文化和经济的发展。这种做法有助于传承文化遗产，吸引游客和观众，促进旅游业和商业发展，同时也有助于推动体育产业的发展。通过这些举措，地方政府可以提升地区的知名度和吸引力，为地方社会带来多重好处。

二、地方社区和民间组织参与

在民族传统体育的地方发展政策中，地方社区和民间组织的积极参与是至关重要的。这种参与有助于推动传统体育的传承、发展和推广，并促进了地方社区的文化活力和社会凝聚力。地方社区的参与可以提供场馆和设施，为传统体育的举办提供了实际支持。社区可能提供运动场地、文化中心或庆典场所，为传统体育活动提供了场地。这降低了举办成本，促进了传统体育比赛和表演的举行。民间组织在传统体育的传承和培训中扮演着关键角色。这些组织可以组织培训班、比赛和文化活动，传授传统技能和知识，培养新一代的运动员和传统体育爱好者。他们通过传承的方式，确保了传统体育的延续。

地方社区和民间组织的参与有助于传统体育活动的社会融合。它们促进了社区参与和文化交流，增进了不同群体之间的理解和友谊。这有助于加强社会凝聚力和文化多样性。地方社区和民间组织的积极参与是民族传统体育地方发展政策中的关键因素。他们提供了实际支持、传承传统技能和促进社会融合的机会，为传统体育的繁荣和文化传承做出了重要贡献。政策制定者应该鼓励和支持这些组织的参与，以推动传统体育的可持续发展。

（一）社区传统体育项目

地方社区在积极发起和组织传统体育项目方面发挥着重要作用，他们可以通过提供基础设施和培训机会，吸引更多居民参与传统体育，推动文化传承和社区凝聚力的发展。地方社区可以提供适当的基础设施和场地，以支持传统体育项目的举办。这包括搭建比赛场地、提供训练设备和场馆租赁。提供合适的场地和设施可以为传统体育的比赛和表演提供必要的条件，激发居民的兴趣和参与。社区可以组织定期的传统体育活动和比赛，以提供参与的机会。这些活动可以包括传统体育比赛、表演、庆典和节日等。社区活动可以吸引居民参与，建立传统体育的社区精神，促进文化传承。

社区可以提供培训和教育机会，以培养传统体育的从业者和传承者。这包括提供教练培训、传统技巧传授和历史文化教育。通过这些培训机会，社区可以传承传统体育的技艺和价值观，培养新一代的传统体育从业者和爱好者。社区可以积极宣传和推广传统体育项目。社区可以通过社交媒体、宣传活动和合作伙伴关系来宣传传统体育的重要性和吸引力。这有助于增加居民的参与意愿，并扩大传统体育项目的知名度。地方社区在积极发起和组织传统体育项目方面具有潜力，他们可以通过提供基础设施、组织活动、提供培训和宣传推广，吸引更多居民参与传统体育。这有助于传统体育的传承和发展，同时也促进了社区的凝聚力和文化传统的保护。社区参与是推动传统体育项目可持续发展的关键因素之一。

（二）民间组织合作

地方政府可以与民间体育组织合作，共同推动传统体育的发展。这种合作可以涵盖资源共享、赛事合作和文化交流等多个方面，有助于激发地方传统体育的活力和可持续发展。资源共享是地方政府和民间体育组织合作的关键。地方政府可以提供场馆、经费、设备等资源支持，以帮助民间体育组织举办传统体育赛事和活动。这有助于降低民间体育组织的运营成本，鼓励他们更多地投入传统体育的发展。同时，民间体育组织也可以为地方政府提供专业知识和人才，共同推动传统体育项目的提升和创新。赛事合作是地方政府和民间体育组织合作的一部分。地方政府可以与民间体育组织合作举办传统体育赛事，共同策划和组织比赛。这不仅有助于提高赛事的质量和影响力，还可以吸引更多的参与者和观众。赛事合作还可以提供经济支持，通过票务销售、赞助和广告等方式创造收入，促进地方体育经济的发展。

文化交流是地方政府和民间体育组织合作的一个重要方面。传统体育赛事通常反映了地方的文化特色和历史传统。通过文化交流活动，地方政府和民间体育组织可以向外界展示地方的文化价值和传统，促进文化交流和理解。这有助于传统体育项目的推广，让更多人了解和尊重地方的文化遗产。地方政府与民间体育组织的合作对于推动传统体育的发展具有重要意义。资源共享、赛事合作和文化交流等多种方式可以增强地方传统体育的可持续性和多样性，同时也有助于提升地方的文化价值和体育经济。这种合作形式可以促进地方社区的发展，让传统体育在当地发挥更大的作用。

第三节 民族传统体育的组织与管理

民族传统体育的组织与管理是确保这些宝贵的文化遗产得以传承和发展的重要环节。这种管理涉及多层次的合作与协调，需要充分考虑文化特点和社会需求。民族传统体育的组织通常由当地社区和民间组织主导。社区居民和体育爱好者自发组织比赛、庆典和培训，以促进传统体育的发展。这些组织在基层层面扮演着重要角色，负责传授技能、传统知识的传承以及组织相关活动。政府部门在民族传统体育的组织与管理中发挥着关键作用。政府可以通过制定政策、提供资金和资源，支持传统体育的推广和发展。同时，政府也负责监管和保护传统体育的遗产价值，确保其不受到侵害。

教育系统也在传统体育的组织中扮演一定角色。学校体育课程可以纳入民族传统体育，使学生有机会学习和体验传统体育。教育机构可以提供培训和教材，以确保传统体育的传承得到系统化和规范化的支持。民间组织和体育协会也在传统体育的组织与管理中起到积极作用。它们可以提供专业知识、资源和网络，帮助传统体育得到更广泛的推广和认可。这些组织还可以组织比赛、庆典和培训，激发参与者的兴趣^①。传统体育的组织与管理需要尊重和保护文化的独特性。这包括尊重当地传统和价值观，确保传统体育的传承不受到商业化和过度商业化的干扰。同时，需要考虑传统体育的可持续性，确保它们能够继续传承给下一代。民族传统体育的组织与管理是一个复杂而多层次的过程，需要政府、社区、教育机构、民间组织和体育协会等多方合作。这种合作有助于保护和传承文化遗产，推动传统体育的发展，同时也促进了社会的多元化和文化交流。

一、传统体育组织的建立和发展

民族传统体育的组织与管理中，传统体育组织的建立和发展是至关重要的。这些组织充当了传统体育活动的核心枢纽，推动了其传承和发展。传统体育组织负责收集、保护和传承传统体育的知识和技能。他们记录了传统规则、技巧和历史，确保这些宝贵的文化元素不会失传。通过培训和传授，他们将传统技艺传递给后代。

传统体育组织组织和推广各种比赛和表演活动。他们策划和协调比赛、庆典和文化展示，为社区提供了参与和欣赏的机会。这有助于传统体育在社区中的传播和普及。传统体育组织也起到了文化保护和社区凝聚的作用。他们通过组织各种活动，增强了社区成员的凝聚力和认同感。同时，他们还与地方政府和其他合作伙伴合作，争取资源和支持，促进传统体育的发展。传统体育组织的建立和发展在民族传统体育的组织与管理中扮演着不可或缺的角色。他们是传统文化的守护者和传承者，也是社区文化传播和凝聚的重要推动者。通过他们的努力，民族传统体育得以保护、传承和发展，为文化多样性和社区建设做出了积极贡献。

（一）组织架构和领导

建立合适的传统体育组织架构是确保组织的运作和决策高效有序的关键。明确领导机构和责任分工可以帮助组织更好地管理资源、规划发展，以及推动传统体育的传承和发展。传统体育组织可以建立清晰的领导机构，包括董事会、执行团队和主席等。董事会负责监督组织的整体运营和战略决策，执行团队则负责日常管理和项目执行。主席通常是组织的领导者，负责代表组织与外部合作伙伴互动，并领导组织的发展方向。传统体育组织可以明确各个部门和职能的责任分工。这包括运动员培训、比赛组织、赛事宣传、财务管理、资源筹集等不同领域。通过明确每个部门的职责，可以确保各项工作有序协调，避免重复劳动和资源浪费。

① 王兴怀，蒋星，潘有成.中国式现代化进程中西藏民族传统体育创新发展研究［J］.西藏民族大学学报（哲学社会科学版），2023，44（04）：135—141.

　　组织可以设立委员会或小组，负责特定项目或问题的处理。这些小组可以由具有特定领域专业知识的人员组成，例如赛事规划委员会、文化传承小组等。这有助于更专业地处理组织内部和外部的事务。传统体育组织可以建立透明的决策和沟通流程。这包括制定决策程序、开展定期会议、编制报告和建立信息共享机制。透明的流程有助于确保决策的公平性和合理性，同时也促进了内部沟通和合作。建立合适的传统体育组织架构是确保组织高效有序运作的关键。明确领导机构和责任分工，设立小组和委员会，建立透明的决策和沟通流程，都有助于组织更好地实现其目标，推动传统体育的传承和发展。一个良好的组织架构能够提高组织的灵活性和适应性，使其能够更好地应对各种挑战和机会。

（二）成员和会员

　　吸引成员和会员，建立广泛的传统体育参与者网络，对于传统体育的传承和推广至关重要。会员的参与不仅可以为组织提供支持，还可以积极参与传统体育项目的传承和推广工作，促进传统体育的可持续发展。吸引成员和会员可以为传统体育组织提供关键的支持和资源。成员和会员通常对传统体育组织具有浓厚的兴趣和热情，他们愿意投入时间、精力和资源来支持组织的各项活动。这包括参与组织的管理和运营、志愿者工作、赞助筹备等方面。他们的参与不仅有助于传统体育组织的顺利运行，还可以提供必要的资金和人力支持，推动传统体育项目的发展。

　　会员的参与可以促进传统体育的传承和推广。传统体育的传承通常需要从一代传到下一代，而会员通常是具有传统体育技能和知识的传承者。他们可以担任教练、导师或传统体育项目的推广大使，传授技能、知识和价值观给年轻一代。通过会员的参与，传统体育可以在社区中得到更广泛的传承，保持其活力和多样性。建立广泛的传统体育参与者网络可以增加传统体育项目的影响力和知名度。会员和成员通常是社区内的重要联系人和传播者，他们可以将传统体育的消息传播给更多人，并吸引新的参与者和观众。这有助于传统体育项目的扩大和推广，让更多人了解和参与传统体育活动。

　　吸引成员和会员，建立广泛的传统体育参与者网络，是促进传统体育传承和推广的关键步骤。会员的参与可以为组织提供支持和资源，同时也可以积极参与传统体育项目的传承和推广工作。通过这种合作和参与，传统体育可以保持其传承的生命力，吸引更多的参与者和观众，继续在社区中发挥重要作用。

二、传统体育赛事与活动管理

　　民族传统体育组织与管理中，传统体育赛事与活动的管理扮演着至关重要的角色。这涉及赛事策划、组织、运营和监管，需要精心协调和管理。赛事策划是管理的重要一环。在策划阶段，需要确定赛事的类型、规模、时间和地点，以满足参与者和观众的需求。策划还涉及资源分配，包括场馆、设备、裁判和志愿者的安排。赛事的组织和运营需要高度专业化和协调。这包括报名、参赛选手的安排、比赛规则的制定和执行，以确保比赛的公平和顺利进行。同时，需要协调相关的安全措施和医疗支持，以保障参与者的安全和健康。管理还涉及宣传和推广赛事，以吸引更多的观众和赞助商。这包括营销策略、社交媒体宣传和媒体合作，以提高赛事的知名度和影响力。

管理还包括监管和评估赛事的质量和效益。这需要建立评估指标，收集反馈意见，并对赛事的表现进行分析，以不断改进和提升赛事的品质。传统体育赛事与活动的管理是民族传统体育组织与发展中不可或缺的一环。它需要高效的策划、组织、宣传和监管，以确保传统体育赛事的成功和可持续发展。管理者需要综合考虑各种因素，使传统体育赛事成为文化传承和社区活动的重要组成部分。

（一）赛事策划与举办

策划和组织传统体育赛事需要全面的管理，包括比赛规则、场馆租赁、裁判员培训等方面的考虑，以确保赛事的顺利进行。比赛规则的制定是关键的一步。比赛规则应当明确、公平、适应传统体育的特点，并与国际标准相符。这需要在组织内部与相关利益方之间进行充分的讨论和协商，以确保规则的公正性和可行性。场馆租赁和准备工作至关重要。合适的比赛场地和设施是赛事的基础，因此需要提前租赁并进行充分的准备工作，包括场地布置、设备调试和安全措施的制定。这有助于确保比赛现场的顺利运营和观众的安全。

裁判员培训也是赛事成功的重要组成部分。裁判员需要了解比赛规则，并具备专业的判断能力和公平裁判的素养。因此，需要进行专门的培训和考核，以确保裁判员在比赛中能够公正地执法。宣传和推广是赛事成功的关键。组织者需要制定有效的宣传计划，包括社交媒体宣传、新闻发布会、赛前活动等，以吸引观众和赞助商的关注和支持。这有助于提高赛事的知名度和影响力。赛事的管理需要高度的协调和执行能力。组织者应建立详细的时间表，确保各个环节的顺利衔接，同时做好应急准备，以应对可能出现的问题和挑战。高效的管理是赛事成功的保障，有助于赛事的顺利进行和参与者的满意度。策划和组织传统体育赛事需要全面考虑比赛规则、场馆租赁、裁判员培训等方面的管理。只有确保各个环节的高效协调和执行，才能保证赛事的顺利进行，吸引观众和参与者，提高赛事的成功率和可持续性。

（二）安全与保护

制定安全措施和保护政策，确保运动员和观众的安全是任何体育赛事和活动的重要职责。这些措施和政策不仅可以保护参与者的生命和健康，还可以提高体育赛事的可信度和吸引力。紧急救援计划是确保体育赛事安全的重要组成部分。体育赛事现场应有完备的紧急救援计划，包括急救人员、医疗设备和紧急医疗车辆等。运动场馆和赛事场地应明确标示出紧急出口和安全设施，以确保在紧急情况下能够及时疏散观众和运动员。组织方应定期进行紧急演练，以提高工作人员应对紧急情况的应急能力。

体育器材的安全检查是关键的安全措施之一。运动员使用的器材和装备应经过严格的安全检查和测试，确保其符合国际安全标准。赛事组织方应与相关机构合作，确保器材的质量和可靠性。赛前和赛中的设备检查是必要的，以确保运动员在比赛中不会因器材问题而受伤。这些检查可以防止潜在的器材安全问题，确保运动员的竞技过程是安全的。保护政策也是确保体育赛事安全的重要组成部分。这包括制定反兴奋剂政策、防止赛事作弊、维护比赛的公平性等。保护政策的实施有助于确保比赛的诚实和公正，维护参与者的权益和安全感。赛事组织方应与相关体育机构和政府机构合作，确保保护政策的贯彻执行。制定安全措施和保护政策是体育赛事和活动的必要措施，旨在保护运动员和观众的安全。紧急救援计划、体育器材安全检查和保护政策等措施应得到充分的关注和执行，以确保体育赛事的顺利进行，并为参与者提供一个安全和公平的竞技环境。这有助于提高体育赛事的质量和可信度，吸引更多人参与和观看。

第四节　民族传统体育的发展策略与规划

为了推动民族传统体育的发展，制定明智的策略和规划至关重要。应着力于挖掘和记录传统体育的历史、技巧和价值观，以确保文化传承的持久性。需要积极开展教育和宣传活动，向年轻一代传授传统体育的知识和技能，提高他们的兴趣与参与。政府和社会机构应提供充足的资金和资源，用于建设体育设施、培训教练员和运动员，并组织传统体育赛事和活动。国际交流与合作也是关键，通过参与国际比赛和文化交流，传统体育可以扩大其影响力，吸引更多的参与者和支持者。民族传统体育的发展策略与规划应该注重可持续性，确保这一宝贵的文化遗产得以继续存在和繁荣发展，为未来的世代传承下去。

一、传统体育的发展愿景和目标

民族传统体育的发展策略与规划的核心在于明确发展愿景和目标，以确保传统体育在现代社会中得到保护、传承和推广。发展愿景是为了确立传统体育在社会中的地位和价值。传统体育的发展愿景可能包括弘扬本民族的传统文化、强化身体健康教育、促进社会凝聚力、提升国际影响力等多个方面的目标。发展目标是为了实现发展愿景。这些目标应该具体、可衡量和有时限。例如，通过开展一系列传统体育节庆活动，吸引一定数量的参与者和观众，提高传统体育的知名度和影响力。又或者，通过培训一批传统体育教练和运动员，提高运动水平，参加国际比赛，推广传统体育。

在制定策略和规划时，需要结合发展愿景和目标，采取适当的措施，包括资源投入、政策支持、人才培养、宣传推广等方面的工作。策略和规划应该充分考虑各种因素，包括社会文化、经济环境、政策法规等，以确保传统体育能够在现代社会中蓬勃发展。民族传统体育的发展策略与规划需要明确发展愿景和目标，以引领传统体育的发展方向[①]。这将有助于保护和传承文化传统，促进体育事业的繁荣，实现民族传统体育在现代社会中的价值和意义。

（一）制定愿景与使命

明确传统体育的发展愿景至关重要，它为组织和社群提供了共同的方向和目标。这个愿景可以包括传承文化遗产、促进社交互动、提高竞技水平等多个方面，其中每个方面都对传统体育的发展产生深远的影响。传承文化遗产是传统体育的重要愿景之一。通过传承古老的体育传统和技艺，我们可以保存文化、历史和价值观。这不仅有助于保护宝贵的文化遗产，还可以让后代了解和尊重自己的传统。

促进社交互动也是一个重要的发展愿景。传统体育可以作为社交平台，吸引人们参与和互动。这有助于建立社区凝聚力，促进友谊和团结，创造更加和谐的社会。提高竞技水平是传统体育的发展目标之一。通过培训和竞争，传统体育可以吸引更多的参与者，并提高他们的技能水平。这不仅有助于传统体育的竞争力，还可以为国际比赛做好准备。明确的使命和发展目标是实现愿景的关键。使命是组织的核心宗旨和责任，它阐明了为何存在，例如传承文化、促进社交互动等。发展目标则是具体的、可衡量的目标，用来指导组织的行动，例如提高参与率、扩大知名度、培养优秀运动员等。明确传统体育的发展愿景，如传承文化遗产、促进社交互动、提高竞技水平等，以及制定明确的使命和发展目标，是推动传统体育健康发展的基础。这些愿景和目标可以激发参与者和支持者的热情，为传统体育的未来发展提供明确的方向和动力。

---

① 马振嘉.文化传承背景下的高校民族传统体育发展［J］.体育风尚，2023，（07）：65—67.

（二）识别核心价值

传统体育的核心价值和独特之处是其深厚的文化根基和传承价值。传统体育代表着一个社区、一个民族的历史和传统。它们承载着文化、价值观和身份认同，不仅是体育竞技，更是文化的表达和生活方式的一部分。因此，在发展传统体育的过程中，我们必须始终牢记这些核心价值和独特之处，以确保其文化特色和传承价值得以保持。传统体育的核心价值在于其文化传承。每个传统体育项目都承载着特定的历史、故事和传统仪式。这些传承价值代表了一个社群或民族的独特文化身份，传递着多代人的智慧和经验。在发展过程中，我们应当重视保护和传承这些传统，确保它们不被遗忘，而是得以继续传承给下一代。

传统体育的独特之处在于其社群性和参与性。与现代体育不同，传统体育更强调社区的集体参与和互动。它们通常是群体活动，能够促进社区凝聚力和团结感。在发展中，我们应鼓励更多人参与传统体育，推动社区的参与和互动，保持其独特的社群性。传统体育的核心价值也在于其可持续性和自然与人的和谐。许多传统体育项目与自然环境密切相关，例如在户外举行的比赛或依赖自然资源的器材。在发展过程中，我们应当注重环保和可持续性，确保传统体育与自然环境的和谐相处，以保护生态系统的稳定。为了保持传统体育的文化特色和传承价值，我们需要重视其核心价值和独特之处。这包括文化传承、社群性参与和自然与人的和谐。只有在发展传统体育时坚守这些价值观，才能确保它们在现代社会中继续繁荣发展，传承给未来的一代。

二、推广与营销策略

民族传统体育的发展策略与规划中的推广与营销策略至关重要。它们通过利用现代营销技巧，将传统体育推广到更广泛的受众中。这包括使用社交媒体、电视直播、宣传活动和赛事营销，以吸引观众和赞助商的关注，提高知名度。这些策略强调了文化元素的突出，将民族传统体育与文化遗产联系在一起，使其更具吸引力。通过强调历史、传统服饰和文化表演等方面的元素，传统体育得以在文化层面上与观众产生共鸣。

推广与营销策略也强调了参与性体验。通过组织互动活动、体验课程和社区参与，传统体育可以吸引更多的参与者，建立忠诚的社群，推动其发展。民族传统体育的发展策略与规划中的推广与营销策略有助于提高其影响力和可持续性。通过现代营销手段、文化突出和参与性体验，传统体育得以在当今竞争激烈的体育市场中脱颖而出，实现文化传承和体育发展的双重目标。这种策略的有效执行有助于传统体育的繁荣和传承，同时为其赢得更广泛的支持和认可。

（一）品牌建设与宣传

建立传统体育的品牌形象是关键，它可以通过有针对性的宣传和推广活动来提高知名度和吸引力。品牌形象是传统体育在公众心目中的独特标识，它可以突出传统体育的文化价值、历史传承和特色，吸引更多的参与者和观众。宣传传统体育的文化价值是建立品牌形象的重要组成部分。通过强调传统体育的文化背景、历史渊源和价值观，可以吸引那些对文化传承和历史有浓厚兴趣的人。文化价值的宣传可以通过故事叙述、展览、讲座等形式进行，使传统体育更具吸引力。推广传统体育的社交互动和团队合作特点也是品牌形象的重要元素。传统体育可以被定位为团队协作、友谊和社交互动的平台，吸引那些寻求社交体验的人参与。社交互动的推广可以通过社交媒体、社区活动和团队合作赛事来实现，增加传统体育的吸引力。

强调传统体育的竞技性和技能挑战也是建立品牌形象的关键。传统体育可以被视为具有高竞技性和技巧要求的运动，吸引那些寻求挑战和成就感的人参与。竞技性的推广可以通过比赛和赛事的宣传、优秀运动员的故事分享等方式来实现，提高传统体育的知名度。建立传统体育的品牌形象需要一系列有针对性的宣传和推广活动。这包括制定宣传计划、参与体育展览、与媒体合作、举办庆典和赛事等。这些活动应当紧密围绕品牌形象的核心元素展开，以确保品牌形象的一致性和深入人心。建立传统体育的品牌形象是提高知名度和吸引力的重要步骤。通过宣传文化价值、社交互动、竞技性和技能挑战等元素，以及有针对性的宣传和推广活动，可以建立一个引人注目的传统体育品牌形象，吸引更多的参与者和观众，推动传统体育的发展和传承。

（二）赛事举办与体验营销

创新性的传统体育赛事策划是为了提供观众和参与者独特的体验，以吸引更多人参与和支持传统体育。这种创新性的举措在传统体育的发展中起着至关重要的作用。创新性传统体育赛事可以吸引更广泛的观众。通过引入新颖的比赛形式、规则或者场地，赛事变得更具吸引力和娱乐性，吸引了更多人前来观赏。这不仅扩大了传统体育的受众群体，还为传统体育的推广和发展提供了更多机会。观众的增加也可以带来商业机会，例如门票销售、赞助合作以及广告收入，为传统体育的可持续发展提供了资金支持。

创新性传统体育赛事可以吸引更多的参与者。传统体育项目通常有一定门槛，需要特定的技能或器材，限制了参与者的数量。通过创新性的赛事策划，可以降低参与门槛，让更多人有机会参与传统体育。这不仅促进了传统体育项目的传承，还有助于培养新一代的传统体育爱好者，保持传统体育的活力。创新性传统体育赛事可以为传统体育注入新的活力和创意。传统体育项目虽然有着悠久的历史和传统，但也需要不断创新和更新，以适应现代社会的需求。通过引入新颖的元素，如音乐、艺术表演或特殊场馆，传统体育赛事可以焕发新的生命力，激发更多人的兴趣。

　　创新性传统体育赛事的策划是为了提供观众和参与者独特的体验，以吸引更多人参与和支持传统体育。这不仅有助于扩大传统体育的受众群体，还可以促进传统体育项目的传承和发展。通过创新，传统体育可以在现代社会中保持其吸引力和活力，为人们提供独特的文化体验。

参考文献

［1］张乐.新时代高校民族传统体育的传承与发展研究——以健身气功为例
［J］.当代体育科技，2023，13（33）：124-127.

［2］吴燕，冯胜刚，张元章.少数民族特色村寨传统体育文化与旅游融合发展
研究——以贵州省为例［J］.体育文化导刊，2023，（11）：88-94+109.

［3］游拢.文化认同视阈下民族传统体育发展研究［J］.武当，2023，（11）：
76-78.

［4］严宇.基于全民健身视角的民族传统体育发展探究［J］.文体用品与科
技，2023，（21）：55-57.

［5］李佳，张亚东，赵佳佳.中国式现代化视域下民族传统体育在高校的传承
与发展研究［C］//中国班迪协会，澳门体能协会，广东省体能协会.第九届中国
体能训练科学大会论文集.武汉体育学院武当山国际武术学院，2023：5.

［6］陈沫.我国民族传统体育保护与发展研究——以云南"阿细跳月"为例
［J］.当代体育科技，2023，13（28）：1-4..

［7］杨芳艳.文化地理学视域下的民族传统体育发展分析［J］.中学地理教学
参考，2023，（27）：88.

［8］简振辉.乡村振兴背景下少数民族传统体育发展的机理［J］.呼伦贝尔学
院学报，2023，31（04）：116-120.

［9］王莹.民族传统体育文化资源与产业发展研究［J］.武当，2023，（08）：
55-57.

［10］王兴怀，蒋星，潘有成.中国式现代化进程中西藏民族传统体育创新发
展研究［J］.西藏民族大学学报（哲学社会科学版），2023，44（04）：135-141.

［11］马振嘉.文化传承背景下的高校民族传统体育发展［J］.体育风尚，
2023，（07）：65-67.

［12］覃路文.广西民族传统体育促进乡村振兴的理论逻辑、实践模式与路径研究［D］.广西师范大学，2023.

［13］朱承敏，周春丽.乡村文化振兴视域下云南民族传统体育发展的价值意蕴、实践路径和策略［J］.文山学院学报，2023，36（03）：60-64.

［14］孙煜杲.从全民健身到全民健康：健康中国战略背景下西藏民族传统体育的发展研究［C］//中国体育科学学会体育社会科学分会.2023年体育社会科学分会年会论文集.陕西师范大学，2023：4.

［15］王明，江泽晖.粤港澳大湾区高校民族传统体育文化发展策略研究［C］//延安市教育学会.第四届创新教育与发展学术会议论文集（二）.广东珠海科技学院;，2023：6.

［16］胡洪峰.探究信息技术发展对民族传统体育发展的影响［J］.文体用品与科技，2023，（07）：1-3.

［17］李双伟，宁书敏，徐海燕等.安徽省少数民族传统体育运动会项目发展研究——基于安徽省第九届少数民族传统体育运动会［C］//国家体育总局体育文化发展中心，中国体育科学学会体育史分会.运动项目文化论坛论文摘要集.淮北师范大学，2023：1.

［18］叶斯哈特·倍里扎特."一带一路"背景下西北地区少数民族传统体育发展战略研究［C］//中国体育科学学会体育管理分会.2023年第十一届全国体育管理科学大会论文摘要集.西安建筑科技大学体育学院，2023：2.

［19］杨成，刘传勤.短视频平台对民族传统体育发展的影响研究——以抖音为例［J］.文体用品与科技，2023，（10）：16-18.

［20］欧阳志萍，李湘婴.南岭走廊民族传统体育文化遗产廊道资源保护与发展研究［J］.湘南学院学报，2023，44（02）：69-73.